纪念辛亥革命100周年·重庆丛书

张培爵集

张鹰 曾妍 编

重庆出版集团
重庆出版社

图书在版编目(CIP)数据

张培爵集/张鹰、曾妍编.—重庆：重庆出版社,2011.10
ISBN 978-7-229-04539-5

Ⅰ.张… Ⅱ.①张… ②曾… Ⅲ.张培爵—文集
Ⅳ.C52

中国版本图书馆 CIP 数据核字(2011)第 195590 号

张培爵集
ZHANGPEIJUE JI

张鹰 曾妍 编

出 版 人：罗小卫
责任编辑：曾海龙 林 郁
责任校对：李小君
装帧设计：重庆出版集团艺术设计有限公司·吴庆渝

重庆出版集团 出版
重庆出版社

重庆长江二路205号 邮政编码：400016 http://www.cqph.com
重庆出版集团艺术设计有限公司制版
重庆升光电力印务有限公司印刷
重庆出版集团图书发行有限公司发行
E-MAIL:fxchu@cqph.com 邮购电话：023-68809452
全国新华书店经销

开本：787mm×1 092mm 1/16 印张：21.25 字数：221千
2011年10月第1版 2011年10月第1次印刷
ISBN 978-7-229-04539-5
定价：32.00元

如有印装质量问题，请向本集团图书发行有限公司调换：023-68706683

版权所有 侵权必究

《纪念辛亥革命100周年·重庆丛书》
编委会

总顾问：孟广涵　周永林
主　任：周　勇
副主任：任　竞　王志昆　黄晓东　刘志平
编　委：傅德珉　潘　洵　别必亮　曾海龙　张　鹰
　　　　　蔡　斐　朱高建　吴　波　张建中　张荣祥
　　　　　唐润明　张冰梅　王宁远　袁佳红　唐伯友
　　　　　曾　妍　马英利

▲ 张培爵都督照（重庆中国三峡博物馆提供）

▲ 张列五遗像（重庆中国三峡博物馆提供） 　　▲ 张培爵照（重庆中国三峡博物馆提供）

▲ 张列五先生像（重庆中国三峡博物馆提供）

▶ 清末荣昌旧景

▶ 清末荣昌城一景

▶ 富安镇烧酒坊

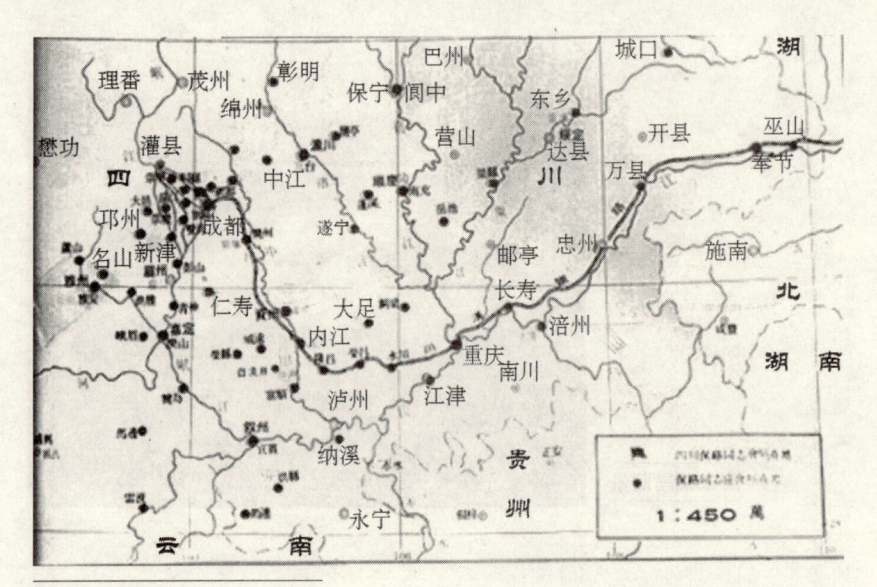

▲ 四川保路同志会组织分布图

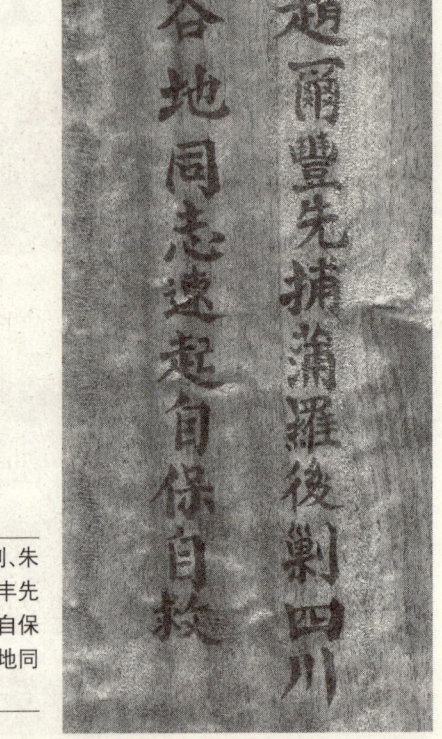

▶ "成都血案"发生后,同盟会员龙鸣剑、朱国璋、曹笃等斫木数百,上书:"赵尔丰先捕蒲、罗,后剿四川,各地同志,速起自保自救",涂以桐油,投入锦江,号召各地同志军起义,人们称之为"水电报"

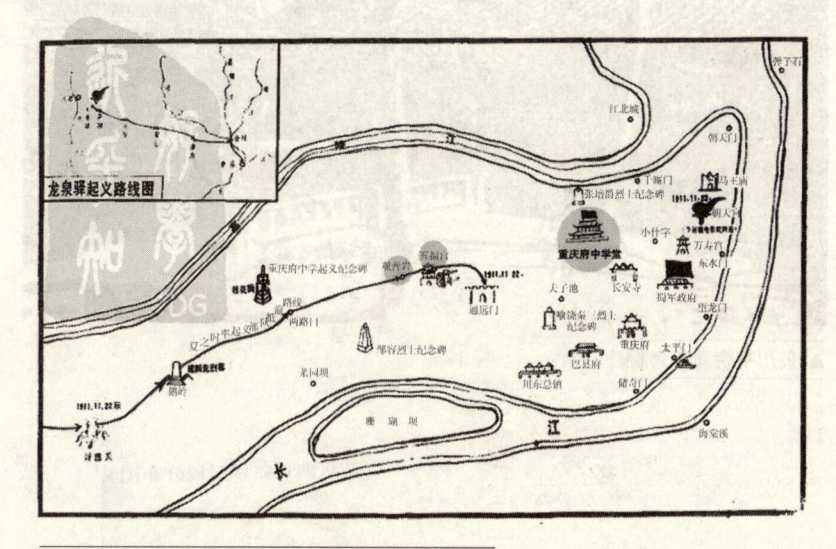

▲ 辛亥革命在重庆示意图（尹显富、李国章绘制）

▲ 蜀中同盟会铜牌会章

▲ 东川书院清代考棚

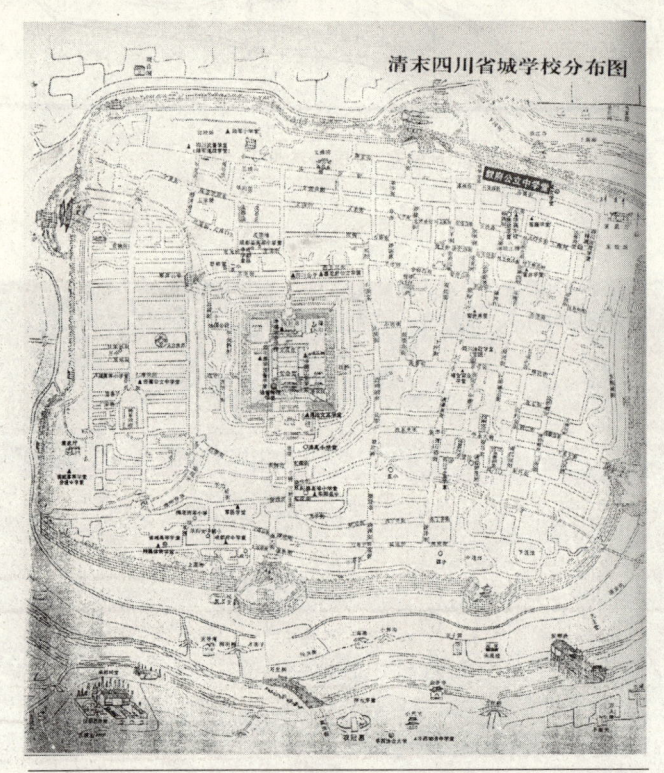

▲ 列五中学（叙府公立中学堂）在成都府城中的位置（重庆中国三峡博物馆提供）

1904年，由张培爵发起，叙属籍的文化人李宗吾、雷民心、王检恒等17人每人先捐出一个银元筹办"叙府公立中学堂"，拥隆昌县举人郭书池为名誉校长，以廖绪初为监学（校长），主持校务，并在清政府立案。叙属各县为此成立了旅省同乡会，推张培爵为会长，大家慷慨解囊，聚资办学。

▲ 四川省成都列五中学

▲ 成都列五中学校园内张列五先生像。总体设计者：廖德金

▲ 张培爵等人商量筹建叙府公立中学堂事宜（黄承俊等绘）

▲《巴县志》中有关张培爵等人在府中学堂开展革命活动的记载

▲ 四川省城高等学堂大门

▲ 四川省城高等学堂学生在活动

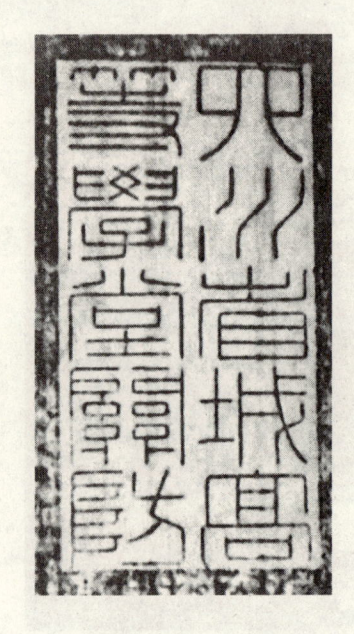

◀ 四川省城高等学堂印章

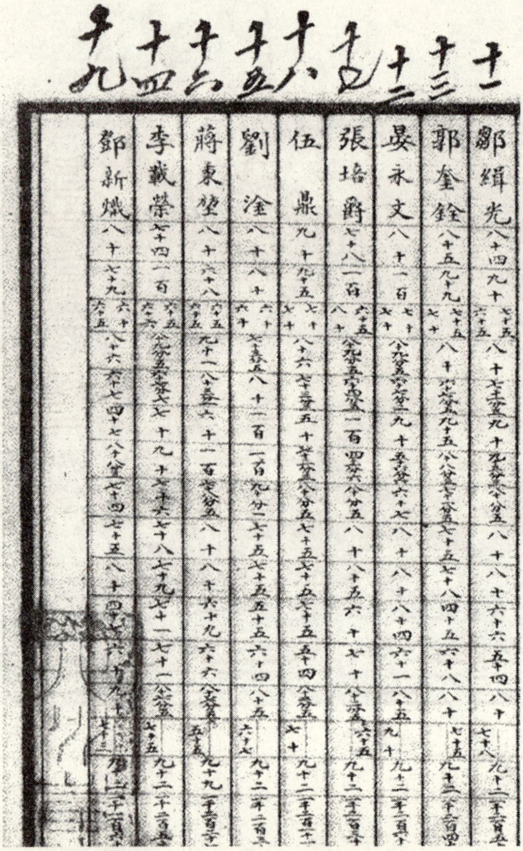

◀ 张培爵就读四川省城通省高等学堂（今四川大学）的成绩单（重庆中国三峡博物馆提供）

▲ 重庆府中学堂(现重庆市第七中学)旧址

辛亥年在重慶蜀軍政府與副都督夏亮工先生合影

▲1911年蜀軍政府成立合影（重慶中國三峽博物館提供）

◀蜀軍政府討滿虜檄文（重慶中國三峽博物館提供）

▲ 蜀军政府成立后重庆街景

▶ 蜀军政府设置地方司令官实施细则（重庆中国三峡博物馆提供）

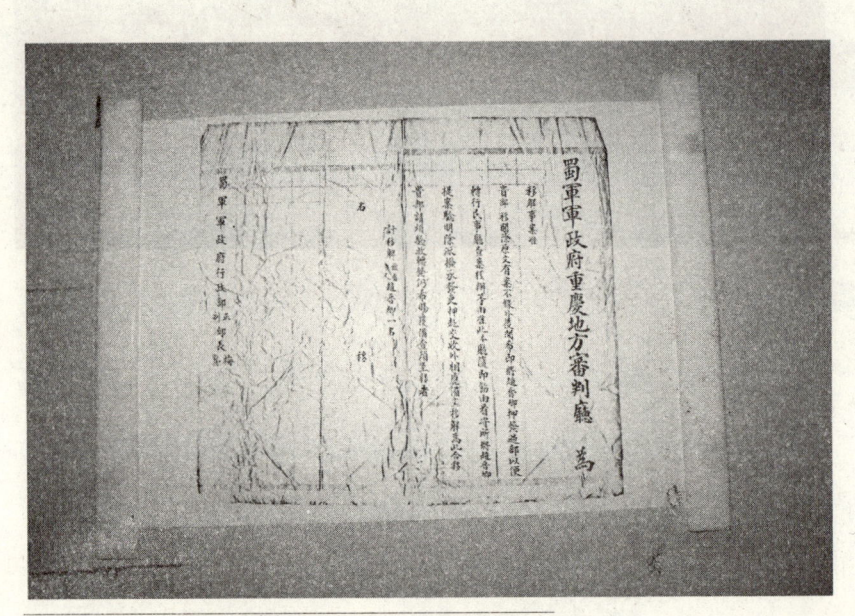

▲ 蜀军政府地方审判厅公文（重庆中国三峡博物馆提供）

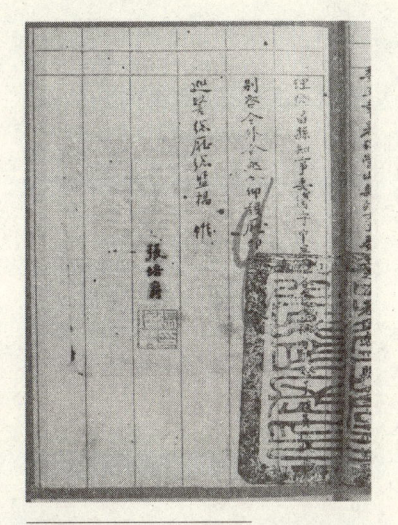

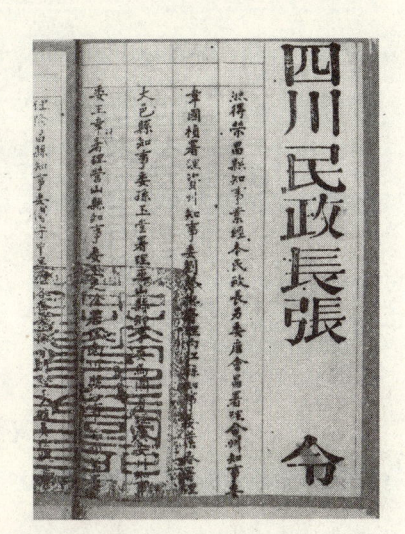

▲ 四川民政长张培爵令

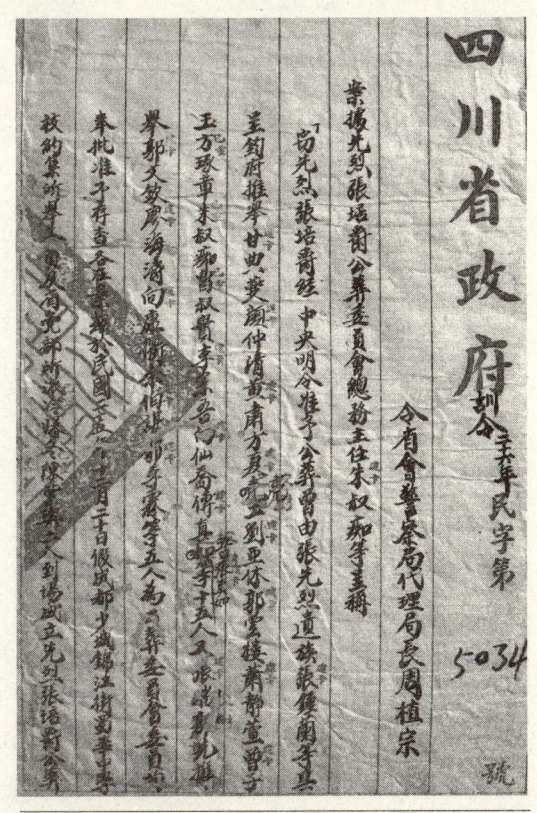

▲ 1937年3月省府训令：张培爵公葬委员会成立，请派员参加并拨给公葬费

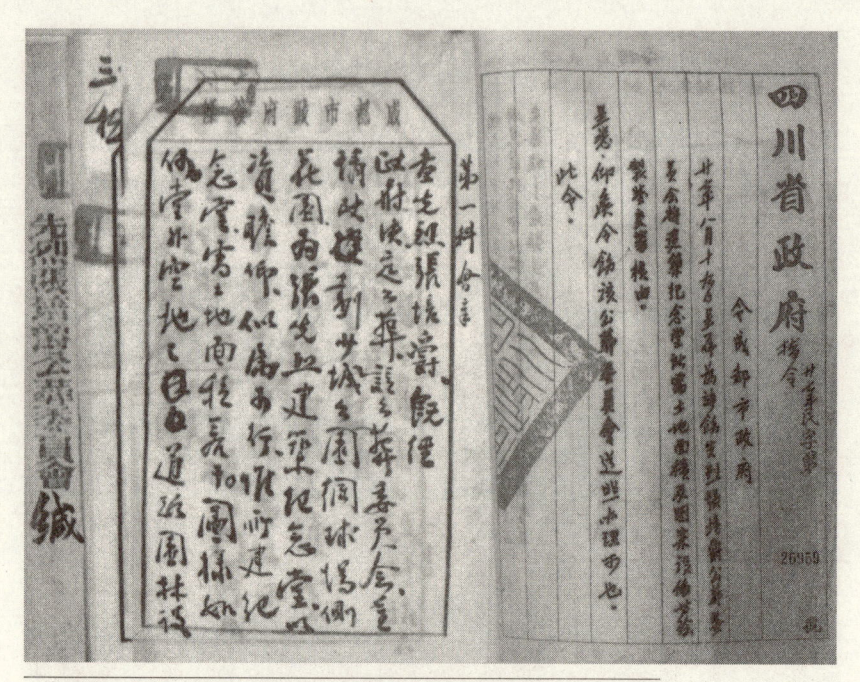

▲ 1938年8月19日四川省政府指令成都市政府修建张培爵纪念堂

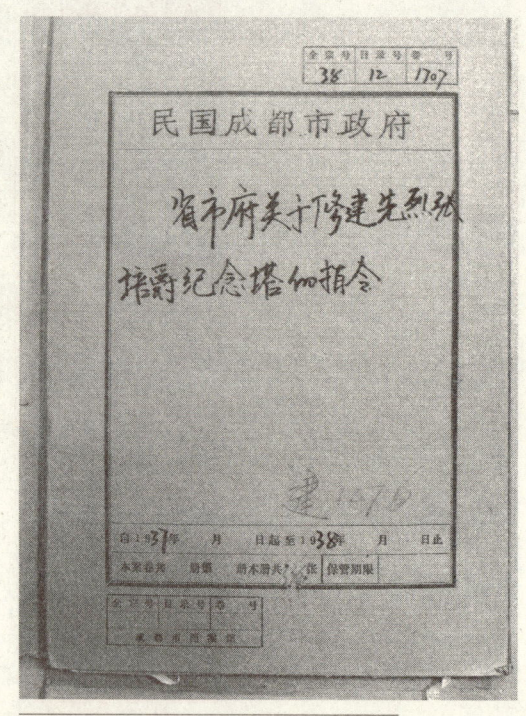

▲ 省市府关于修建张培爵纪念塔的指令

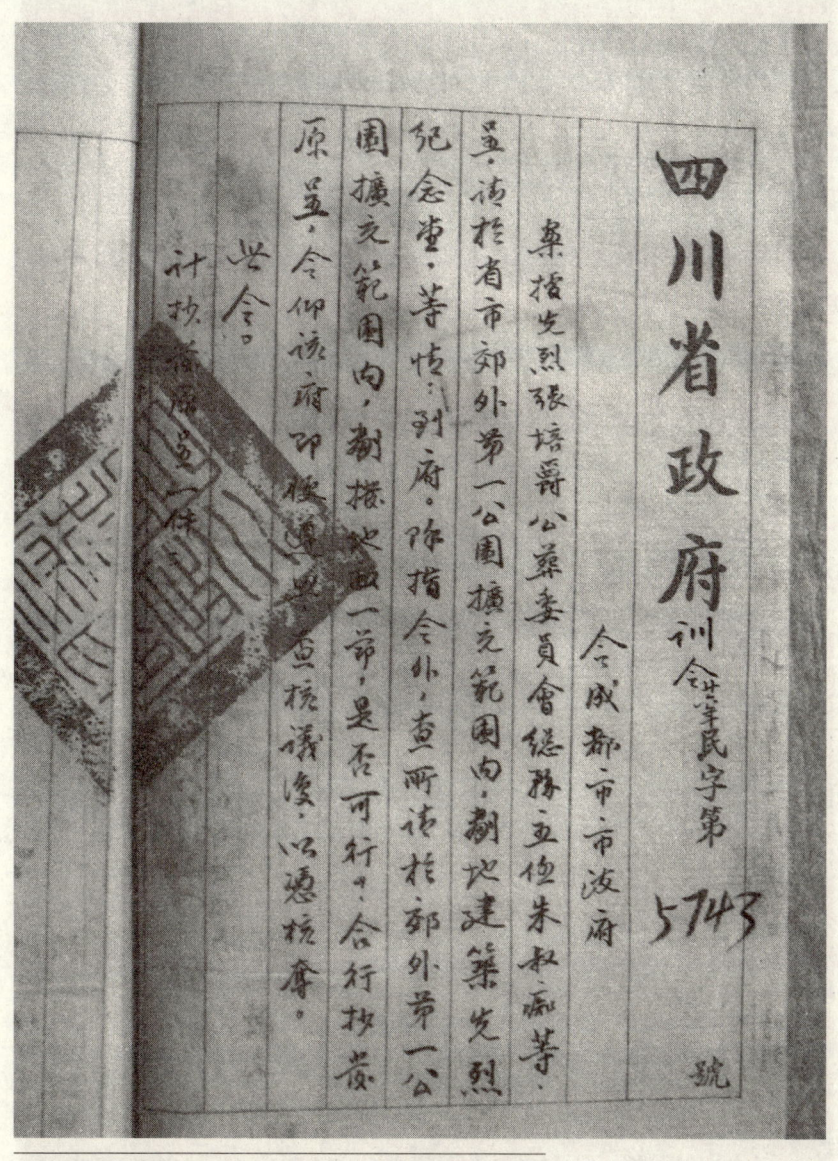

四川省政府训令 铨民字第5743號

令成都市市政府

案據先烈張培爵公葬委員會總務，主任朱叔癡等，呈請於省市郊外第一公園擴充範圍內，劃地建築先烈紀念堂，等情。到府，除指令外，查兩請於郊外第一公園擴充範圍內，劃撥地皮一節，是否可行，合行抄發原呈，令仰該府即慫遵照，查核議復，以憑核辦。此令。

計抄發原呈一件。

▲ 张培爵公葬委员会主任朱叔痴请于省市外扩充范围内第一公园建张培爵纪念堂以兹纪念

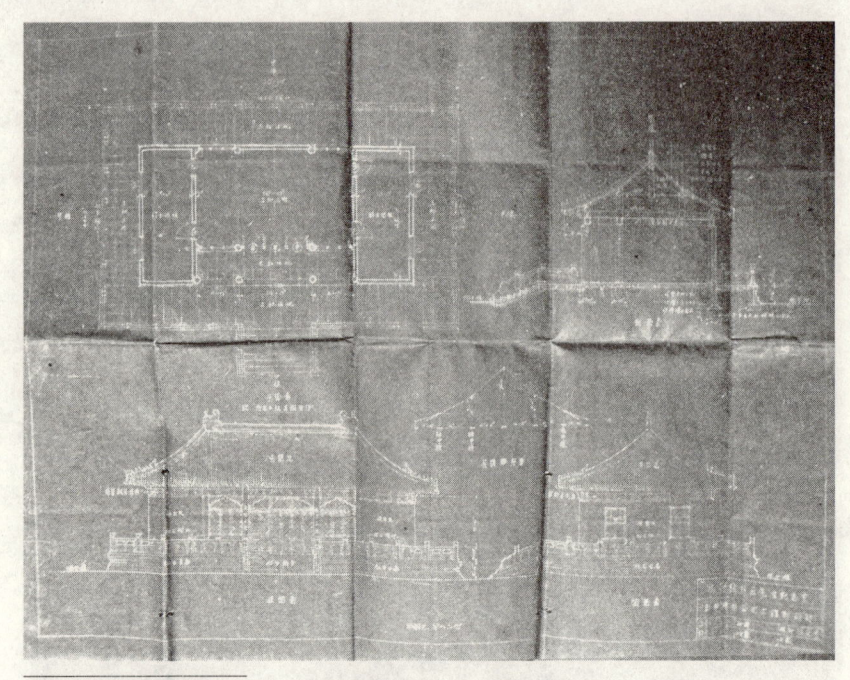

▲ 张培爵纪念堂设计图

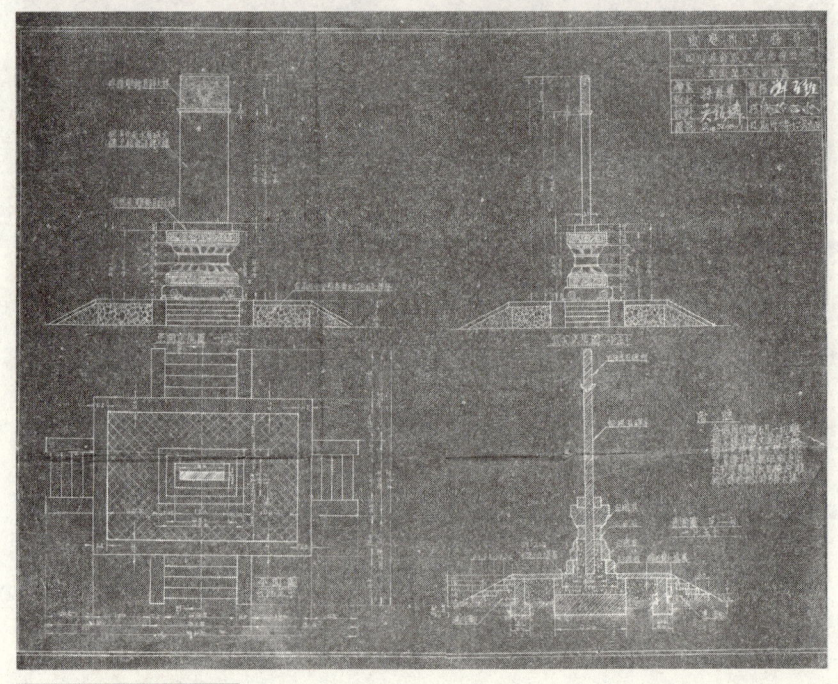

▲ 张培爵纪念碑设计图

◀ 张培爵公墓。1940年荣昌县选定在县城南卧佛寺侧修建张培爵公葬墓园。图为现荣昌县海棠公园内的张列五墓。墓碑为于右任题字

◀ 张培爵墓（重庆荣昌）

◀ 张培爵墓（重庆荣昌）

◀ 重庆浮图关张培爵衣棺墓

▲ 中央党部及国府致祭张列五先生墓园摄影

▲ 鹅岭公园内邹容、张培爵等辛亥革命烈士衣冠冢

▲ 张培爵衣冠冢（鹅岭公园）

▲ 重庆市公务局修建四川革命先烈纪念碑工程合同

▲ 重庆市工务局和承建方签订的建设张培爵烈士纪念碑的工程合同

▲ 四川革命先烈纪念碑筹建委员会第一次会议记录（重庆中国三峡博物馆提供）

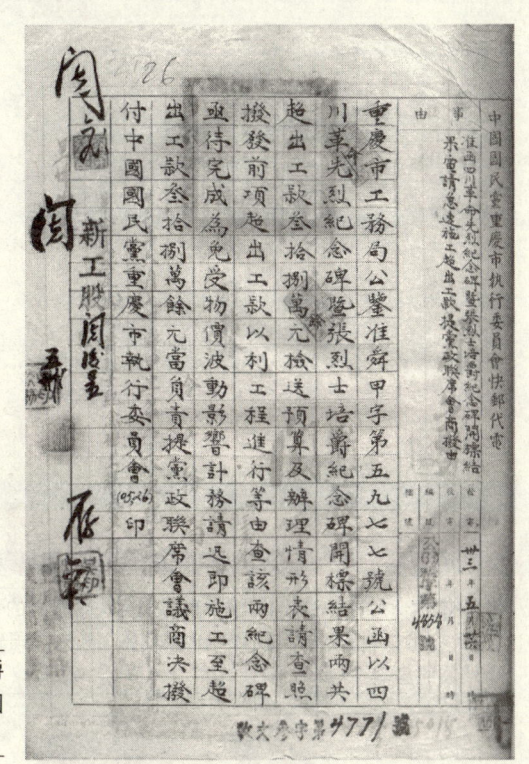

▶ 重庆市工务局关于修建张培爵烈士纪念碑的公文（重庆中国三峡博物馆提供）

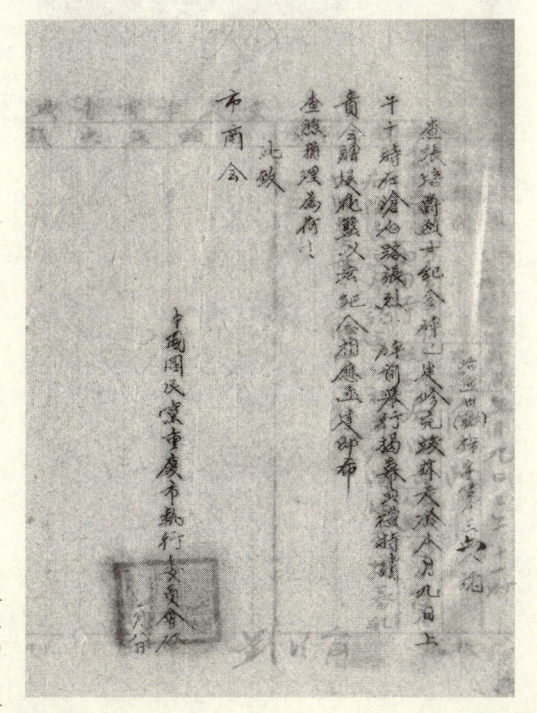

▶ 张培爵烈士纪念碑揭幕典礼邀请函（重庆中国三峡博物馆提供）

▲ 1944年7月,由中国国民党中央执委会决定修建的张烈士培爵纪念碑,在重庆炮台街(今沧白路)竣工落成,以纪念张培爵为建立民国建树的功勋。图为沧白路张烈士培爵纪念碑

▲ 张培爵烈士纪念碑(重庆市文物保护单位)

隆昌戴戡來電

大總統國務院鈞鑒前四川民政長張培
爵辛亥首義功施爛然奸人構陷燕市成
仁在當時已多聞其枉迨今茲而餘痛未
紓前於十月廿八日重慶光復紀念渝中
人士追念前勳曾由會同熊使及周師長
據情轉電鈞府懇予撫卹蒙大總統交院
核議仰見不沒前勞俯順民意現戡赴省

▲ 四川省省长戴戡恳议抚恤张培爵电文1

公府秘書廳收電紙

履任道出隆昌培爵鄉上復函訴寃抑懇
電不已遺愛在人良用愴感戡忝任封圻
承宣德化不敢過予上聞致失羣望兼念
數年以來以封疆大吏首義元勳受禍之
酷未能伸用敢冒昧電凍伏望我大總統
煥發明令宣昭勞勩照省長例從優議卹
俾旅櫬早歸絲魂得所培爵現有一子留
學法國學費所出純係諸人資助身後蕭條

难乎为继可否恳出格外补入官费以慰英魂而昭民范雨露自天曷胜延伫耑叩川省长戴戡叩歌日自隆昌行次发印

绪至 校对

▲ 四川省省长戴戡恳议抚恤张培爵电文 3

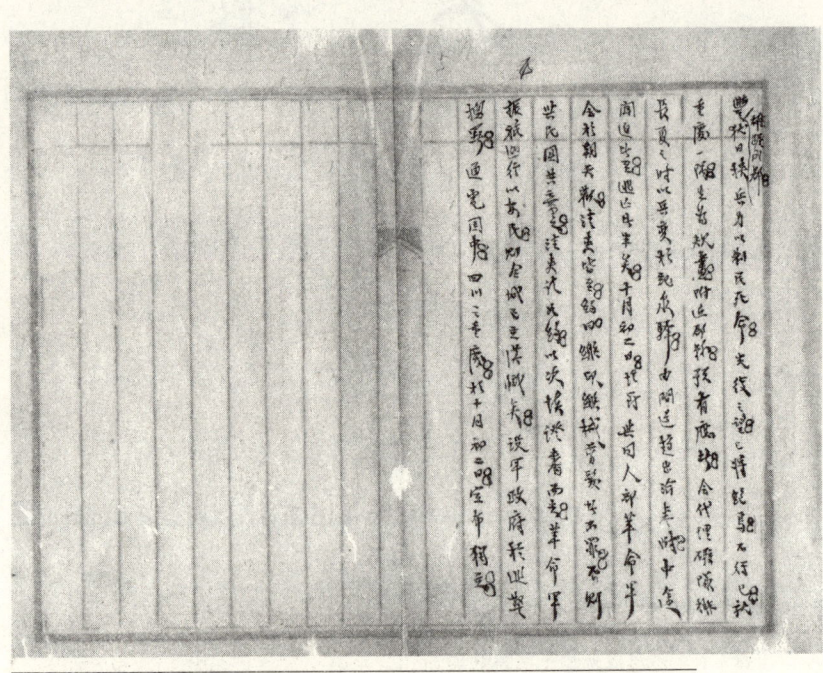

▲ 以张培爵名义写就的手稿《蜀军政府始末》（重庆中国三峡博物馆提供）

▲ 张培爵墨迹影印（与廖绪初书一）　　▲ 张培爵墨迹影印（训子书二）

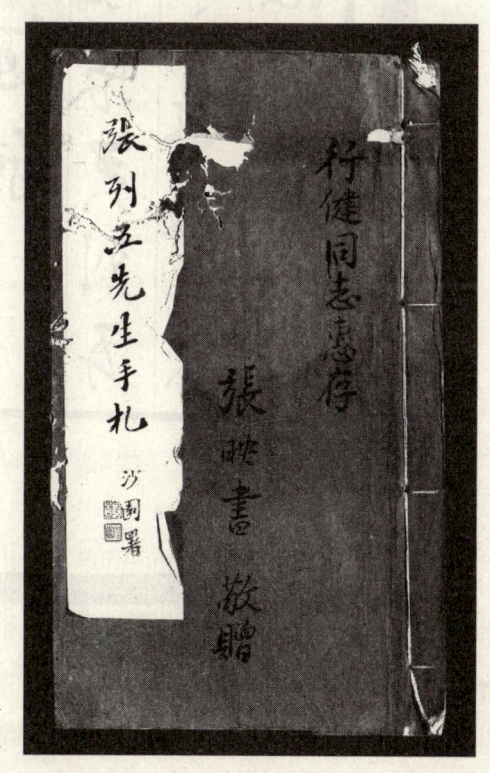

▶《张列五先生手札》书影

先烈张列五先生手札题词(杨庶堪)

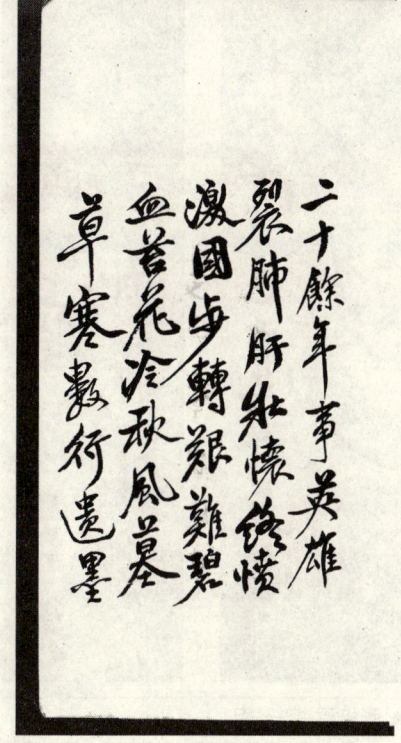

▲ 刘咸荥题《张列五先生手札》

二十余年事,英雄裂肺肝,
壮怀终愤激,国步转艰难。
碧血苔花冷,秋风墓草寒,
数行遗墨在,留与后人看。

——双江刘咸荥撰并书,时年八十。

刘咸荥(1858-1949),字豫波,成都双流人,为"五老七贤"中的五老之一。清光绪二十三年拔贡,曾任内阁中书。精诗文,娴书法,道德文章,名重一时。与其两个弟弟刘咸炘、刘咸焌并称为"双流三刘"。祖父刘沅(有"川西夫子"之称)、父亲刘桂文均为蜀中知名学者。1949年刘咸荥以91岁高龄而终,丧礼时吊者云集,观者如堵。

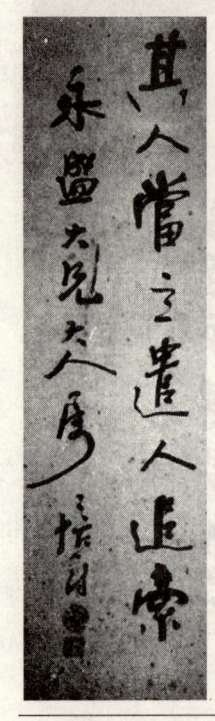

▲ 张培爵书法作品

岁云莫矣,风雨凄然,纸窗竹室,灯火青荧,辄于此间得少佳趣,今分一半寄与黄冈何圣可,若欲同享,须择佳客,若(非)其人,当立遣人追索。永盛大兄大人属。培爵。

张培爵纪念广场

位于重庆市荣昌县城,占地8000平方米,由张培爵墓、铜像、纪念馆(建筑面积1460平方米)三个部分构成。

张培爵

(1876—1915)

历史遗产与历史责任
——《纪念辛亥革命 100 周年·重庆丛书》总序

周 勇

今年是辛亥革命 100 周年。

1911 年爆发的辛亥革命,推翻了清王朝的统治,结束了在中国延续几千年的君主专制制度,为中国的进步打开了闸门,谱写了古老中国发展进步的历史新篇章。一个世纪以来,中国人民为民族独立、国家富强、人民幸福、祖国统一而不懈奋斗。特别是新中国成立后,中华民族进入了发展进步的历史新纪元。

20 世纪初年,是中国资产阶级民主革命的时代,是一个群星灿烂、可歌可泣的时代,是一个需要英雄又产生了英雄的时代。

1891 年重庆开埠以后,随着西方势力的入侵,民族资本的产生,西方文化的传入,特别是资产阶级民主革命思想的传播,重庆逐渐发展成为了长江上游的经济中心,也成为了中国西部革命运动的中心,产生了邹容这位伟大的资产阶级民主革命宣传家。

杨庶堪等重庆青年团结在孙中山先生的旗帜下,成立了同盟会重庆支部,经过不懈的奋斗,终于在1911年11月22日发动武装起义,推翻了清朝政府在重庆的统治,建立了蜀军政府,辖川东南57州县,成为四川第一个省级革命政权。

民国成立后,蜀军政府得到了以孙中山为大总统的南京临时政府的承认,孙中山尤其赞赏以邹容为代表的四川革命志士为建立民国立下的功绩,积极帮助重庆蜀军政府进行北伐。辛亥革命失败后,重庆革命党人继续追随孙中山,坚持革命。孙中山不畏失败和挫折,曾决定将国会迁往重庆,继续为共和而奋斗。

100年岁月沧桑,100年历史巨变。

辛亥革命为我们留下了最为宝贵的历史遗产。

——这100周年的历史告诉我们,爱国主义是凝聚中华民族的伟大旗帜,祖国统一是团结炎黄子孙矢志奋斗的宏伟目标。

——这100周年的历史告诉我们,辛亥革命志士身上所体现出来的振兴中华的爱国情怀、置生死于度外的牺牲精神、关心民生疾苦的高尚品德、天下为公的宽广胸怀,是激励我们振兴中华的精神力量。

——这100周年的历史告诉我们,中国共产党是辛亥革命的继承者,辛亥革命失败后推动历史发展的重任落到了中国共产党身上,中国共产党领导中国人民取得了新民主主义革命、社会主义革命和建设、改革开放的伟大成就。

历史和现实都一再证明,是历史和人民选择了马克思主义、选择了中国共产党、选择了社会主义道路、选择了改革开放。没有共产党就没有新中国,只有中国特色社会主义才能发展中国。

辛亥革命史,特别是重庆辛亥革命史,是中国近现代历史的重大课题。100年来,重庆的辛亥革命亲历者、研究者为辛亥革命史资料的搜集、整理、出版,为辛亥革命史的研究,特别是为重庆辛亥革命史的研究,作出过巨大的努力,积累了丰富的资料,产生了一大批具有重要影响的学术成果。尤其是党的十一届三中全会以来,重庆先后召开过两次重庆辛亥革命史学术讨论会和纪念邹容诞辰100周年学术讨论会,编印出版过《重庆蜀军政府资料选编》、《辛亥革命重庆纪事》、《邹容文集》、《论邹容》、《邹容传》、《杨庶堪传》等重要著作。在这些研究中,重庆地方史学界的专家学者在广阔的历史背景下,深入考察了重庆辛亥革命历史进程与时代的特点,研究了重庆辛亥革命与四川、中国近代历史的关系。其中关于邹容的学术讨论会和《邹容文集》的出版,更是新中国成立以来所举行的第一次学术讨论会和第一部邹容文集,对邹容史料的搜集和研究的深入,都引起过国内外学术界的高度重视。

为了纪念这个伟大的节日,反映100年来重庆历史学界对重庆辛亥革命史研究的成果,我们编辑出版了《纪念辛亥革命100周年·重庆丛书》一套五卷:

《邹容集》,这部著作以《邹容文集》(周永林编)为基础,囊括了海内外保存的邹容著作、书信、诗词、书法、篆刻作品和《革命军》版本、邹容传记及有关资料,还搜集整理了孙中山、毛泽东、鲁迅等对邹容和《革命军》的论述、同时代先贤悼念邹容的诗文,以全面反映这位资产阶级革命宣传家的理论贡献、精神世界和高尚情操,全面反映100多年来有关邹容著述、资料的搜集整理成果。

《邹容与苏报案档案史料汇编》,苏报案是辛亥革命史上一个重大历史事件。章太炎和邹容因此案而入狱,与中外反动势力进行了坚决而机智的斗争。尤其是邹容在法庭上的辩论,勇敢、机智、犀利、正气凛然,堪称《革命军》的姊妹篇。我们发掘整理出上海租界会审公廨庭审邹容的记录,刊发于美国、日本、中国的英文报刊资料和保存于中国、日本档案馆中有关邹容和苏报案的珍贵档案,从而全面准确地反映出这一历史事件的真相和邹容在法庭上的独特风采。

《张培爵集》,搜集整理了现存的张培爵的著作、书信,反映了这位重庆辛亥革命先驱、重庆蜀军政府都督的生平业绩和精神世界。

《先贤诗文选》,是杨庶堪、向楚等重庆辛亥革命人物的诗文选集,这是那个时代风貌的实录,也是重庆辛亥先贤们思想文化的缩影。

《重庆辛亥革命史》,这是重庆学者撰写的第一部关于辛亥革命时期重庆革命思想传播、革命运动发展的历史著作,是100年来有关这段历史的整体展现和这一领域研究成果的集中体现。

这套丛书表达了我们对100年前革命先烈先辈先贤们创造的伟大业绩的敬意,凝聚了重庆历史学界对辛亥革命历史研究的重要成果,是奉献给这个伟大节日的一份厚礼,尽到了我们的历史责任。

我们期望这套丛书的出版,为隆重纪念辛亥革命 100 周年,缅怀和宣传伟大的革命先行者孙中山先生和邹容等革命先辈致力振兴中华的光辉业绩,发扬光大辛亥革命精神,鼓舞激励全国各族人民和海内外中华儿女勇敢担当历史责任,实现中华民族伟大复兴发挥一点作用。

2011 年 8 月 15 日

目录 CONTENTS

历史遗产与历史责任——
  《纪念辛亥革命 100 周年·重庆丛书》总序　周　勇 / 1

张培爵小传　杨庶堪 / 1

一、文稿

蜀军政府规定起义各州府名称电 / 5

蜀军政府电告川局情形 / 6

蜀军政府致成都军政府报告工作近况电 / 8

蜀军政府致云南军政府会师北伐电 / 9

蜀军政府派周代本为全权委员致湖北黎都督电 / 10

蜀军政府致上海武昌南京加派代表电 / 11

蜀军政府委任熊斐然等三人为参议员电 / 12

蜀军政府都督张培爵、夏之时贺孙中山先生当选临时
  大总统电 / 13

蜀军政府致谢援川黔军电 / 14

蜀军政府复云南军政府电 / 15

蜀军政府派员调解滇川军冲突电 / 16

蜀军政府复成都四川军政府电 / 17

蜀军政府都督张培爵、夏之时致大总统电 / 19

蜀军政府都督张培爵通告成渝两军政府合并后政见书 / 20

张培爵推举尹昌衡为四川正都督电 / 22

尹昌衡、张培爵宣布成渝两地军政府合并分就正副都督职
　　通告 / 23

尹昌衡、张培爵致孙、黎正副总统报告就任四川都督府正副
　　都督电 / 24

四川都督护送赞成共和之满员出境电 / 25

四川都督府都督尹昌衡、张培爵同意夏之时辞去重庆镇抚府
　　总长另委胡景伊接替电 / 26

四川都督府副都督张培爵等致夏之时等望接受胡景伊为
　　重庆镇抚府总长电 / 27

四川都督责难援川滇军背约扰民电 / 29

四川民政长张培爵为奖叙部员呈文 / 31

四川民政长张培爵为奖叙张澜等二员呈文 / 32

张都督辞职之通告 / 34

赴京通告 / 36

致重庆各界及父老书 / 37

蜀军政府始末 / 38

二、手札

训子书(1912年9月6日) / 55

与受乾两弟书(1912年11月13日) / 56

与受乾两弟书(1913年2月21日) / 58

与受乾两弟书(1913年2月29日) / 61

与受乾两弟书(1913年5月9日) / 63

与受弟书(1913年7月7日) / 66

答李寒友书(1913年11月3日) / 70

答李寒友书(1913年11月19日) / 71

答李寒友书(1913年12月21日) / 73

答李寒友书(1913年12月30日) / 75

答李寒友书(1914年1月23日) / 77
答乾弟书(1914年1月28日) / 79
与乾弟书(1914年2月10日) / 82
与受乾两弟书(1914年3月21日) / 84
答乾弟书(1914年3月26日) / 86
训女书(1914年3月26日) / 88
与廖绪初书(1914年7月1日) / 90
与李宗吾书(1914年7月1日) / 93
与金兄书(1914年7月28日) / 96
训女书(1914年7月28日) / 98
训子书(1914年8月15日) / 100
与受乾弟书(1914年9月15日) / 102
训子书(1914年9月19日) / 105
与受乾两弟书(1914年10月10日) / 106
与廖绪初书(1914年10月25日) / 108
答受乾两弟书(1914年11月21日) / 110
与乾弟书(1914年11月9日) / 112
与受乾两弟书(1914年12月4日) / 114
训女书(1915年1月28日) / 117
附:先烈张列五先生手札题辞　杨庶堪 / 120
　　张列五遗札题辞　夏之时 / 122

三、传记

纪张君列五被难事　梅际郇 / 127
张君权厝志　向楚 / 131
前蜀军都督四川民政长张公墓表　向楚 / 133
张培爵烈士传记　张泽孚 / 137
张培爵年谱　张映书、张津孚 / 211

四、纪念诗文

（一）挽诗

张培爵列五　杨庶堪 / 223

博浪行一首为张列五烈士作也　郭君穆 / 224

吊张列五都督诗一首　郭君穆 / 225

挽张列五周际平两烈士　李鼎禧 / 226

挽张列五　蒋云凤 / 227

挽张烈士列五　刘永年 / 227

挽张列五先生　冯粥 / 227

（二）纪念文章

重庆中学建国起义纪念碑记　朱之洪 / 228

张培爵烈士纪念碑碑文　赖肃 / 230

重庆联合县立中学校学生等祭张列五、周际平两烈士文 / 233

（三）回忆文章

回忆我的父亲张列五　张映书 / 235

巴蜀忠魂，化碧苌弘——纪念外公张列五130周年诞辰
　　夏先扬 / 258

张培爵秘密刊刻都督大印　郭礼淮 / 263

张培爵被害始末　郭礼淮 / 265

（四）评价

国民政府褒奖令 / 267

中国国民党中央执行委员会公函 / 267

胡耀邦同志在首都各界纪念辛亥革命七十周年大会上的
　　讲话 / 268

张培爵对民主革命的贡献——纪念辛亥革命七十周年
　　黄天朋 / 269

后记 / 285

跋 / 287

张培爵小传

杨庶堪

　　张培爵字列五,四川荣隆间人,故尝为隆诸生①。幼读书见明亡之酷,辄慷慨,中夜起思,以逐虏为职志。然沉深和易,世莫测也。培爵性淳异常,终年劳,无惰容。人所谓苦,独谈笑安之。一日,游学成都高等理科优级师范,始入党,与谋机要②,课隙则旁皇奔走国事。六君子之狱,其先实谋大举,未遂而罢。奸吏王棪、高增爵刺景构煽,衅祸始烈,世不察,乃冤之,非诸贤志也。方杨、张被逮之明晨,缇骑③四出大索,培爵则从容市衙,为之经纪其䊭粥,望见杨仆,招入书肆,询谳④状,仆出杨致某君书,愤诟交剧。培爵谕慰遣之,而匿不与通。其不好责人如此。

　　当是时,则党员多遁逸,有杜门者,培爵乃愈奋励,结交四方畸士,闾里游侠多归之。叙泸间遂有党人出没矣。诸烈士更屡挫败、频膏庑吏铁锧⑤。而英风至今未尝衰息,每役培

---

① 诸生:明清时期经考试录取而进入府、州、县各级学校学习的生员。生员有增生、附生、廪生、例生等,统称诸生。
② 机要:指机密的军国大事。
③ 缇骑:为逮治犯人的禁卫吏役的通称,如明代锦衣卫校尉,清代步军衙门番役等。
④ 谳:审判定罪。
⑤ 铁锧:古代斩人的刑具,借指腰斩之罪。锧,垫在下面的砧板。

爵咸左右之，时出奇计脱免，而独溷迹①于叙府公立中学。于是，党员既多散去。成都一隅实以培爵为枢纽，而阴结蜀东南之士，思以乘间一逞。伪清宣统末年，培爵始来重庆，名任教育，实欲假以有为。铁道债起，蜀、鄂、湘、粤人士哗拒，而蜀尤愤死争。伪总督赵尔丰，一日捕九绅，欲兵之。而同志军哀号起矣。赵纵防军屠杀，蜀以西尸骸蔽野，培爵则深悲大恸，日夜密与重庆诸党员谋决，谓"非革命无以拯民水火"。于是发书致四方豪俊，虑邮之泄，则遣腹心驰递之。各州县党员始稍稍集。而武汉首难，天下震撼。九江、长沙、安庆、贵阳先后响应。重庆伪吏戒严，尤侧目中学堂。中学堂者，蜀军独立机枢也。于是，培爵乃益急备。会党、城防军、炮队皆已密约效命，遂有十月二日之事。当是时，中营城防游击队先出，居民已遍悬白汉旗，培爵则躬督各义军会于朝天观。时伪府、县已先招至，皆皇惧，愿缴伪印，反正。义军挟之游市，而人民欢呼。复喜见汉家日月矣。是时，起义诸贤以培爵尝主各军，有懋②勋，遂举为今都督。

民史氏曰：余厌于世久矣，见培爵辄蠢动强奋，诚之感人，有是哉！培爵所与谋革命至秘不及详，其荦荦大者，曩共客成都，猥以"朕即国家"相戏，意谓川省无机关，培爵乃机关也，至重庆亦然。匪无思汉者，莫力行何哉！？

（据民国二十八年成都球新印刷厂印《先烈张列五先生手札》校改）

---

① 溷迹：亦作"混迹"。
② 懋：同"茂"，盛大。

一、文　稿

蜀军政府规定起义各州府名称电

电悉。此间建设之蜀军军政府已正名为蜀军都督,凡响应各处府州,宜称军政分府,司令官宜称某地方司令官,以期统一联合进行。蜀军都督张培爵、夏之时。

(选自周开庆编著《四川与辛亥革命》,台湾学生书局1976年)

蜀军政府电告川局情形

沙市电局转安襄荆招讨使节制水陆各军季雨霖先生鉴：读豪过电，悉袁贼丧心病狂，狡托满房虚号，号召私党，欲乘间逞奋野心，破坏我民国组织，以致武汉战争，至今未息。汉族有此蟊贼，殊堪痛憾。敝省自惨被赵尔丰荼毒，敝处于十月初二在重宣布独立，纯以兴汉排满、保外安民为宗旨，当即电告各省及本省州县。后此成都亦于初七日宣布独立，方电省致贺，以为吾川至此，可不劳血战。殊蒲朱二君，既释赵贼不诛，又私割与西藏约岁助饷费银五百万两，由川负担。成都各界，以蒲朱办理不善，驰书派员来渝陈说。嗣得资州电，成都巡防军，因独立后纵假十日，毫无纪律，竟于十八日点名哄溃，四出劫掠，官银行大商富户，一掠而空。朱被炮击未毙，蒲竟乘间私逃，现有尹昌衡出而收拾败局。然防军溃败，四出劫掠，内属州县，民不聊生，成都仅能自守。屡有书到敝军处，促我进援，敝军亦早拟进赴成都，以堵截溃军，廓清乱逃，期与成都联为一气，厚蓄兵力。敝军旬日计划，决意整队西发，保持全川大局，已刻日出师。来电报告各路布置情形，深谋硕画，可胜钦佩。至嘱合南师入陕会兵北伐一节，利害关系全国，机势刻不容缓，敝省负有应尽之责，岂敢漠视。惟敝省内乱未平，根基未固，此时须先靖内部，乃能再议会师，同扶大局。若骤分兵出境，内患因而猝发，仍于大局无补，反令川祸愈难收拾。故敝军计议，拟仍先赴成都，一俟川事就绪,内顾稍轻,随即纠渝成之军,整队入陕而豫,进随各路民军,殄虏余孽。现黔滇俱有援军到川,来电当照转滇黔。惟电线多梗,难期直达,殊为缺憾。此后消息,尤望不时见示为祷。蜀军政府都督张培爵、夏之时叩。鱼印。

(选自周开庆编著《四川与辛亥革命》,台湾学生书局1976年)

蜀军政府致成都军政府报告工作近况电

成都军政府尹罗两都督鉴：杨瑞卿归渝，奉大函，只悉一是。十八巡防之变，得两公大力勘定，即时转危为安，造福吾川，岂有涯量？敝处前派熊兆渭、饶炎、张治祥、王树槐等赴省，与尊处联络，以便随时会商川政前途之进行，计程早到尊处。自吾川宣布独立后，川东南北各路，或因土匪骚扰，或迟疑未能反正者，现已由敝处派人分路出发安抚，促令一律反正，旬日以来，略有就绪。滇黔援军到渝，纯抱援川宗旨，极有秩序，并可受我军指挥，唇齿之义，殷勤可感。敝处已与滇黔两军订有合同，并资助旅费谷米，以表联络之意。簰州失陷，吾川已有军队援鄂夺回。沪上开临时国会，昨已派有特别委员前往与议。以上各事，均由力所能为者竭力为之，川人办事决无权利思想。至如凤山在邛，傅华峰在雅，地属川南，又关系全省，尚冀尊处派兵前往抵御。然此二处及陕西潼关清兵进攻，均在停战期内，已由此间报告临时会，与英公使交涉，合并奉闻。至如国债赔款协饷，北伐援陕，以及本省军政、财政、保安地方一切重要事件，均当与尊处会商办法，不日即派全权联合委员赴成都，合先报告。蜀军政府正副都督张培爵、夏之时。叩皓。

（选自周开庆编著《四川与辛亥革命》，台湾学生书局1976年）

蜀军政府致云南军政府会师北伐电

云南蔡都督鉴：贵特派陈芷香等洽(十七)详电谢梯团长合同八条，计转电贵都督。连日接沪鄂赣各省通电：袁贼狡猾，于停战期内，背约攻我，秦陇军政府二百里飞书告急。十七敝军召集贵军陈副使，黔军叶统带，开大会议决北伐，以援陕为要着，急联合滇黔蜀军先后援陕，会师捣北。陈副使巧电谢梯团长，转贵军政府甚详。接黔军政府电云：速筹北伐，进合中原豪杰，与敌争一旦之命。如有成议，敝处前派董福开一军，及此次面谕叶占魁一军，静候调遣，并望滇军同发等语。此间军事会议议决：以培爵为川黔滇三省会师北伐代表官，之时为北伐团总司令官，以方声涛，姜登选，孙吴，刘声元充北伐参谋官。爵克日赴叙，与谢梯团长接洽，请即移师援陕，并宣慰调解同志会与驻叙滇军之恶感。联合成都会师，一出汉中，一出阶文，进扼鸡头褒斜之要害，以沟通潼关联军，北捣虏穴。特此奉闻，乞尊处电谢梯团长，以便进行。敝省近情：端方由鄂军斩首携回湖北，赵尔丰在成都伏诛，田徵葵为敝处拏获枭示，前有能电奉告。线路不通，未察达否？并闻。蜀军都督张培爵、夏之时号(二十)印。

（选自周开庆编著《四川与辛亥革命》，台湾学生书局1976年）

蜀军政府派周代本为全权委员致湖北黎都督电

湖北军政府黎都督鉴：敝军政府已于初二成立，因电不通，会由滇军政府转达贵省，昨接皓还电，敬悉，现已派全权委员周代本前赴贵省，与商联邦政府组织之法，同行并有采办军械委员杨文华，业于八日由渝坐蜀通轮船起行，到时晋谒，乞赐接见。蜀军都督张培爵、夏之时印。

（选自周开庆编著《四川与辛亥革命》，台湾学生书局1976年）

蜀军政府致上海武昌南京加派代表电

陈都督、黎都督、黄大元帅鉴：前因万渝电不通，所有东南九十月来电，顷数日间始转到，乃悉十月下旬已开始临时政府会议，敝处加派临时政府代表杨庶堪、张懋隆、吴永珊、李肇甫迅速赴会，特电派熊成章、陈一夔先会同周代本就近与会。蜀军都督张培爵、夏之时元印。

（选自周开庆编著《四川与辛亥革命》，台湾学生书局1976年）

蜀军政府委任熊斐然等三人为参议员电

孙大总统、黎副总统、各省都督鉴:前奉代表会电请委参议员三人,付与正式委任状,刻日到宁组织参议院等语。本省特委熊斐然、李肇甫、黄树中三人为蜀军政府参议员,即由上海赴会,以尽联络而免迁延。除另电委及续寄委任状外,特此奉闻。蜀军都督张培爵、夏之时叩,敬印。

(选自周开庆编著《四川与辛亥革命》,台湾学生书局1976年)

蜀军政府都督张培爵、夏之时贺孙中山先生当选临时大总统电

南京各省代表公鉴:蒸电悉。孙中山先生为提倡民族主义第一伟人,此次当选临时大总统,民国前途,曷胜庆幸。容即敬举祝典,通布全蜀,以慰群望。特谨电贺,恳代转达孙大总统,籍抒贺忱。蜀军政府张培爵、夏之时,叩印。

(选自周开庆编著《四川与辛亥革命》,台湾学生书局1976年)

蜀军政府致谢援川黔军电

贵阳军政府杨都督、旅黔同乡诸先生均鉴:敝军政府成立,连日泸州等处,纷纷响应。今日接鄂皓电,知北京早已失夺,政府既倒,旧兵名义全失,鄂电有如不投诚,即以土匪看待云云。官士军人,虽有汉奸,无不向汉。现在川东一带,大致已定,俟组织完成,即整军西伐。蒙派大队应援,与滇军分头并进,期以早日平定全蜀,臂助之加,深感耽虑。□顺和事,即当遵示派人查办,万一无着,贵援军到境时,敬当设法助饷。滇援军约驻宁远,贵军请扎泸州,时赐电文,互通消息,无任盼祷。蜀军政府张培爵、夏之时叩。歌印。

(选自周开庆编著《四川与辛亥革命》,台湾学生书局1976年)

蜀军政府复云南军政府电

云南同庆丰转军政府蔡都督：江电敬悉。敝省因路事肇务，赵贼妄拘各绅，省垣附属荼毒不堪，嘉邛雅眉各处，均以同志会号召收复各处。赵贼乃厚集各路兵勇与成都，新军久图反正，赵贼用巡防满营六成，箝制新军四成，以此事难发动。敝处因见同志会名义颇不正大，同人等特就重庆建立蜀军，俾可号召全川。川东一带，大致已定。敝军现值草创，克日组织完全，即行整军西伐。惟赵端诸贼盘据省垣，兵力尚厚，西伐之举，甚望贵省援军早日到川，匡助戡定，敝省幸甚，中华民国亦幸甚。再贵会援军取道何处？带兵何人？时望电示，互通消息。敝处因长寿电杆被匪砍断，湘鄂之电，遂不能通，敬请将各电代达各省，无任感幸。鄂军近日战争及京津各省现状如何，望电示。蜀军政府张培爵、夏之时印，湛阳代。

（选自周开庆编著《四川与辛亥革命》，台湾学生书局 1976 年）

蜀军政府派员调解滇川军冲突电

南京大总统、武昌黎副总统鉴：昨接川南军政府杨家彬等电称："援川滇军第二旅长李鸿祥，分队下援合江，由司令部长黄方带队同往，方先到合城，城内开门投降，转请滇军驻城中，代办善后事宜。方率队回泸，道经蔡坝，滇军伏队袭击，迫缴枪械，将黄方及将弁军士百数十人，尽行杀害"等语。旋又接援蜀滇军李鸿祥电称："黄方、韩俟，带兵赴合，既未预先通告，该两员又未能约束部下，以致入境肆行抢掠，敝军前往婉劝阻止，彼即开枪轰伤数人，士气难遏，致开战鬭，黄韩二人及军士数人，登时轰毙"等语。据双方报告，情形不同，十分焦灼。现在秦中告警，千万火急，电文日四五至，援陕问题，非常吃紧。吾川及客军，方且统一联合不暇，何可内残同胞，外增痏焰，贻祸大局，见笑外人！兹特派联合滇黔蜀北伐团全权大使胡景伊，副使刘声元，中路支队总指挥但懋辛等，前往调和排解，顾全大局。一面确实调查，务祈和平解决，早日联师北伐，特此电闻。蜀军都督张培爵、夏之时叩。正月二十五日。

（选自周开庆编著《四川与辛亥革命》，台湾学生书局1976年）

蜀军政府复成都四川军政府电

永川专足转成都四川军政府尹罗都督暨张董王龙邓童龙杨李刘诸先生公鉴:蒸电今日奉到,具见诸公此次改革,纯以保全大局,为父老子弟谋幸福为念,语语坦白,无丝毫权利思想,更能事事统筹全局,与培爵、之时所抱宗旨不谋而同,全川之幸,民国之福,展电三复,钦佩无已。培爵、之时谬膺重寄,深惧陨越,承示全川统一方法,一本大公,培爵、之时学识虽甚浅薄,良知俱在,敢有他见?惟全川问题,事体重大,须召集各部,略与商量,已特派全权联络委员,即日赴省计议一切。以爵、时之见,此事不难解决,惟为今日之计,论川局则统一为先,论大局则北伐为急,连日接沪宁鄂赣秦陇都督电告,袁贼狡和,于停战期间背约,进攻娘子关、大同,陷我潼关,并犯皖北,进兵颍州,秦陇军政府二百里飞书告急,沪鄂同人组织蜀军义军,屡来电议决北伐。昨接宜昌函报,蜀军炮队已夺簰州,敝处十七召集援川滇军代表陈副使,黔军叶统带,开大会议决北伐,以援陕为要着,即联合滇黔蜀军,先后援陕,会师捣北。旋接黔军政府来电云:"速筹北伐,进合中原豪杰,与敌争一旦之命,如有成议,敝处前派董福开一军,及此次向渝叶占彪一军,静候调遣,并望催滇军同发"等语;此间军事会议二次,以培爵为组织川滇黔三省会师北伐代表,之时为北伐团总司令官,孙吴、刘声元充参谋官,电知鄂陕滇黔都督矣。培爵赴叙,与滇军谢梯团长接洽,请即移

师援陕,并宣慰调解同志会与彼军之恶感,随即晋谒尊处,会商北伐,援陕之师,一出楷文,一出汉中,进扼鸡头褒斜之要害,以沟通潼关,联军北捣虏穴。特此奉闻。又接泸电,满蛮兵犯邛雅、扰及新津,确否?田征葵前为敝处拿获,枭示,并闻。张培爵、夏之时叩。号印。

(选自《大汉国民报》,1911年12月14日)

蜀军政府都督张培爵、夏之时致大总统电

大总统、上海伍外交长、各省都督鉴：

迭接陕西十万火急警电，称袁贼借口议和，阴谋进取，实行远交近攻策。迭次清兵猛攻秦晋，太原业已失守，危在旦夕。清兵携有大炮数十尊，枪精子足，凶猛异常。秦晋二省，势且不支。急电一日六至，西北大局，危如累卵。若西北各省为虏所得，则南北对峙之局势危，成子平功败垂成之覆辙可鉴。袁贼狡和缓兵，以备彼党准备破坏之诡计，逆迹昭彰，万人共睹。和议决无可信之理，我军万不可听。该贼诡词稽延迟滞，贻误军机，破坏已成之局，致为外人所笑。愚昧之见，亟应取销和议，联合各省军队，陆续分进，直捣虏廷，擒斩袁贼，早定大局。至于派充国民代表赴会一层，应请罢论。蜀军都督张培爵、夏之时叩。养。

（选自《南京临时政府公报》，1912年2月3日）

蜀军政府都督张培爵通告成渝两军政府合并后政见书

为通告事：渝中反正，培爵徇众请，为蜀军正都督，夙夜忧虑，恐奉职无状，为民国羞，黾勉从事，罔敢暇逸，念蜀中区区之地，不容有二军政府，协议合并，成约已有日矣。今培爵自渝西上，不日可抵成都，统一之期，盖将不远，惟吾蜀僻远，民气朴弱，日前所受专制之虐政，为天下最，此次发难，在各省之先。而自去秋迄今日，已将半载，秩序犹未回复，受祸亦远出各省之上，崔苻遍地，一日数惊，疮痍载涂，不能抚恤，抚躬自问，未能尽责，痛心疾首，寝息难安。窃维以凉德之躬，处至难之任，倘有陨越，何以副诸君子艰难缔造之苦心，何以慰七千万同胞之希望？自当推诚布公，务求有济。正都督一职，非雄才大略者，莫能胜任，已由培爵推尹昌衡为正都督，培爵副之，以勉尽国民之责。然环顾蜀中大局，尚形险恶，关陇告急，甘新未平，青海西番，顽梗为患，故对外则非出师北上，无以救秦中，非经营藏卫，无以固边围；对内则非筹立代议机关，无以伸民意；非分布重兵，无以清内匪；非整饬军旅，无以肃戎行；非澄叙官方，无以起吏治；非慎选法官，无以重审判；非清理款项，无以裕饷源；非招纳贤俊，无以资赞助；非兴复学校，无以育人才；非通商惠工，无以利民生；非化除党见，无以速进步。推行诸事，头绪纷歧，关系繁重，不如此措置，固不足振蜀国之颠危，不协力同心，更无以集事功，所望我父老兄弟，邦人诸友，概念时艰，共维大局，不以都督视培爵,直以公仆视培爵,绳愆纠谬,各尽所言,平气降心,以求有济。当知改革事业,必以渐而几,由专制而共和,由满虏而民国,已非易事。此后一切措施,苟以操切手段临之,疑忌一生,必多荆棘,如假以时日,助以智谋,培爵虽愚,必有以报。至于省内外文武各职。及诸军士,在成渝未合以前,已勤劳民事,敬慎厥职。今两地为一,尤应日夜淬厉,努力奉公,勿因统一之故,遽生懈弛之心。培爵用人惟能,决不因一人之见闻,妄有变易。其各尽尔能,一心所事,劳来安集,注重安民,出同胞于水深火热之中,而荡涤亡清之污秽,庶足以实行共和政治之精意,而无愧于中华民国之新人物矣。呜乎!中国将乱,蜀先受兵,中国太平,蜀独后治。我父老兄弟,邦人诸友,勿使此言再验于今日,四川幸甚!中国幸甚!培爵一俟大局平定,即当召集公民,举贤自代,退归田里,为民国自由之民,以领略共和幸福之乐趣。区区苦心,宏达之侪,当能鉴谅!特告。

(选自《大汉国民报》,1912年3月11日)

张培爵推举尹昌衡为四川正都督电

南京孙大总统,程内务总长,参议院四川议员熊成章、李肇莆、吴玉章,武汉黎副总统,各都督,各报馆鉴:成渝合并,前经全权大使张治祥、朱之洪双方通电,其条约第三条,认定两都督为正副都督,由两处各部院职员票举以定正副。今成渝实行合并,培爵已首赴成。自分德薄才鲜,倘有陨越,外无以对诸君子艰难缔造之苦心,内无以慰七千万同胞之希望,思维再四,甚欲召集川民举贤自代,以戎马仓皇,势有不可。今关陇危殆,甘新未平,青海西番,顽梗不化。而四川经屡次乱难之后,火热水深,创痍未复,外交内政,亟宜整理,以纾民困。正都督一职,非雄才大略者,不能胜任。培爵已推尹昌衡为蜀军正都督,培爵随尹君之后为副都督,勉尽国民之责。一俟大局平定,仍赋遂初,为民国自由之民,以视郅治之盛。除电告尹君外,特此奉闻。蜀军都督张培爵叩。江。

(选自《民立报》,1912年3月19日)

尹昌衡、张培爵宣布成渝两地军政府合并分就正副都督职通告

为通告事：

去年成、渝独立，各设政府，势使之然，并非故为歧异。迨大局稍定，两处人士佥议以为非并合不足以谋政治之统一，是以各派专使，迭次筹商，所有并合事宜，当即通告。

兹培爵于三月初九日（公元 1912 年 4 月 25 日，编者）到省，以吾川光复初成，责任艰巨，尹都督雄才大略，已所不及，已推尹公任正，培爵就副。昌衡固辞不获，复经两地文武各员，勖以大义，且以都督为国民公仆，不当在谦让之列。于三月十一日（公元 1912 年 4 月 27 日，编者）昌衡就正都督之职，培爵就副都督之职。罗都督纶于并合条约成立时，经成都文武各职员推为军事参议院院长，退职后当即就军事参议院院长之职。夏都督之时，经行营及成都各职员推为重庆镇抚府总长，业已联名电渝。

从兹吾川统一，都督责任更为重大，昌衡、培爵力小任重，深惧弗胜，惟有协力同心，不避劳怨，礼贤下士，共济时艰，庶几足以副我同胞希望之意。除电告中央政府及各省都督外，合行通告七千万同胞知悉。此告。

（选自《四川都督府政报》汇编本，1912 年 3 月）

尹昌衡、张培爵致孙、黎正副总统报告就任四川都督府正副都督电

孙黎正副总统、各省都督鉴：

成渝两军政府合并条约十一款，曾经电告，谅邀鉴。兹培爵到省，于三月十一日就副都督之任，昌衡以张都督谦退后，文武各职员公推，辞不得已，勉居正都督之任，亦于同日受事。罗夏两副都督均经退职，罗都督兹于合同成立时，曾经成都职员公推为军事参议院院长，已于今日到事。两地职员又公推夏都督为重庆镇抚府总长，业已联名电渝。至政府名称及印文，合并条约内订明称为蜀军政府。而成都于三月三日举行民国统一庄典时，已将大汉四川军政府名称，改为中华民国四川都督府，并改铸令印，文曰："中华民国军政府四川大都督之印"。当日启用。现经两地职员协议，恐政府屡易名称，淆乱民间观望，现已决定即仍成都改定之名，不再更易。从兹合并，实行全川统一，一切内安外攘、除旧布新之事，皆可从此措手，而责任之重，亦因以愈增。昌衡培爵以绵材而膺巨任，深惧弗胜，亦惟协力同心，共维大局，夙夜祗成，以免陨越而已。四川都督尹昌衡张培爵叩。真印。

（选自《国民公报》，1912 年 3 月 18 日）

四川都督护送赞成共和之满员出境电

北京袁大总统、南京孙大总统、武昌黎副总统、各省都督均鉴：前清四川将军玉昆、都统奎焕，于川人争路及十月反正之事，两公均能深明大义，苦心维持，并凯切开导旗军，一律呈缴枪械。故川人对于两公，异常感佩。现因南北统一，道路已通，两公决携眷回京，定于阳历四月初六乘舟东下，敝处从优备送川资，以利遄行。除派员护送及饬所过地方官沿途保护外，并请沿江各省都督一体饬属护送，以表示民国对于前清官吏，若能赞成共和，均能得一律优待之意。至为盼祷。四川都督尹昌衡、张培爵三十一日叩。

（选自周开庆编著《四川与辛亥革命》，台湾学生书局1976年）

四川都督府都督尹昌衡、张培爵同意夏之时
辞去重庆镇抚府总长另委胡景伊接替电

孙黎正副总统及各省都督均鉴：川省成渝合并后，重庆镇抚府总长一席，公推前任蜀军政府副都督夏之时就近接充，曾经电达在案。兹据夏君迭请辞职，出洋游学，以图深造。似此坚心学业，未便再事强留，从优议助游学经费三万金，以酬前劳。所遗总长一席，已改委军团长胡景伊前往接任，特此奉闻。川都督尹昌衡、张培爵叩。巧印。

（选自《国民报》，1912年4月1日）

四川都督府副都督张培爵等致夏之时等望接受胡景伊为重庆镇抚府总长电

火急。夏都督及各处院部局所诸君、川东巡按使黄肃方君、蜀军总司令熊锦帆君及各营长官鉴：迩者，我蜀军政府感念川难，非统一无由底定，乃与成都协议合并，凡我全川父老兄弟，皆引领相望以观厥成，是以培爵赴省，只顾川事之安危，未遑他计，区区此心，早为诸公所共鉴，乃苻任视事将弥月矣，毫无建白，足以副我父老兄弟之希望，清夜自思，焦灼欲泪。顷者京津构乱，武汉内讧，邻有责言，联兵入卫，警报频来，悚惕万状。顾我四川，尤为危迫，争路事起，即伏戎机，自秋徂冬，惨无宁日，哀我同胞，死者已矣。重以十八之变，省城为墟，公款私财，荡然无存，今时市面，军票流行，最近调查，川省财赋，入不敷出，额溢千万以上，然收入者则当然决算，而支出者则未敢或迟，司农仰屋，罗掘无门，及此不筹，恐慌立见，欲弭财政之恐慌，须求政治之统一，盖成渝合并，原图一致进行，镇抚总长，群戴亮工，何意坚辞孟兰之约，遽驾一叶轻舟？前有华盛顿，今之孙中山及君而三，为不朽矣。总长一职，难以虚悬，成都诸人，乃拟文澜暂承其乏，曾通电重庆诸公，业蒙赞许，今已首途，行抵资州，乃近接诸公电文，沪宁同人公举黄复生君，请大总统简任为重庆镇抚府总长。奉阅之下，成都诸人均极表欢迎，惟文澜业已出发，若遽阻其前进，兵民心理，两滋疑虑，一旦变生，悔何能及！夫重庆为

文澜父母之邦，文澜此行，知必敬谨将事，且有诸公在，尚可遇事磋商，总期臻于完善。盖一府失职，犹能变更，双方见疑，立形扰乱。况弹劾之权，操之议会，与争执于今日，宁补救于将来，望垂念危急，稍事通融，并请转电沪宁同人，共谅此意，不然，我以为得人，人以为树党，疑窦益深，恶感增剧，演成同室操戈之惨，川人何辜，岂能受此浩劫？且滇黔有观衅之师，陕甘来疑诘之电，四面楚歌，事机危险，千钧一发，盖在此时，务乞诸公共悯时艰，力持危局，祷切！盼切！培爵、鸿词、懋辛叩。支印。

（选自《国民报》，1912年4月9日）

四川都督责难援川滇军背约扰民电

十万火急:北京袁大总统、武昌黎副总统、上海探投程雪楼、王采臣先生、各省都督、各报馆鉴:滇初反正,即派援师,政府诸公仗义热忱,不但川人感佩。乃自入川来,民间谣诼纷传,昌衡等力为剖辩,以释群疑。俄而刘杰被戮,黄方被烹,富顺则杀司令范华阶,宜宾则杀司令邓树北。易置官吏,征纳厘税,任意诛求,肆口诬蔑。欲企天下之兵,隐挟渔人之计,事实昭彰,舆情愤懑。昌衡等力顾大局,犹且勉为抑制,期于息事宁人,只求滇军及早撤回,不伤唇齿,坚持此心,可质天日。兹接蔡都督来电云云,似于滇军在川情形,尚未尽悉;并昌衡等坚忍保全之苦衷,无由上达,谨摘要剖陈,静候公论。如原电称叛兵土匪一节,反正之初,土匪窃发,各省皆然,岂藉外援,始能平定?况川省叛兵,莫大于傅华封,应赵贼之调,盘据雅州,势甚凶猛,我军又胜,刻日敉平。滇军入川月余,不闻遣一介之师,围攻强敌,逍遥泸叙,急难谓何,此不可解者一也。又称匪徒纷布流言,调滇军侵略蜀土一节,滇军在叙,首先驱逐宜宾县孙令,调云南大关彭汝鼐署理,催科勒税,四境哗然。到自流井,又调滇人黄玉田为盐运使,侵略之来,言非无据。既知川省反正,何又自作主人,此不可解者二也。又称按月助饷一节,查滇军入川,由蜀军政府议订条约,按月由川给饷银五万两。继因川滇协商,鼓师东下,另立条约,按月由川拨助滇军饷银十万两。到川四个月,并无

按月助滇军饷银四十万之说。嗣南北统一,条约即应取消,援军即应撤回。乃滇军不奉政府命令,坚执条约,坚不撤回。此不可解者三也。又称由匪手所得之川盐,变价犒军一节。滇既代川平匪,应保人民财产;川盐夺之匪手,试问匪又夺自何人?不以还之盐商,辄变价犒军,兵匪有何区别?商民何用求援?若非渝都督有电,竟为文明军队所乾没,此不可解者四也。又称滇军援蜀已糜饷百万一节,查滇军入川五六千人,为时四五月,明酬暗助,不下七八十万,又自糜饷百余万,是兵仅两旅团,款几二百万,议师饷章固应如是耶?此不可解者五也。昌衡等窃谓滇军之来为赵尔丰也,诛赵以伸大义,政府之本心也;诛赵而又别有所图,类于小儿争食之见,路人皆见。故川人对于滇都督不胜感激,而对于谢汝翼等无不寒心。略举事实,立候公裁。四川都督尹昌衡、张培爵叩。江。

(选自《民立报》,1912年4月10日)

四川民政长张培爵为奖叙部员呈文

窃维成功不居,贤者自甘淡泊,有劳必录,人才藉以振兴。自民国普庆光复,钧府策励贤能,所有各省功勤卓著之员,凡经查明,呈请奖励,无不仰荷俯允,激扬盛意,薄海同钦。伏查重庆为川省著名要区,水陆交冲,华洋杂处。去岁反正,系在成都尚未宣布独立以前,其时满清赵督尚肆淫威全蜀,地方半皆糜烂,川东南北各府厅州县悉视重庆为转移。蜀军政府成立,亟组织各种行政机关,选任员司分资执掌。首以保持大局安宁为重,于对外方面则恐保护稍疏,致贻口实;于治内方面则恐兴革太骤,贻误方来,且又值客军纷集,供亿频繁,伏莽潜滋,危机四伏。在事各员或运筹决策,力求万全;或遗大投艰,独当一面。犹复慷慨捐资,助充军实,且因财力困难,均属勉尽义务。培爵猥以庸陋,前在蜀军政府忝尸都督重责迄今,日后追维,因重庆秩序不紊得以安靖人心。因东川民志早孚,遂以恢复全蜀,实赖各该文员赞襄之力。自成渝合并,各员均口不言劳,惟急期行政统一,裨益大局,似兹高致,尤足钦尚。培爵既稔知各员之贤,殊未敢壅于上闻。谨择尤造具履历事实,清册赍呈查核。应如何从优给予奖叙,以资劝勉之处,伏候钧夺,为此备由,另摺呈乞。

(选自《政府公报》,1913年1月28日)

四川民政长张培爵为奖叙张澜等二员呈文

窃查去年四川军政府独立之初,全省糜烂,成都命令不克及远,因时制宜,欲求政令四达之方,当先宣慰,因设各道宣慰使,分道出巡,抚煦黎元,镇除群丑。一年以来,地方就靖,颇赖其力。前因会议议决取销,渐次裁撤,其出力最多,政绩昭著者,若不择尤保叙,将何以劝有功而励百寮?伏查川北宣慰使张澜,学识宏通,劲气内敛,当扰乱之际,首先出巡,保全川北,未经糜烂之地。取销川北军政府,扑灭红灯匪徒;李匪绍伊,猖獗蔓延,该使会同熊师长等督队猛攻,身当前敌,卒破匪巢,逆首就歼,川北一带赖以宁谧。现虽如议取销,而一般人民相率恳留,不任其去,其德惠人,人盖有如此。川东宣慰使黄金鳌,奔走革命有年,热心毅力,坚卓绝群。承重庆镇抚府取销之后,人心疑惧,靡所依倚。该使会同第五师长熊克武抚绥安辑,民以乂宁。川东幅员寥廓,匪徒孔多,该使随时出巡,擒获首匪甚众。八月至梁山,适孝义会党复炽,招募亡命,成军仍聚大寨坪。其党则分据附近各寨,袭击官军,附近各处多遭蹂躏。该使督率蜀军第五营及侯国治之军,屡挫匪锋,近逼大寨,鏖战数日,悬赏募士,率众先登,毙贼无算,遂破匪巢。首要李二代王、三代王刘金屏、殷老二、刘茂顺等均经先后擒获正法。复将大寨轰毁,以绝匪巢。于是久据梁山,扰乱川东之巨匪,遂以殄灭无遗,而川北之大道以通。李匪既平,重庆复有暴动之说,该使潜探密查,果获匪踪,因与熊克武严密布置,将图谋二次革命之匪首吕少洲、孙泽膏等一律拿获,解散党羽,余乱因以潜消。继因下川东一带禁烟棘手,复派该使充川东禁烟督办,移驻涪州,厉行严禁,民慑其威,成效颇著。取销之议虽行,复据该使力辞重任,而川东各界坚不令去,其得人之深与张澜遥峙相埒。以上二人于年来川东北治安确有维持调护之功。现当裁撤,虽迫于议案,不能不夺一方人民之情,而其政绩勋劳亦有未便湮没者。特撮大略,据实上陈,究应如何给予奖叙之处伏祈大总统卓裁示遵,不胜待命之至,此呈。

(选自《政府公报》,1913 年 1 月 31 日)

张都督辞职之通告

培爵德薄能鲜，不足以任天下之重，惟倾心宗国人沦左衽，志乎革命，奔走十有余年，赖民国威灵，鄂军一倡全国响应，渝中同志建立蜀军政府，号召全川，群责培爵权以都督名义系属众心，仓卒受命，辞不获已，力小任重，深虞陨越。嗣以成都军府二次成立，尹、罗两都督定乱，继兴西北人民，有所托命，爰谋合并成渝两军政府以期统一，培爵夙志以酬，即拟避贤引退。而滇军压境，北寇负隅，佥谓多难之时，未可径情直遂，乃不得不勉徇条约，遣赴成都，谨从尹都督之后，以肩川事，此培爵之欲辞职而未能者一也。及南北一统，川滇讲和，外患已平，大局粗定一省之中，原不必再有两都督，致涉骈歧，徒以镇抚府之故，成渝意见日益加厉，消释调解，责任培爵，此培爵之欲辞职而未能者二也。幸渝中人士以大局为念，镇抚府于六月十日撤销，蜀军令誉幸克有终，培爵初心亦已无负，正思及时辞职，而西藏危急，尹都督誓师亲征。留守之事，任重责艰，培爵自知力有弗逮，特以大义所关，责无旁贷，不敢稍存诿谢，致鄰退蒽之羞，故六月八日当众宣言，以后方勤务自任，此培爵之欲辞职未能者三也。然内顾惴惴，惧或不胜，将负我父老兄弟之望，今尹都督及各司处职员电告中央，举胡文澜君护理正都督，不独尹都督后顾无忧，即培爵之仔肩亦差可自卸。盖培爵之怀此志，已非一朝，辞职书成而复毁数四，迁延未果以迄今，兹长揖归田，此其时矣。

惟是居职白□,毫无建树,外之则羌戎生心,内之则疮痍满目,回忆涖成都时所为,我父老兄弟缕缕指陈者,今幸而见诸施行,惟议会一事耳。抚心自疚,夫复何言?培爵之欺我父老兄弟,亦云甚矣,呜呼!虽时艰之日,亟实因应之,乏才既矢,去以自陈,敢乞身而悔过。俟胡尹任命到时,即行交卸,知我罪我,非所敢计,用布微衷,惟我父老兄弟共垂鉴焉。

(选自《国民公报》,1912年7月5日)

赴京通告

张培爵

敬启者:培爵猥以樗材,忝膺民政,受任数月,未能为吾蜀同胞稍谋幸福,抚躬循省,隐疚良深。兹准国务院电,奉大总统令,以川省距京辽远,中央亟欲考核目前实际情形,以谋进行,特令培爵赴京,用备谘询,复以民政繁重,一切事宜应商胡护督妥为布置,再行北上。各等因容,俟摒挡就绪,即当交卸起程。惟培爵才识迂疏,惧无以副大总统西顾之垂厪、慰吾伯权兄弟属望之深意。夙谂执事,关怀桑梓,代表舆情,举凡政治得失、民生疾苦与乎兴利除弊之策、绥边固圉之谋,尚希轸念时艰,发摅谠论,定藏行箧、代贡中枢,庶几集思广益,匡愚蒙之弗逮,宏猷硕画,期补救于将来,伫待嘉谟,无任企祷。专泐。

祗颂公安。张培爵启。

(选自《国民公报》,1912 年 11 月 11 日)

致重庆各界及父老书

张培爵

重庆宣慰使署、第五师、府知事,并转各学校、各法团、各报馆及渝中父老子弟均鉴:

培爵去年今日,与诸君共图光复,成立蜀军政府,于兹已届一年。成渝合并以来,培爵别诸君之日久矣。今值纪念之期,追念曩日,与诸君周旋于危难震撼之中,知死不避,蒙难愈艰,抚今怆昔,令人神往。惟吾渝父老昆弟,能不忘起义之艰辛,始终保全秩序,如慈母之护赤子,而执政从我诸公光复,殚精竭虑,备极勤劳,卒使曩时之起义,于鸡犬无惊者,今日之繁埠,而仍圜无恙也,是则吾渝父老昆弟之所深幸,而培爵亦与有荣抱焉。培爵不才,弗能为吾渝父老昆弟稍增幸福,辜负厚望,良深内疚。虽是不贪权、不竞名、不逞私利,相别以来依然坦素,是则可告吾父老昆弟子无罪者也。祈愿吾父老昆弟与执政诸贤,愈矢公忠,赴义如渴,同心一气,以济时艰,则吾渝首难之义声,永垂不朽,而民国共和之幸福,庶可预卜。培爵不敏,敬布耿衷,临风怀旧,东望依依。四川民政长张培爵印。

(选自《国民公报》,1912 年 11 月 13 日)

蜀军政府始末[①]

张培爵

一、蜀军政府之成立

拒约愤动湘、鄂、粤、蜀。武汉首举义旗,于是各省兵民相继反正。吾蜀自七月十五捕杀变生,徒以肝脑涂刀斧,始则勇死,继将沮溃。端方督鄂兵查办之信入川,民众皆墨,四路同志军亦节节失利。重庆得交通之便,闻鄂兵来,由渝机关部遣志士东下,以说鄂兵中之党人,取得同意,密报渝部;更分派党人走滇、黔间,以广声援。于时,东南路同志军,所有党人出没其间,以革命军制编制之。其文告亦多出党人之手。端方到渝,大惊,迟迟不敢进。而鄂兵盖益多就渝机关部之范围矣。清廷严令饬端方前往。渝机关部之组织,端氏侦知之綦[②]详。行时,督鄂兵二标出,而以新募之一标交钮传善留守,并由成都调来大炮多尊以镇慑之。渝之募新军也,党人多应之,因以间得通防军,是为党人得握兵柄之始。重庆为蜀第一大埠,商会谋办商团自卫。朱之洪、杨庶堪诸君先以党人实其额,于是城中新集之兵队皆乐为党人用。时事机已迫,志士多自外归,秘密集议者数矣。将定期大举,而未

---

① 本篇中的误字,在误字的[ ]中填上正字。本篇文章为迄今发现的最早记载蜀军政府始末的文稿。
② 綦(qí):很、最。

敢遽动,盖以成都号召郡县,秩序当不至大乱,若由外发难,实启纷争之端也。清督赵尔丰雄据成都,犹日挟兵力以制民死命。光复之望,已将绝焉。不得已,就重庆一隅先为规划,附近郡县预有应者。会代理炮队排长夏之时以兵变于龙泉驿,由间道趋出渝来附。中途闻追者至,逃亡者半矣。十月初二日,培爵与同人部革命军会于朝天观。清吏皆至,约曰:缴印、缴械、剪发者不罪,否则与民国共弃之。清吏请如约,以次填证书而去。革命军振旅巡行以安民,则全城已立汉帜矣。设军政府于巡警总署,通电国中:四川之重庆,于十月初二日宣布独立。

二、蜀军政府之名称及其组织

重庆既立军政府,群责培爵正位都督,而迎夏之时于浮图关副之。名曰蜀军,言望成之独立,重庆权以蜀军名义统系全川也。不名曰重庆军政府,言无割据之意也。蜀军于正名,盖至慎焉。府中设总务处,分科治事,为政治最高机关,以谢持总之。又设秘书院,审核局、文书局属焉。立礼贤馆以延揽人才,置监察院以正军纪,更礼请学优望重之人为顾问官,以备咨询。此府内组织之大纲也。外设行政部,以警视厅、九门稽查、水道警查[察]隶之。审判厅、检查[察]厅,则属于司法部。财政部兼管理银行。外交部并监督关税。交通部主管商船、邮电。计分五部,以清职掌,各负责任。此民政组织之大纲也。至于军事,则有司令部、参谋部、军务部。陆军拟成二镇。然增兵之时即寓减兵之策。陆军官佐,

则断自标统,始终未任用统制及协统一人。其慎重军制,乱时且有如此者。其后镇抚府取消,渝中兵队多请退伍归农。虽出于诸君爱国之热忱,实由于当时见事之远虑。此军制之编制与军事之计划如此。至地方行政,采两级制度。每府、厅、州、县设司令官一人,冲繁之区得更以一人副之。署中设军谋、军政、军需、军书四处,外分行政、司法、财府、学务四科,而受成于司令官焉。更促立代议机关,实行监督职务。司令官则直隶于都督。

(原按:蜀军地方官制,本暂行于军事时代,盖在成渝未合并之先,南北未统一之际。谨厚者洁身而远扬,强黠者及时而攫取。欲弭地方之糜烂,须因现状以维持。不有忠信之人,谁靖桑梓之乱?非分治无以为理,必共济而矢以和衷。以绅代官,责无旁贷,以官任职,事有专司;以议会为监督,因社会为制裁。立地方自治之初基,为蜀军暂行之官制。)

三、各国与各省之承认及四川之响应

蜀军政府成立之日,驻渝各国领事皆来庆贺,承认蜀军为四川行政机关。蜀军对于驻渝外人之生命财产亦负保护赔偿之责。湘、鄂、赣、苏、宁、皖、浙、闽、粤、桂、滇、黔、秦、晋各省都督亦先后答电慰庆,正式承认蜀军政府为四川政治中枢,蜀军都督为四川人民代表。盖自七月十五变后,成都交通与各省隔绝久矣。四川发难于各省之先,反正于各省之后,不惟无以慰人民望治之心,且实有负邻省相援之谊。致重庆光复之信一朝传达,先受各省之欢迎,并享非常之隆誉。

先是成都未下,各道皆疑惧观望,一闻重庆独立,道、府、州、县相继响应。川南道刘朝望于十月初五立军政府于泸州,以都督名义号召所属以次反正。巡防管带刘汉卿亦于五日以兵下万县,并初六夜下夔府。于是川东南郡县皆脱离满洲羁绊矣。川南最先反正之地为荣县,然界牌一役,民军大挫,巡军乘胜进逼,而以重兵驻井,后路统领徐甫辰亦由合江亲来督战。适端方由水道上驶成都,鄂军至叙府转而取道富顺,与端方本部集于资州。防军利其必经井地也,谋合力以拒民军。鄂军以客军深入,欲守中立。十月初四,成都犹严令痛剿陈家场等地,因闻重庆初二独立,防军乃无战心。不有重庆独立以牵制成都,则富、荣、威三邑人民族矣。川南惟合江最后反正,因隶属泸州,蜀军未以兵力加之。其后川南军政府取消,则由蜀军南路之师戡定之。它如长寿、南川、隆昌之反正,则与蜀军有密约,故其时期不相先后云。成都则因重庆独立,各道皆起而响应,清督赵尔丰知大事已去,势难再挽,不得已,乃开官民议会,以咨议局议长蒲殿俊为四川正都督,陆军统制朱庆澜副之。此十月初七日事也。

四、鄂兵之杀端方与四川之关系

端方之杀机,伏于端、赵之相疑。端、赵之相疑,构于田、周之参案。端氏奏参田、周四人,以迎四川人民心理,欲此以弭四川之乱,而缓天下之兵。盖端氏以直督废居。去年四国借款议行,乃以侍郎督办四省铁路。拒约愤起,清廷令端方督鄂兵二标查办川事,并简岑春暄督川,以息同志军之怒。

岑氏知蜀乱已深，以病坚辞，逍遥沪上。端氏入川，知已无生还之望，沿途逗留，至渝乃发田、周参摺。赵尔丰闻信大骂之曰：端陶斋若入成都，将与之不两立。端氏知赵之衔己也。由重庆至资州，既处维谷之势，欲东下则为民国公敌，欲西上则有赵氏私仇。盖武昌八月起义，孙武即密秘函电入川鄂军之党人，使途毙端方，以促成四川之独立。凡此密秘函电悉入端氏之手。鄂军党人恐后发为人制也，在渝即谋杀端氏。渝机关部阻之，以渝为商埠，若有扰乱，即起交涉。及端氏由渝出发，鄂军党人多由途逸回，与渝机关部相密约。其逸回之鄂军于初二日多为蜀军前驱。其代表田智亮复星夜出走资中。鄂军闻渝捷音，于十月初六日午后六时群诣端方室。端方知有变，谋逸去，不果。鄂军挟之至天上宫。端方谓鄂军曰：吾汉种也，本姓陶氏，吾先人乃入旗籍，诸君知吾在北京尚设立有陶氏学堂乎？乃出陶方明片，使鄂军传观。众皆默然。陶氏复曰：吾居鄂久，与诸君尚无恶感，且此次入川亦与诸军共持和平主义，未戮四川一人。吾老矣，乞诸君保吾余生，以终天年。言毕声泪俱下，鄂军官佐亦有泣者。于是鄂军中一人出呼曰：大帅为吾汉种，何以由鄂出发之时不先言之，到渝又屡密电清廷言鄂军不可用。今日重庆已为民国所有，成都亦有反正动机，吾鄂兵若再受大帅之乱命，不惟四川所不容，且为民国所共弃。今日之事，一言决耳，安能爱惜一人之死断送全军之命？语毕，拔刀斩之，数下乃死。同时并杀端方之弟一人。鄂军在资即毁龙旗，竖汉帜，举陈、蔡镇藩为统领。翌晨即拔鄂军全队东下，至内江并助其独立。于是四川人民乃无鄂军来剿洗四川之忧矣。当时若端方入成都，鄂军

五、吴、陶之伏诛及汤、林之变乱

蜀军既告独立。水道警查[察]总办吴以刚率所部来投诚,蜀军令其照常任职,以安反侧而保自安。乃吴以刚不思为民国效用,以盖前愆,妄欲一逞,再燃满清之死灰。密派心腹多人到江津等处招集流亡,以谋破坏我蜀军政府。前经征局员陶家铸是为之谋主。蜀军已得证据,但严为防御,未便发布。及乱机已动,全城人民及驻渝领事皆来告密,蜀军乃捕吴,得其招兵证据。其日期皆在初二以后。并捕陶与吴对质。吴、陶知罪已实,且在不赦之例。临刑,吴泣谓陶曰:"叔侯误我。"遂处二人以枪毙之罪,以为破坏民国者戒。乃十月二十七日复有汤文[维]烈、林绍泉、舒伯渊、周维新、周绍[少]鸿之变。林绍泉在龙泉驿炮队时,夏之时反正,林无[不]同意,其部兵以枪击之,中足,林不能行,夏之时力保之,得不死,与之同走渝关。蜀军成立,夏之时为副都督,林绍泉亦因得为司令部总长。乃不谋一致之进行,妄思二次之革命,煽惑部兵,运动官佐;汤文[维]烈、舒伯渊、周维新、周绍[少]鸿,或为标统,或任教练,与林绍泉结密秘团体。蜀军已侦探其诡谋密计,因念一操同室之戈,难防越人之射,待遇汤、林诸人愈加宽厚,以为诸人或当感念悔悟。乃始则骄纵不就范围,继且倡言不受命令,议厅则手持短枪,私室则密集乱党。时中路出师,以林绍泉为北路支队长,林借端激变,在

会议厅拔刀毁支队长关防,怀中出手枪二,以一向夏之时,以一向培爵。朱之洪以言绐之缓其怒。蜀军兵士见林绍泉之跋扈,欲当场诛之。经官长阻止。当将林绍泉检查,搜获确硬证据多件,以兵看守之。次日开军事会议,以审讯乱党。首领汤文[维]烈、舒伯渊、周维新、周绍[少]鸿四人,始犹强倔,后知林绍泉事已败露,且证据已为蜀军所获,互相怨望。蜀军以军事时代,若假宽大之恩,便贻扰乱之害,且汤、舒四人之罪,为破坏民国。讯毕,即将四人立与[予]枪毙。因林绍泉之罪则在受汤、舒四人之指使及迫胁,且念其与夏之时来渝赞襄军事不无微劳,故贷其一死,准与[予]自由东下回籍,蜀军优给川赀焉。他如杀田征葵,则代四川人民共诛之,与蜀军之关系甚少,故不具论。至田征葵之惨杀蜀人,则俟成都军政府详之。

六、客军之协约(外分待遇与供给二义)

所谓客军者,对于鄂军、滇军、黔军言之。鄂军随端方入川,十月初六在资州杀端方,宣誓复汉。即率全军由陆路东下,只百余人留富顺。鄂军抵渝,休息数日,欢迎及犒劳约计数千金。行时,蜀军以三万金为鄂军旅费。鄂军犹认定此款数为贷借也。鄂军来无杀戮之心,去无诛求之意,仁义举动,有足令蜀人感泣者。其留富顺之百余人,适驻井之防军为周鸿钧所击溃,奔入富城,知县孙锡祺与奸绅勾结为之内应,乃防军入城,即紧闭城门,肆行抢掠,妇孺以身随绵被坠城下,垒垒相继,呼号啼哭,惨不忍闻。鄂军由白马庙舟行泊富岸,应富人之急,拔竿登陴,斩关放鄂军入,防军不敌,被其诛杀者十数人,乃挟知县孙锡祺自西门出,由水道走泸州。富人得鄂军之救难也,群来挽留,至于痛哭;鄂军亦暂不忍去。时张桂山以千余人来富居月余。其未致扰乱者,鄂军镇慑之力为多。后滇军到富,鄂军乃辞去。故蜀军之于鄂军,因主客之别,盖其义为待遇云。黔军入川,以叶占彪统之。蜀军按其兵数发给饷粮。其行动休止悉听蜀军之命令。后中路出师,黔军盖随蜀军在资州击散周星五之众。后因黔省内乱,奉令拔军入卫。蜀军于黔军之来也,则招待之;于其去也,则资遣之;在四川之时,则按月以饷供给之。蜀军对于客军,于鄂取待遇之义,于黔取供给之义。所谓协约者,专指滇军而言。滇军于九月反正,以两梯团入川,有防御及侵略二义。由李鸿祥、谢汝翼率之,先后由滇出发。初拟以刘存厚领一梯团,滇军以刘为蜀人,泥[疑]之。盖于疑忌之中,已露野心之渐。蜀军独立,通电滇中,备陈川祸之深,故画交邻之道。滇军以蜀军之告急,效秦廷之出师,利用援蜀名义,拔队入川。旅滇川人,飞函蜀军,密告滇军来意。蜀军此时,既难分兵力以抵御,只惟遣专使以欢迎,特派谢崇飞到叙府,欢迎由昭通进川之滇军,并约其长官到蜀军政府订立和[合]同(条约详在蜀军政府),其大意在限制滇军之自由行动与自由支饷。蜀军承认滇军为援川军,然须受蜀军命令之指挥。此合同系滇军已陆续入川在重庆所订者。后滇军行动屡与条约相背驰,不俟蜀军之任命,而以彭汝鼎为宜宾知事;不俟蜀军之裁决,而杀富顺司令范华斋;合江之役,惨杀川南之总司令黄方,而捏造罪状;于永宁、叙府、富顺、綦江等处,则搜索盐

款,而指为俘获品;并通电诋毁成都政府为"哥老政府",以激成都之怒,而滞成、渝合并之机;成军与滇军相遇自流井之界牌,小起冲突,几致决裂。时南北尚未统一,虏廷以重兵犯潼关,将横截西北,以牵制东南。东南省筹备北伐。蜀军乃派令护都督胡景伊及今驻京参议员刘声元为联合北伐大使,到叙府与滇军梯团长磋商北伐事宜,复到自流井,与成都政府派出之联合北伐团委员王馨桂、滇军交涉全权委员邵从思、王椅昌,与滇军总司令官韩建铎、第一梯团长谢汝翼、第二梯团长李鸿祥、自贡支队长黄毓成,结川、滇、黔北伐条约于界牌附近之游家祠(此条约滇、蜀两军政府各存一份,缔约员双方各存一份)。后南北统一,北伐停止,滇军在渝,犹索三十万乃离出川境。

滇军条约附:(原件缺)

七、安抚使之分道出发

重庆独立之交,成都反正之后,全省蠢动,几陷于无政府之状态,陇无耕夫,市有暴客;兵尽为将,匪流为兵;强黠者窃县以自封,宵小者据乡而思逞;公款则罗掘一空,私产亦诛求无厌;一县而有多数都督之称,一乡而有多数总统之号;城与镇交哄,郡与县相角。四川此时,盖糜烂极矣!蜀军乃遣安抚使分道四出,宣布民国成立之原因,解释共和政体之真义。对于善良则扶掖之,强暴则裁制之。北道安抚使王休与川北宣慰使张澜会议于顺庆,中路安抚使刘先觉与成军代表相遇于资州。时泸州尚立川南军政府,蜀军派陈佶为南路安抚使。川南都督与人民知四川此时大势,分则两弱,合则两强,首先自请取消川南军政府,以求四川之统一。乃议设总司令一人,以为川南行政上之统系;以黄方任之,其后不幸而惨死于合江之役。自川南军[政府]取消后,各地之称都督者皆纷纷陈请取消。蜀军分派建设人员办理善后事宜。蜀军以川南既设总司令,旋令陈佶回渝。又以刘汉卿以夔府都督取消而受蜀军司令之职,川东故亦不必另派员安抚。惟因西属辽远,乃派冷忠培为西属安抚使。时受蜀军地方司令关防及奉行蜀军政令者,计逾七十郡县。安抚使之职务与蜀军四路出师相为终了。北路与中路安抚使,因成渝已有合并之机,亦先后回渝。西属安抚使因地方辽远,其职务故最后终了。南路安抚使则于川南取消军政府,已说明之。四路安抚使之出发,即以四路所出之师为声援。四川此时状况,有纵之难图,激之生变之势。姑息实以养奸,严酷又乖人道。在开诚以布公,勿徒善而徒乱。使者所到之地,即蜀军声教所到之地;兵力所到之地,即蜀军势力所到之地。安抚使之职,盖在顾名思义而已。

八、蜀军之出师

蒲、朱都督,囿于成都之现状,昧于民国之大势,与赵尔丰所订条约,不能餍四川人民的欲望;且赵贼未除,终为民国之乱;况仍盘据督署,一朝变乱,则死灰将有复燃之势。蜀军瞻顾危局,感念时艰,群推副都督夏之时督兵西上,以靖成都之乱,为四川人民请命。嗣以十月十八日东较场兵变,焚烧

劫掠,公私财产,荡然一空。幸有尹、罗都督出而戡乱,重建政府,维系人心。蜀军以蒲、朱既已退职,则与赵贼所订条约当然无效,于是副都督夏之时西上之师遂作罢议。又以成都变后,乱兵四窜,各地土匪乘时猖狂,乃以参谋总长但怒刚为中路总指挥官,向岩为南路支队长,姚国祯为北路支队长。中路出师,实为成渝合并之导线。蜀军中路之师到资州,遣人与成军交涉,相约资州以上成军任保卫地方之责,资州以下蜀军任其责。时周星五尚踞资州城内,蜀军督同黔军击之走,资州始安。滇军垂涎自流井盐税之富也,乘周鸿钧不备,强占井地,以滇人黄德润[渊]总榷盐税,乘势进逼富顺。蜀军节节防范,密秘飞报滇军野心。蜀军慑于客军压境之骄横,外感于民国前途之危险,电商成都,促成合并。其后成军与滇军冲突于界牌,蜀军力请成军严为防守,总求衅不自我而开。成军亦以客军深入,一开战争,首先不利,电商蜀军,共求处置之法。蜀军乃派胡景伊、刘声元为北伐联合全权大使,与四川政府所派委员在游家祠共结川、滇、黔北伐条约。中路之师,旋即次第回渝。向岩所领之南军,当合江下后,客军与义军麇集杂处,尤多调解之力。先是滇军到叙,叙南六县时正糜烂。滇军以威迫我叙郡行政官吏,言代平内乱。蜀军使人峻谢之,而令南军清叙南之匪。后川、滇北伐约成,南军亦以次归。姚国祯所领北军,因去年川北秩序未大扰乱,其军事计划不过取防御与镇慑之义,故其出师不多,班师最先云。

九、筹备北伐

　　南北军停战期内,清廷屡督重兵,夺取潼关,将进规[窥]秦陇,划南北为界,以弱民国之势,而牵制东南各省之兵。秦中火急电一日数致。蜀军以救邻之道莫要于出师,出师之道莫先于筹饷。从民国之大势论,固在以全力争北伐;从四川之大势论之,尤在出师徒先援陕。乃将北伐、援陕截然划分为两段:以沪宁组织之蜀军任北伐,以四川编制之陆军任援陕。惟重庆皆招募之众,成都多溃亡之师,言械则窳,言饷则绌。况成都自十八变后,库空如洗。当时资遣同志军回籍,已苦无财力以应。重庆一隅,虽幸保自安,然渝埠为流动之商场,无固定之财产,筹备出师,诸多困难。时成、渝合并,将有成议。蜀军乃应成都政府之请,先运银十万,为成都出师援陕军费,而后方补充,无从罗掘。乃以黄金鳌、李湛阳、刘锡丰、古绥之、赵壁城诸人专筹备北伐事宜,按财产之丰啬,定捐格之高低。首由财政部长李湛阳认捐巨款以为之倡,渝中富户亦皆奋毁家纾难之志,蜀各部职员、各营官佐以及兵士皆捐薪资,移作卑饷,甚而妇女亦有捐及簪饰者,当时扬之报章勒为专册。及成、渝合并,业经签字调印,蜀军迟迟未迁治[至]成都,亦因筹备北伐之故。当日会议日程可复考也。后共和告成,北伐罢议,蜀军所筹北伐之款,今年镇抚府乃移此款作国民捐。

十、成渝合并

重庆于十月初二日宣布独立,建设蜀军政府,成都亦旋于十月初七日反正,建设大汉四川军政府。两相对峙,三月于兹。然一省之中事权不归统一,一切行政诸多滞碍。加以北虏未灭,秦晋万分危急,尤非急图合并,厚集兵力、财力,不能救援邻省,直捣虏巢。成、渝两军政[府]有见于此,屡以电函相商,专使往还,各就情形,提出条件。蜀军乃派朱之洪为成渝联合大使,与四川军政府所派全权大使张治祥遇于资州,共约赴渝,于阴历十二月初九日(阳历正月二十七)拟就草合同十一款,双方签字盖印,并缮就正式合同经蜀军政府盖印,送请四川军政府察照盖印。当开特别会议,经众赞成,于十二月十五日(阳历二月初二)盖印讫,合同成立。按照合同,成都副都督罗纶以文武职员暨军民人等之公推,任为军事参议院院长,蜀军副都督夏之时,于蜀军政府未取消以前,镇抚府未成立之日,暂任留守。培爵于阴历十二月二十五日(阳历二月十二)由渝出发。此行本为实行联合统一,以副全蜀父老兄弟之望。自惟德薄能鲜,二月二十五日到隆昌,即商行营同人,电请尹都督就正都督之位。培爵三月初九抵省,四川文武各职员按照合同于十二日请培爵就副都督之职。因即电告中央政府及各省都督,并通告全蜀父老兄弟一律共晓。终于全川已实行统一矣。

条约附:(略)

十一、镇抚府之成立及其取消

镇抚府之成立,根据于成渝合并条约。暂摄总长夏都督于成渝合并之后,提出辞职条件,要求游学,由成都政府再四文电慰留,而夏都督辞职之念坚不可挽回。乃开军政会议,以军团长胡景伊理署镇抚府总长,以期全蜀统一之敏速,行政机关之灵通。嗣以合并之条件未履行,离间之言论复纷起。时熊克武适以蜀军总司令回川,蜀人不查事实,妄肆雌黄,耸动危险之词,几见决裂之祸。幸胡总长至诚相与,熊司令大局为怀,皆以国家为前提,不因人言而移动。培爵于四月晦日特派政务处副理谢持兼程赴渝,欢迎蜀军,并以政见密商胡总长,谓镇抚府一日不取消,四川人民心理终有成、渝分治之疑。谢持赴渝迭来密电,言各方均有取消镇抚府同[之]意,惟此意发自成都为强迫,发自重庆为迎合,不能慎之于先,安望善之于后? 适川南总司令宋辑先通电全国,力请取消镇抚府,以求四川统一之实。此议一出,由胡总长同谢副理在渝召集各界开议,最终皆得同意,于五月巧日电告成都,提出条件。成都政府对于镇抚府提出之条件小有更易,不能全数承认。镇抚府来电互相争执。培爵于感日协商尹都督,并正告政务各员,请悉如渝约。随得镇抚府三十一电,言晦日开议,将以军民分治一条加入巧电。培爵于六月冬电,言分治问题今各省尚未一致解决,拟照前电,镇抚府即假定六月十号为截止期。分治之议,即照国务院宥电办理。旋由胡总长通电中央及各省云。镇抚府于六月十号实行取消,

暂就各道现行官制以巡案[按]使黄金鳌为川东宣慰使。

镇抚府组织大纲及取消条件附：（略）

（重庆市档案馆供稿　谢守平、陈亮整理）

二、手札

训子书(1912年9月6日[1])

钟洛[2]：

予观汝远行,若甚乐;予念汝之学之识之志,窃为汝忧!汝今与柏如[3]德堪行矣,为汝所当拳拳服膺者,正为汝告,其谛听之:汝性浮动,求学不深思,汝不戒,学无长进也。汝务外,见异则思迁,汝不戒,识何能定？汝始勤终惰,不能一致,汝不戒,任汝有大志亦难成。此均为汝当力戒者。汝此行又有当注意者三项:一李先生之教言,二柏如等之规劝,三吾家俭节朴实之风。至汝之目的当达者,为吾之令子,为留学界之上乘,为民国之巨子。此目的汝能达否。汝勉之,予日望之。

民国元年九月六号

---

[1] 年份为公历,月、日均为阴历,全部书札皆如此,不一一标注
[2] 钟洛:即张培爵之子张钟洛。
[3] 柏如:即林柏如,张培爵之长婿。

与受乾两弟①书(1912年11月13日)

受乾弟鉴：

兄自阳历廿七日出发,卅日抵渝,初四日乘蜀通东下,宿大梁,初五日宿万县,初六日宿巫山峡口外,初七日抵宜昌。计渝至宜,险滩绝夥,乘轮而下,平安极矣。沿途州县官及兵队持枪立岸迎送,适轮停,犹得面慰数语,否则脱帽遥示以谢意。然亦见东人之厚我,我真内愧也。驻宜川,人在商会开会欢迎,情意颇挚。所希望者,川盐之销场为其特点耳。初八日仍宿蜀通,初九日移驻本国招商局所办之快利。此轮较蜀通大,昼夜开放。兄与职员驻大餐间内,其平稳暖和如家居焉。十一日开轮经沙市。适荆州旗人咨遣各县分住,令谋生活。并按其成丁者,每名给洋三十元,未成丁者二十元。约计在沙候轮者不下二千余人。我舟方至,相继而登。而临岸送别之惨状,有母子抱头大哭者,有弟兄姊妹聚哭者,有不忍放行、必经他人力挽之去者。轮上有英妇人一同观此状,渠亦一再曰"可怜的满洲人"(渠以英语云)。兄等亦大动悲观。然一念及我汉人之亡于其手,乃祖、乃宗流离奔徙,未必有此旅费,且有此平稳之轮送之使去也。到轮即遍驻于轮顶及两长廊。适大雨,轮上无布帆,又有令人不忍过视者,即下,如轮上之杂役,均曰"彼辈当日太安,应受此苦。"而彼辈

---

① 受乾两弟:受即受天,张培爵胞弟培禄之字,荣隆场上之民间中医;乾为乾九,张培爵堂弟,曾任重庆蜀军政府监印官。

虽聚二千余人，亦惟听舟子之驱策，亡国之惨相，眼见如此，而中国待满犹为特异，且至于此。我辈如不发奋为雄，使大好河山一朝破坏，其惨相真有不堪言状者矣。偕住大餐间者，英国妇人外，有湖北去岁起义之同志四五人。相与谈及起义时之组织，各省之响应，战事之鼓舞，无不拍掌称颂中国革命成功之神速。及谈至现时党派之纷争，人心之浮靡险诈，而国家能力，内不足以统治各强省，外又不足以抵御各强邻，又莫不同声一慨也。十二日过崇陵基，十三日抵汉口，寓地尚未定，以武昌不免小驻数日，与副总统小有商件故也。

兄自起程到今颇安好，偕行者均安。乾弟、金兄、式斋等回家想亦安好。冯永杰回省否？家中人谅无不安者。为我谢场上诸公，此次兄归，礼遇过优，思之惭歉。并致意办学诸公，昨商捐助之修造校舍费，兄允捐助三百元，两弟可商之大嫂拨助，以成诸公之美。从之归来，可致意努力经商。民国以商为重，无别营也。奉轩兄出差数次，辛苦极矣，然有劳自无虑湮没也。芷湘姊妹及三妹①、乾弟归，除贡臣兄教授外，可添教以数学或他科。家中事，并望乾弟力为主持，一切照旧。金华女婢当严束而教导之。受弟夫妇如有应需之数，与大嫂商明支用可也。三公尤望调养以时。言不尽。此候

平安！

兄爵言
十一月十三号泐于快利

---

① 芷湘：张培爵长女张钟兰之字。三妹乃张培爵之堂妹张培卓，当时同在家中延师教读。

与受乾两弟书(1913年2月11日)

受乾两弟：

接家书知家人均吉,远怀甚慰。芷湘姑侄仍得受教于贡兄,乾弟学识必渐渐长进,亦快心事也。到京得钟洛、柏如笺,身体尚安,学堂规律严明,非星期不能外出。教国学者为汪君兆铭①。二子果潜心求学,或亦可以有成也。

兄出省以来,体日益壮,心日益休。回忆成渝过去之历史,真不愿再以身尝试矣。惟职务现犹羁身,此行虽乐,而一念及吾川父老子弟之疾苦,终觉耿耿于怀,不能不思所以振救之。至武昌,见川盐被滞于楚岸②,即连日与黎督、夏民政长商川、楚销盐之方。盐事小有头绪,本儗赴京。而王君人文宣抚吾川,又为军界通电反对所阻。兄以为王来,吾川之疾苦犹得详陈于中央,否则中央只知川富,不知光复时受损失之大,即财政一端,望其接济已非易易,遑论其他！故绕道至沪,一挽留之。并赴中山先生之约,与伟人一商国是也。

抵沪晤孙及王外,又为海内外旧同志及各机关迭次开会

---

① 汪君兆铭：即汪精卫。
② 川盐被滞于楚岸：辛亥革命后,因战火纷飞,川楚间道路阻隔,淮盐乘机倾销,影响四川盐业生产甚巨。经张培爵与黎元洪面商,川盐始照原议数运销楚岸。

欢迎,相扰十日。而南京程雪老都督①欲闻川事,一再电催,始得离沪。雪老名德全,蜀之云阳人,年五旬余。南京光复,卓有劳绩,以川事传闻不一,故亟欲一见。相见之日,畅谈至午后六钟乃散。次日又派员引导参观各名胜地,如明孝陵、花园滩之类,至晚约宴于秦淮河。第三日乘通车由京浦铁路入京。在车二日,抵京约在次日之午后七钟,旅京同人约数十已欢迎于车站,所有马车宅舍已布置妥善,实令我惭感。休息一日未出,自第二日起至今,即为兄奔走于欢迎各会及与各执政接洽之期。中间纷扰,实难言状。然待遇愈厚,滋愧愈深,愈思有以益吾川而与中央各执政相商之事愈多。今揭其大者以告。兄到京之三日,总统派秘书曾君叔度来宅问询,并约次日入见。往见谈蜀事甚久,乃约分头与各部协议。现协议之已定者四事:(一)财政之补救。请中央发行兑换券,收吾川之军票②。中央允先以五百万来收。(二)大学之设置。请中央提交议案,盖吾川学子之贫者居多,以现在学制,除去高等一级,中学毕业,非入专门即入大学。本省无大学,而欲望吾川中学生远地求学,恐大学人才终寥寥也。学部允交议院矣。(三)设立大理分院。分院为审判终了之地。川中无此院,凡高等厅不能了结之案,均必亲赴北京起诉。

---

① 程雪老都督:即程德全,清末江苏巡抚,武昌起义后,宣布江苏独立,任都督,南京临时政府成立任内务总长。
② 川之军票:成都十月兵变后,库存白银被乱兵洗劫一空。尹昌衡出任都督后,军政日常开支均告无着,乃发行军团票数百万以资应付,军票因不能兑换,急遽贬值,川中人民怨声载道。

设高等厅不为转呈,欲上诉即无门可入。民间冤苦,不知几何?即为转呈,而由蜀至燕,其劳与费又如何?设此院则凡案均在本省可结,亦未始非吾川人民之幸。现已决定设立,本礼拜内司法部允简员来川矣。(四)改巡防为巡缉队。归地方各长官节制,既可免知事与陆军之冲突,又可为将来巡警之豫备。现在知事有管辖之权,而治匪即有实力。闻月来抢劫之案不已,亦地方官无兵治匪之失也。此件行则无虑矣。陆军、参谋两部尚未决议,当再请总统促之。

以上四者,皆吾川之要。其他则得人可治。兄故亟为吾川请也。兄意数事规定,即请总统责成胡督裁兵。另请简员接任民政。注意选吏治匪,吾川治矣。兄之责亦可少卸。兄迩来尝以无学自咎,果学识稍长,治川年余,现象必不止此。倘得游历各国,参考各省,再出应世,或不如今日之碌碌也。惟责任心重,家庭之聚合日少,又颇欲放弃一切,还我自由。兄现拟辞职后,中央他职均不就,小息一年,以求学识。

家中如何料理,后当函告。弟嫂体受病,兹便带回阿胶两斤大(一元六角小一元),鹿胶一斤(二元),关东茸一架(三十元),可调药服之。阿胶于妇女病甚效,乾弟知之。家中如二弟媳能服亦佳,不敷用,兄犹可添寄。汉秋还长得好否?起居饮食当善料理之。两弟体都弱,受弟尤甚,亦应善自珍摄也。三叔近想康强,念念!三妹月来长进,必有可观。场上各亲友,幸统为我致意。(蒙藏交涉,日形棘手,可叹也!)

兄爵言　民国二年二月十一日午后十二钟

与受乾两弟书(1913年2月29日)

  本月廿五号到上海。是日,蜀交通事务所同人欢迎,驻孟渊旅舍。次日国民党①开正式会欢迎,廿七号川帮全体开会欢迎,廿八号孙中山先生自苏返,约谈一切。此数日间,如王人文②、温宗尧③、马君武④、居正⑤、陈其美⑥、王宠惠⑦、井勿慕⑧、周孝怀⑨等连日约饮畅谈。大局真令人忧,以大局实状,

---

① 国民党:1912年8月中国同盟会改组为中国国民党,孙中山被推选为理事长,黄兴、宋教仁、王宠惠为理事。
② 王人文:字采臣,保路运动初起时护理四川总督,因代川人奏请政府收回借款收路成命、复参劾邮传部大臣盛宣怀欺君误国,奉严旨申斥,旋被免职,由赵尔丰继任川督。
③ 温宗尧:中华民国临时政府成立时之临时外交代表。
④ 马君武:中华民国临时政府成立时之江苏代表。
⑤ 居正:中华民国临时政府成立时之湖北代表,出任临时政府内务次长。
⑥ 陈其美:辛亥革命时任上海都督。
⑦ 王宠惠:中华民国临时政府成立时之广东代表,被推选为代表会副议长,临时政府外交总长。
⑧ 井勿慕:陕西同盟会领导人之一,谢持在成都起义失败后,逃亡陕西,得到他的掩护与帮助,在凤翔建立农场,躲避清吏之追捕。
⑨ 周孝怀:即周善培,辛亥保路运动初起时,署川提法司,是赵尔丰的谋士之一。重庆独立后,赵尔丰被迫将四川政权和平转移于立宪党人蒲殿俊之手,但仍将兵权控于其亲信,原十七镇统制朱庆澜之手,周孝怀是主要策划人之一。

难以笔罄也。黄君克强约日内来沪,又因中山先生有商件①,故小住数日,即由南京赴燕。兄体尚平安,家中人想均吉。忙中草此以告我弟

受天

乾九。

兄爵言
二月廿九号

---

① 中山先生有商件:据谢持面告张培爵之女张映书云:张培爵此次在沪与孙中山先生等国民党领导人密谈多日,中心议题为反对袁世凯独裁,坚持临时约法,建立责任内阁以限制袁之权力等。"二次革命"失败后,原重庆蜀军政府成员杨庶堪、熊克武、谢持等均流亡海外,而张培爵独留居津门,实为交通中枢,与海内外同志暗通声息,密谋讨袁,以不负孙中山先生之厚望也。

与受乾两弟书(1913年5月9日)

受乾二弟鉴：

久未函告近况，知家中必念念也。兄到京与总统磋商各件，有可以速办者，有俟正式政府成立乃能办者。故仓猝不能解决。兄本儗早日解决，脱去职名，出国参考一切。总统则以川事当详商一切，况大局未稳，在在需人，纵不愿回任，亦当在京协助，无庸速速出国，并加以政治顾问之名[①]。兄面辞至再，未允。惟言大局定，即如愿派赴各国考查一切。此顾问一职，绝不听辞，民政长一职，亦绝不如请开去。兄至此，真不能脱离政治上关系，只有静候政府正式成立，以达漫游之愿而已。

又因两院将开，及宋案发生，京中闻见，均极烦扰。故月来抽身赴天津[②]一游，以资静养。到津驻日本旅馆，摈绝宾客，日偕二三友人，倦则散步公园，闷则围棋一局，饮酒数钟。偶尔高兴，则复随步至剧场一玩。并常得京外各报纸参考时局，扩张见闻。此两周间，已似置身异国，无丝毫烦扰营营方寸。洵光复以来，未曾有之清福，良足乐也。日语亦大进步，

---

① 并加以政治顾问之名：张培爵到京后，袁世凯即授以总统府高等政治顾问之名，名备谘询，实为羁留。
② 赴天津：张培爵知在京难以脱身，便去天津租界进行安排，寻觅住处，俾能既可就近掌握京都时局动态，又不致引起袁贼爪牙猜疑。

身心亦均入活泼泼地。异日出国归来,若再上舞台,必能演出最有兴会之话剧,为吾同胞少谋幸福。盖知识储蓄,能力自必增加,出而任事,应不若前此之未能自信也。

特时局进入危险地步,外国虽逐渐承认(美及墨西哥均递国书),而南北不洽之谣日益甚。自程雪老宣布宋案证据①后,民党与政府尤为疑忌。加以大借款签字②,两院亦未通过,院议指为违法,决意反对。京外各报又复此猜彼疑,议论

---

① 程雪老宣布宋案证据:1913年3月宋教仁在上海车站为袁世凯派遣之凶手刺毙,不久即将凶手捕获并搜出袁贼指使的有关证据,程德全迫于舆论,将有关证据一一拍照公布,引起全国人民的极大愤慨。孙中山先生提出采取先发制人的手段,在南方各省组织讨袁军,立即兴师讨伐,但开始时没有得到国民党上层领导人的支持。6月袁世凯悍然下令将国民党人江西都督李烈钧、广东都督胡汉民、江西都督柏文蔚免职,并派兵南下进攻革命党人,南方各省不得不仓促应战,李烈钧在江西湖口宣布独立,兴兵讨袁,"二次革命"爆发。

重庆在"二次革命爆发"后,由熊克武、杨庶堪以原蜀军第五师为基础,组织了讨袁军,宣布独立,张培爵间道赶赴上海与夏之时、黄复生、谢持密商,拟"相率返蜀",支援讨袁。未几,熊、杨兵败逃亡。张培爵遂悄然返京。

张培爵到上海后,曾以手中掌握的同盟会经费及个人筹集的儿子留学费与自己的生活费等一笔巨款交与黄兴,作为讨袁军费。

② 大借款签字:1913年4月24日,袁世凯不顾舆论谴责,悍然命令国务总理赵秉钧、外交总长陆征祥、财政总长周学熙在与五国银行团订阅之借款二千五百万镑之草合同上签字。签字后,始咨送国会备案。参议院当即咨复政府,谓"大借款合同,未经临时参议院议决,违法签字,当然无效"。

纷歧。以致入月以来，大局颇呈摇动之象，再无良法解决。怅望前途，曷堪言状！

兄现虽偷闲驻津，每念及此，则万感交集矣！柏如、钟洛昨来禀，道及迁入中学校，每年学费又少增加，身体尚好。其信禀寄回一阅。家中有信，直寄去亦可。其信面必写外国文（一面写中文）。芷湘姑侄近日学问奚似？然有乾弟与贡臣兄教导，知必日有进步也。福慧、汉秋辈，长得好否？受弟近来有无病痛？汝嫂及汝妇身体安否？汝嫂之病近究若何？乾弟仍如旧强健否？三叔康强想仍如故。但年少高，一切细故，望交儿辈为之，无刻刻经心也。贡臣兄于教授外，阅何书？大局如此，尤望我友人均振刷精神，为国珍重。从之兄归来否？血症当日愈也。念念。玉笙闻已交卸，近作何事？奉轩兄公事知与从之兄同时完毕，近日均何为？其锋、义民、甸方昆仲又作何事？李三爷精神健否？胡五爷安否？场上安否？日来少静，走笔作书，却有一种倦念桑梓，问不胜问之意。想看我信时亦同此心也！玉如归家，其积谷想完全交妥矣。幸问之。勿延玩，令人指摘，以慰悬悬。家中有无他客来及他事（有函仍寄北京宅内），统告我为望。王申甫先生日来病势如何？有良医可为介绍一视。此询家人均吉。

大哥、二哥、四哥近状若何？

兄爵言
五月九号

与受弟书(1913年7月7日)

兄六月廿号返京。以北京亢热,前住之宅甚狭隘,因移居城内东总布胡同。此地极静,城外来者多不便,又加本区警长为四川邓君①,凡有需警兵处均无滞碍。宅极大,系满清豫王之父所居。每月房金廿八元。宅内现种花本少许,卧室有巨炕一,系北人坐卧处。兄变为日本式陈设,凡看书、抚琴、清谈、密话,均在其上。宅正中正厅一,与卧室相连,两厅皆陈设花零,中置冰柜,外有绿帘重重坠地。厅后有丁香两大株,翠竹数十竿,由厅中玻璃窗望去,极为清雅。对厅之前,置各种花卉,由绿帘望出,亦爽心娱目。每当午正,重帘不卷,入此室处,真有绿荫满庭,清香扑鼻之趣。宅后有小厢房二,现改为厕所与浴池,均仿日本式。北京极不注意者,此两种,故虽高大之宅亦无之,今特设置,友人皆称善。

兄日来除照例赴总统府一二次外,惟看书着棋。凡政治上一切竞争,均淡漠视之。此时如不静以求学,再为外扰,致方寸地无宁谧时,未免自苦且无益于事也。慧生因谤被逮,旋释,愤而出国,现居东京讲学。川事兄甚不愿过问,故一再面请开缺,另简贤员。日内如能俯允,快慰无量也。顾问一

---

① 本区警长为四川邓君:张培爵移居东总布胡同后,据随行之弁兵熊少川云:宅前后经常有人侦巡,邓某实为袁之鹰犬,经常借故出入,察看动静,十分可厌。

职暂难并辞,月薪按月送来(每月六百元),却之不恭,已受数月矣。

弟嫂病愈,甚慰。慧女、汉秋均解识字,闻之心喜。弟体极弱,当自珍摄,无疏懒!弟媳身强否,来笺何未言及?三妹与芷湘、福征、鸿沅能少有长进,皆贡臣先生之赐,感何如也!吾家素勤俭,迩来想仍如故。父母在时,待人以恕,兄常拳拳。弟与嫂及妇总宜推此恕道,以待亲友。俭非啬之谓也,当用而用谓之俭,当用而不用谓之啬。俭则使人敬,啬则使人怨。故持家之道,俭可也,啬不可也。吾之所谓恕道者,即当用则用之谓,盖宁俭无啬之谓也。此意贡臣先生必能为弟等解说之。孟子曰:"亲亲而仁民,仁民而爱物。"物之范围甚广,今以国家为物,弟等如爱国家,于一般人民不仁爱之可乎?于人民且仁爱之,于其所亲有不亲之者乎?亲字亦主广义,自家族以至友戚均在。故上亲字有体有用,体主敬爱,用主扶助。家族友戚,吾皆能敬爱扶助之,乃可曰亲亲。由是而民而物,乃能仁且爱。今之泛言爱国者,其家族亲友间多失其道,亲既不亲,自不能仁民,而反谓其能爱物,谁其信之?吾之家族戚友夥矣,当遵何德以亲之,是在弟等。诗曰"维桑与梓,必恭敬止"。原宪辞粟,子曰:"毋,以与尔邻里乡党。"而又曰:"君子周急不继富。"弟等遵是德以行之,盖攸在咸宜矣。止于恭敬则无谄无骄,贫富受平等之待遇而情以洽,助邻里乡党而不继富,则周急有限,而家族戚友之无告者,必能实蒙福利,而感以真。夫于其所亲者,至情洽感真之地,民颂之矣。由是而仁民,而爱物,乃可得而言矣。民国成立,人人有爱,种心所致。今欲巩固民国,必人人有爱国心。然以不

亲亲之人,而侈言爱国,大学所谓"其所厚者薄,而其所薄者厚",未之有也。弟等何知国事,兄为言此者,亦欲弟等树爱国之初基,而先于家族亲友间,无失道焉耳。兄自入政界,居家不过三日,父母之墓,拜扫不过一周,而与家族亲友谈,即只此忙忙三日间①。兄于亲亲之道,良用歉然,故为弟等言亲亲之道,而不自知其辞之冗也。

乾九弟业商宜也。贡臣先生又抱破镜之悲,小儿女嗷嗷待哺,为境诚苦。然逆则顺受,幸勿为忧伤也。玉笙归而赋闲,望无灰壮志,取法政有益于民国之书,详为研究。从之办公,详况及近者主旨,归时可请其笺告一二。奉轩、玉如亦在省,想有相当职务也。场上两邑办公者为谁?又义民昆仲月叔先生叔侄、甸方昆仲叔侄,香五乔梓,近作何状,来笺何未道及?念念!其锋前闻任隆邑议长,确否?玉鸣归来作何状,此后当详及之。来笺云"匪风甚炽,我场幸安。"知系场上诸公防堵得力所致,无任感慰。三叔两老健饭,李三爷、胡五爷均如昔,皆远人所乐闻者也。吕三爷想亦康强如故,吾族中如卓然叔、澄清兄、辑五弟兄,知均好也。培享大哥与二哥、四哥及湘大嫂有无病痛,二哥又执何业?幸告我。随行兵弁除陆续遣回外,只余二三人。现雇北方人数名听差,以其便也,不良去之亦易。家眷有来京意,俟大局稳定,即遣人来接。家中雇有几人?几人为谁?此后亦当函告。现与兄同居者,即偕行之刘泌子、李咸友两君。一任文牍,一任庶务。

---

① 即只此忙忙三日间:张培爵自辛亥革命出任蜀军政府都督后,仅只离川时道经荣昌,回到荣隆场故乡扫墓三日,及至在京牺牲,未得再与夫人及子女团聚。

尹督回川,胡督避居城外①,何也?现主尹督川者多,袁总统虑其轻率,故有张鸣岐②来川之议。反对鸣岐者不少,此议或将作废。兄于此极主尹暂督川,以尹仲锡任民政,或再加周凤池③为护军使,庶川中可以望治,而吾之责任以卸。惟能为愿与否,尚未定也。申甫先生病况日来何似?昨刘君(荣县人)谈及伊家有一良方,伊父服之见效。如刘君以此方寄来家下,可即与申甫先生送去。汉云、柏如常有函至(现迁中学即前寄回之信桶面所言者)。所言似较前少进,亦未知言行合一否也?兄自省到京之初,心身之焦劳者,皆在川事未平。及出津,则渐归平静。今见南北局定,心身尤慰。故善饭且能饮,家人无为我虑也。此致
受弟及家人均视

兄爵言
七月七号

---

① 尹督回川、胡督避居城外:1912年7月,尹昌衡统兵经略川边,令其心腹军团长胡景伊代理四川都督,胡景伊乘机夺权,以重金贿袁,被袁世凯正式任命为四川都督。尹昌衡一怒之下,率兵返回成都,胡景伊吓得避居城外,不久,尹即奉袁电往京。
② 张鸣岐:辛亥革命前任两广总督,四川人。袁世凯曾有命张督川之意,但广州起义时,张屠杀革命党甚多,四川各界强烈反对袁世凯的任命,袁只好作罢。
③ 周凤池:即周道刚,四川双流人。清政府筹建四川新军时,与胡景伊等六人一同被选派往日本士官学校学习。辛亥革命前曾担任过代理协统等高级军官职务。

答李寒友书(1913年11月3日)

　　前笺必达。芾子自汉来书,速泌赴夔,泌已于上月卅日赴京,卅一日由京汉车还蜀。如有与泌应商之件,即迳函夔关监督转可也。不肖以迩来东渡者夥①(川友均去矣)。又从友生之劝(谓均去何以为生),暂住津门,觅得英租界福善里第十号两楼两底房一所,于本月一号移入,较旅馆廉多矣。尹弇任厨事,萧料理杂事,亦俗如也。入宅以来,除旅馆主人来谈外,余均杜谢。日惟看书、饮酒,未始不乐也。比来日语进步颇速,少间儗②练习英语,亦可谓有时读书,真造化也。莘友入都被逮,未审何故? 连探均无确信,且不知结局,可叹! 吾家状况如何? 足下家人安否? 幸先赐一简函。不肖未另作家书,幸转以此意告之。即颂

　　咸有先生时祉!

智涵再拜
十一月三日

---

① 夥:同"多"。
② 儗:同"拟"。

答李寒友书(1913年11月19日)

接十月二十六日自渝来笺,始悉此行备尝艰险,蜀道若此,宜闻者多裹足也。东道何又不通？念念！驻渝想不须多日即可前进。惟来书云先往吾家,以道路之便自可。若云游子还乡,则请先回府,令家人知悉再往理吾事,乃为周至。

不肖现仍住津门英租界福善里十号(可无告人)。此宅两楼两底,敞眷如来,亦能容也。其他一切详前函。大致东渡之说,可暂缓议也。泌子以苇皇①之约,不肖速其赴夔,抵汉口亦失去路金,穷居至月之十五号,乃乘输发夔。前途未审有无危险如足下也,令人悬念。从吾游者,半支离不得归,归者又备受艰危。若此连累招尤,能无自疚？②今足下想已抵家,凡故乡一切状况及吾家现象,幸先函告,以慰远怀。

不肖自足下出发后,未作家信,以心所欲言,皆在足下函中,幸为吾家人详道之。吾家如安,则可缓来,否则亦须待拖

---

① 苇皇:朱苇煌,四川江津人,同盟会会员,曾任孙中山临时大总统秘书及夔关监督。他曾在张培爵的关照下得到政府资助游学欧美,回国后从事国学研究,主要著述有《法相辞典》《老子述记》。
② 若此连累招尤,能无自疚:张培爵北上后,袁世凯大肆迫害革命党人。谢持亡命日本,杨维被捕入狱。"二次革命"失败后,熊克武、杨庶堪逃离四川。原蜀军政府诸同志大都备受艰危,张培爵为之万分不安。

轮乃可。并请致意吾乡从之、玉笙各友,可作函告我以近状。不肖尚强饭,无他虑,日来惟读古书并研究日、英文字,偶一涉法律书,尚堪消遣也。(吴)玉章已赴美留学,复亦东去。吾川诸贤,率皆东去。知注并闻。此颂

  寒子足下家安。

爵再拜
十一月十九日

答李寒友书(1913年12月21日)

前复两笺得否？足下自家发第二次书,称乾九有笺来,此笺至今未得。幸告乾九以后来笺可用志韩名,免为邮人之在蜀者所阻,并可直投英界住宅。尹全章以父被盗杀,业令其奔丧,别雇一仆,月二元,理杂务;而以萧治厨,尚可。只是尹为人诚朴可靠,今去亦良不惯也。泌子任夔关坐办,日昨来书,述夔万兵燹后,税厘大减。而秦兵犹借事生扰,令人心恻。前五日约礼常来宅,小住二日,畅谈古今史籍,大有住院生风味,亦大快事。(余)荫南日前去美留学,隆中又多一学者,慰何如也!伯年苦我独居岑寂,劝南下偕居。计南下实不如北居之安,况迩来性类蓼虫①,已入习苦,不知非境地矣。故婉辞谢之。

敝眷既不愿远出,如果定议,则明年少辈读书,仍告其聘贡臣先生,并望贡兄择中国历史大略及地舆大势或出产物晓之。至新旧书之有益于女学者,亦望摘以教之。更告乾九仍不时督少辈勉学,并令其练习数学,惧忘其所能也。

副总统已决定留京,京中尚安,津门亦静。日来不肖读书,颇饶趣味,已视宅门如雷池,未越一步矣。津地似较京寒,暖炉终日不敢断火。日来各树枝均幻成银条,其景则佳,

---

① 蓼虫:寄生于蓼间的虫。蓼:植物名,为一年生或多年生草本,有水蓼、红蓼、刺蓼等,味辛,又名辛菜,可作调味用。

其寒则烈矣。盖寒暑表已在五十度以内也。别久常盼音书,足下与家人望时以近况相告。书至此,计日又将到旧历十二月五日,去岁在京所聚而饮者,今皆各在一方,今昔之感,是何能已也。搁笔慨然。此候

  寒子先生近祉。

涵再拜
十二月廿一日

答李寒友书(1913年12月30日)

　　计足下自渝归后,所来三笺,皆不过十六七日即到,可谓速矣。故皆作有复书。今得十二月十号笺,始知不肖复书,只收得十一月十九号一件。逆流与顺流之速度相差真远也。来牍屡云乾九有书来。现竟一书未得,未果作耶? 抑书面非写志韩名为川中邮人所阻耶? 幸为问问。友人既劝不必赴省,不肖当另书达陈,免其误会。(如得闲,能去一行更佳。泌子已有笺道此意,想得阅矣。盖不去,彼必误会,而生出故意为难之事也。)抄充各家忽缓拨佃,殆由旅京乡人呈请分治。而主之者乃闻而少敛。果如是,或无告者又得多存数户也。吾县任公皆易人,岂啻吾县通中国矣! 此退彼进,事理之恒,无足怪者。不肖致足下书,乾九均得视,吾家想不悬念矣。在申诸子未有来牍者,不免驰系。养亲教子,人生乐事,我则未能。足下何修而得此? 至偶尔入市捕雀,不肖以为不如闭户读书,盖捕雀犹有机心,读书则增吾性兮。且可多得古人处世之法也。泌子久已抵关为坐办,亦常有牍来。足下儗明春旧历二月访我,甚善! 至时可先告吾家汇小款带来,备不肖不时之需。从政即未愿,东渡又不宜,归期更不定。故不得不早自准备,免徒扰友生耳。王申甫先生,鱼市石栏杆人,不肖之先生也。未审其病愈否? 能访得,幸一告知。不肖比来读书,颇有兴会。并识得素位而行四字,将古今各色人物,都包括在内。足下如能读书,益信斯语。正月可到

吾家小住,偕我场各友,一话京华风景,并请代为检视小女等文字有无进步。津门当海风,故寒倍于都中。然暖炉不断火,又不常外出,即灰鼠裘亦足御之。只是查寒暑表,则在四十一二度矣。吾川想不若是也。今年下雪否?冬水若何?兵燹之后,当以凶年为虑矣!不罄缕缕。此复

寒子先生顺候
年安!

涵再拜
十二月卅日

答李寒友书(1914年1月23日)

　　发书后四日,得足下十二月廿五号笺,至为忻慰。足下劝我不妨屈就,语云"天未厌乱,显不如隐",又近日长吏必小为运动,不肖宁隐以求志,断不愿俯同群碎,争腥啄腐,以自贬其操也。昨带泌亦来书劝进。不肖自卜已审,故都中各大老仍不肯轻掷一札以联之。

　　敞眷既言之成理,即作罢论可也。唯乾九仍无书来,何耶？远贸之议,前以蜀乱,蜀果安,则诚不必舍近以图。从之①所见,询为知言。硕权②昨特来京访我,亦见殷殷恋旧之心。不肖只为白饭青刍作镇日谈,并劝其少为韬养,安就顾问之职,无营其他。听否未知,亦尽忠告之意而已。侣翔不时来谈,少足破闷。足下如来,则请于第一次拖轮时出发。庶平安且可免我之悬念也。足下事亲读书,甚善！甚善！家有历史能详为翻阅,校曩时当别有所得。幸试为之,此复。即颂
　　年安！

爵再拜
一月廿三日

---

① 从之:即喻从之,四川荣昌荣隆场人,张培爵同乡好友。张培爵离家前,曾托其代为照料家人生计。
② 硕权:尹昌衡字硕权,四川华阳县人,辛亥成都兵变后出任四川大汉军政府都督,后因受胡景伊排挤,解职,被袁世凯召京留任总统府顾问,旋被捕入狱,获释后即退隐不再过问军政大事。

书成,适孙君荫兰游美,道出日本,经津门,走相告曰:乃者京报喧传先生将有四川巡按使之命。不肖自摈伏处以来,宦无金张之援,游无子孟之资。又情意傲散,不屑上书宰相,曳裾侯门。咄兹傥物,适从何来,未敢遽信。旋所订报至,接阅亦复尔尔。诧异!诧异!继而思之,急流勇退,顺之者吉,冯妇下车,大雅弗为。事果征信,亦唯效范希文掘得藏金,正色相戒曰:我方有志读书,此物不当出见,掩之以土而已。知足下无聊,剪报附阅。附报纸一则录后,并赘数语,以供一噱。又及

附报纸一则录后。

▲边省将设巡按使

内务部为考察边省行政事宜起见,拟在川、陕、黔、甘、桂、新、滇等七省,每省设一巡按使。内以辅内务部考查吏治之不及;外以助民政长改良吏治之进行。曾拟草案,呈请国务会议。闻星期一国务会议首得此案,表决其权限,专及民政,不预军事。至巡按使人员业经内务朱总长草定,呈请大总统发表。探志于后:(一)四川张培爵(一)陕西杨开甲(一)贵州杨荩诚(一)甘肃何奏虎(一)广西陈树勋(一)云南李白垓。

答乾弟书(1914年1月28日)

乾弟来书情文兼畅,阅之甚慰。至陈说蜀中苦况,令人心恻。《竹枝词》尤不堪卒读。兄非无良者,岂肯独善其身,而不哀此下民？故南北星奔,冀图振拔。独恫于任我者,信我不坚;忌我者,惧我相形。则未免侧身西望,有爱莫能助之叹耳？弟云无负父老子弟之希望。嗟乎！父老子弟,何尝知争权者,互相搆煽之千歧百辙也？兄此次自卜已审,无论就职而归,恐一诺,部中人而命令发表,毁岑、毁王之秽电必继我而三。就令其电无效,而恶感已生。试问归而行政,能相助为理乎？兄所善者,彼必恶之;兄所否者,彼必是之。及不得已,而电请中央。而兄以一人之身,敌彼众多之口,兼以未能坚信之中央。至是左袒乎？右袒乎？三人占则从二人。兄尚得直乎？不得直,政尚能行乎？政不能行而谓不负父老子弟之希望,吾谁欺,欺天乎？而谓兄为之乎？吾人出处,自有常度。何可以汹汹而易其行。兄所以宁使父老子弟责望于未归之先,而不忍使父老子弟叹恨于既归之后也。昨有劝进者,已而谢之。弟无再言。此盖历观史乘,凡乘时以奋功名,而久恋位禄者,福不盈眦而祸皆溢世也。庄子曰"功成者隳,名成者亏。"孰能举功与名而还之众人？弟详味斯言,则兄不汲汲于进之意,便憬然悟矣。弟家十月之灾,因何而发？损失不足叹,所难堪者,累及老父,受切肤之痛,则令我神伤耳！今虽小愈,尤望善为调摄,以慰悬悬。弟家素未遭此,今

之遭,良由吾辈年少应世,不能推恩于人,或漫藏诲盗所致。弟自今幸与汝兄子青示人以朴,并接物以和,力尽子道,用免家忧。至正匪之得,不得;不介介也。族中叔侄、兄弟平安,场上诸父老、诸至好亦康强无恙,至为忻慰。

本年场上执事者谁？何不言及？玉儒住何处法政？果能真心求学,亦吾族之幸也。其锋前小受惊,今想安好。玉笙乃避于渝,渝岂可避之地？今旋里又将赴省,岂欲效郭林宗栖栖不遑宁处耶？省中如无介者,恶木之阴,志士不息,幸转达,详酌之。叔、咸近当由大足还家,如晤,告我。问之玉鸣,就商得处今世之法。余氏乔梓,今当无大害,其蕴南者,到日已入原校。二月毕业后即入港实习,将来民国海部中一健将也。得失相寻,如何可量？至家人远出一节,弟云前有书来,此书至今未得。家中如决不远来,则仍请贡兄教导小辈。观此次淡香、芷湘、蕙女来书,亦小有知识。正未可吝此学费以负之。惟经史外,可加舆地一门(四书亦当读),弟亦时以数学授之,其浅者,或令寿女代教,亦练习法也。若家中有人来视我,则须偕咸有来(乾弟能分身可偕咸子来一谈。往来不过月余耳)。途间乃不困苦,举家外出,为费自多。在蜀果安,又何必故增此费？弟可与王嫂①及受兄酌定进行。

兄日来读书,颇增神思。自信三年不倦,再出而治世,必有小补。昨硕权偕其秘书特来访我。见兄室无姬姜,案惟古籍,而供洒扫启闭者,又只一解甲顽兵与黄口小奚。笑为仙佛,即儗学步。兄笑,应之曰:"君尘心未尽,谈何容易？"渠亦

---

① 王嫂:即张培爵妻王夫人。

首肯。继曰:"足下偕我入京一游?"兄为诵谢元晖"谁能久京洛,缁尘染素衣"句谢之。陈子侣翔以北方除夕,居官者皆守旧历度岁,特令其尊阃①为我婆婆,料理蜀中腊肉,于旧历中旬间亲为送来,其意甚厚。亦见乡人惠而好我,在远益亲之义。故不惮为吾弟言之。手此即请叱名问三公两老人福安!

兄爵言
一月廿八日

---

① 阃:指妻子。

与乾弟书(1914年2月10日)

　　乾弟得第二号书，知前已发三函。兄前曾得一函，并此次，只两函而已。前函已复，此书到家当早睹矣。函中商移家事，家人之出处，视在蜀安否为断，固非独慰我岑寂已也。苟安，则不必移出，盖举家移出，费颇不赀。约计力俭，年须千五百元，并二子游学费，则年应出二千五百元，设小置衣物，当在三千元内外，良足骇听。家不移出，年可省千元。兄虽五百元不足，而友人乐于相助，尚无大困。若实不安于蜀，则不能不勉强移出，过二三年再为设法。兄不能逆料家中果否相安，故仍请弟与兄嫂等商之。并俟寒子来津后，再为决定。

　　家中现在一年用度如何？前留家之小数，有无存余？可告咸子，便来时详酌。以兄身边无多数，不能不和盘计算，免以后举家在外受困，致进退维谷也。贡臣先生若未受他友之聘，可仍聘之。计必定移出，已在五月内外，中间数月，何可令小辈虚度此光阴也？留学费，秋间始汇去，其汇法如何，俟后再告。昨年系由李显章君，自法归，带去，未出汇费，故尚当探问也。远贸必先为规画乃有大效，从兄既安于间，商亦获利，自不必多此跋涉。弟家被劫，竟由炳南引导，是儿不肖，一至于此！如何处置，惜未言及。荣邑知事贤，诚快人意。惟请办弟案，当确以正匪为要，万无轻信人之诬攀，希图泄愤，致有罪者逃刑，刑者无罪之叹！

彭、王各马弁,现作何事?果能为地方尽心办公,兄出仕时,尚当重用之。以渠等颇有劳,可成全则终成全之也。尹督自请来京,未几特令免官,已自不妙。上月复交宪兵营看守。其罹法之原,有谓系赵尔巽①请办其枉杀乃弟之罪者,有谓本省有电讦其谋逆与熊、杨有关者,纷纷不一。然终久必将功议免。只皆遭此挫辱,良不值耳。六合未康,处身宜慎。孔子危行言逊之旨,诗人明哲保身之训,无论在乡、在政府,若能拳拳服膺,不独可善其身,且能保执政者不遗滥罪无辜及屠辱元良之恶名。于庄严灿烂之新共和国家,亦仁者之用心也。咸子可速,其于蜀通第一次来,弟如暇,亦来一行。兄安好如常,蜀中当更平静。何咸子来书,又云贼氛复发,无任悬念。咸子告我省中友人笺称云已得。俟陈佑之君书到,再裁复之。可以此意达咸子。光阴真速,离家竟三度岁。所幸家人无恙,族人无恙,场上诸父老、诸好友均无恙,差堪藉慰耳。临纸不尽。幸叱名请
叔父母年安并致意!
受兄及家人统此!

兄爵白
二月十日

日来唯多往还书札,今日共作五封,亦静中小忙。然颇兴会,特为吾弟言之。

---

① 赵尔巽:清东三省总督,四川总督赵尔丰之兄,袁世凯之儿女亲家与亲信。

与受乾两弟书(1914年3月21日)

得咸有书,知第一次复件已转达家中,则第二次由大公馆寄回者,当已收到矣。兄现为家人觅得有生财之法,即制外国绒袜是也。已购机二副,将制法完全学得。计此机,每副每日有十二时作工,可获三元工资,普通亦不少二元。吾家可制三副,则逐日以二元算,可得六元;按月即可得一百八十元。若添雇女,使二人来,则可使工作不停,必能收三元之效。且可多制二机,唯仆女必择其灵敏,年约十五六者,乃能任此工作。其必买使女者,取其学熟,不令之去,不敢去;而又以年中所获者,提一成给之,为赔嫁费,其作工必更勤矣。有生财之法,则家人可以移出。并可函告咸有在省即觅女使二人(十四岁亦可)。俟报销事解决,或迟久不结,均可先送家人来津,以机有人工作,更可逐日收效。(必坐蜀通乃安稳,路上须节省,否则此行用费亦颇不赀。)而初学三月,且止能获一元工资也。如家来,则田租可托三叔代收。(大约移出总在三年后乃还乡也。王三兴与熊亲母可各给五十元。)本年之租可分三石与大哥、二哥、四哥,其余留作修理老房子、神龛及来年祭扫之用。(又,父母之墓,当请湘大嫂家特别注意。母亲墓前一小块土可不种菜,平作路,小为拜台,免路即抵坟,于心不安也。如和生等能用意调护各墓,将来必厚看成之。)来年之租再议。吾家即可请乾弟移居,仍业医或添作别项生理。乾弟欲来津,可面告也。至家中应收、应付会款,仍可托从之兄经理。而家中细物,非至要者,不必带来。轮船、火车上包裹愈少愈好。兄计家人来后,如均学习纯熟,儗购足六付,则缴家外,二子留法费,亦有着矣。此为自食其力,较浮沉宦海自由多矣。故兄愿举家为之。兄迩来抱定显不如隐之志,而织物以养家,纯系隐者所为。如有馀赢,且可分润穷困,是以决意行去,想家人亦无不乐为之也。贡师如已聘定,偕来亦可。以少辈仍当令其读书。(小辈读书,则制工时短少,故非多雇女使不可。北方固便,然语言不甚通,恐与家人隔阂,故以川人为当。)若不能来,则兄教之矣。此机镇日作工,人亦疲倦,故须多人换作。盖兄已试数日,颇知其详要,亦女子之事,以缝口皆必用针线,而制成且须以熨斗熨之也。三妹能否偕来?男子则可二元哥之第二子来。场上近想平静?诸至好率皆平安?三叔康强如故否?若移家大定后,可请一游,以慰老眼。

此告

受乾两弟

兄爵白
三月二十一日

　　咸子自资来电言其上省,颇慰。但不知何日始能解决耳。汉云已插班学数、代、图三科。柏如暑假后将移里舍,专修矿学。

答乾弟书(1914年3月26日)

　　三月七日书递到,展阅忻然。家人能安于蜀,决议不移,昨命移出之书可缓商矣。况贡兄方续弦,若移家,肯偕行邪?现仍由咸子或弟先来津,时制机能否收效已可概见,则家之移否,又视制机收效与否以定之矣。咸子来时,除前说数外,可多备三百元来。以既有工作不能不少为筹备也。若咸以报销事迟迟难来,弟可先来。尚有他件商之。咸到省后,尚未得其书。然成都至津有快信,不久当能得也。家中费用比前增一倍,移出更必增加,故欲移家,必当先谋生活。制机或亦吾家之生活也。

　　受弟病目如何?眼药不验,其病状奚若?幸详告,便据症买治目药寄归,期于早愈。弟嫂旧疾不发,或亦服龟鹿之效。其对付借贷者自难,至细末之件,亦何必劳苦如此也。芷湘能体亲心,并能调和于叔父母之间,亦自可爱。观其来禀,颇知勉学,幸有三妹可以观摩,贡师又善于教诲。它日必小有所成也。蕙女辈知向学慰亲,都由贡兄与弟等之诱导耳。两老人眠食安燕,乐何可言。培滋得子,弟得女,有此双喜,真足解无妄之烦恼也。培德兄可谓本性难移者,唯有俾其寝室得所而已。亨昌两兄与湘嫂均不见窘,良足慰也。安哥任教习,度支应不嗟若,大伯母心自适身自安矣。镜叔解职后儗何为?幸告。大伯祖母与么叔祖母康健否?闻玙儒毕业法校,可喜!其赴省谋事未知能否如愿?但场上事可劝其无任,其积谷尤当早为结楚。吾族无多人,兄甚望其谨身敕行,养成人望,为吾族光也。若不惯闲居,弟可与之商酌,偕安哥、卓叔、占春将从前修谱之事提起,认真办去,果有成效,兄愿特为助金,以蒇其事。及此前辈尚存,为之自易,不则虽强为之,遗漏必夥,亦吾辈之咎也。况族丁逐年繁衍,再无谱以纲纪之,班次淆矣。有谱便可立一祀典,于春秋举行。其时集吾族尊卑老幼,序坐一堂,晓以家族之义,示以亲长之道。严严井井,肃肃雍雍。族先灵爽,犹且乐康,况吾辈身亲之乎。唯图始实难,未稔叔侄兄弟能力为之否?然吾辈居今之世,不能仁民,亦当亲亲,不能踔扬国史,亦当补缀家乘。藉曰"不能为是",则天地之大蠹物,祖宗之不才子,生无益于事,死无损于数也,岂不悲哉!

玉笙视学甚好,开国以来学务日益不理,正赖有心人励精提倡也。叔咸任六市教习,望玉君晤时,为我致意。场上诸前辈好友均无恙,至慰!学校何竟酿成讼端,我场自开办至今,以无讼见称于人。奉轩兄既出调处,务望推心置腹,解此纷难,以保平和。尹弁闻丧奔归,未忍令其绕道至家。萧护兵虽允其假,以咸有所觅之仆未来,尚未令归。然其母固切切望之,常以书相趣也(弟如先来可将咸觅者带来)。蜀中冬水足,盗贼稀,大可释念。津门渐暖,顽躯如常,无以为虑。
此复
乾弟

兄爵白
三月廿六日

训女书(1914年3月26日)

阅汝禀,叙事措词似较前又进矣。汝以年长读书为忧,古人有二十七岁始发愤,卒成名家者。汝年尚远,果自今偕三姑请益贡师,读一书必求解其书中之理,读一文必明辨其为文之法,如是久久,古人之理与法皆为我有。下笔时自有左右逢源之乐矣。唯善读书者,又于文字外,当精读古人之嘉言懿行,揣摩而实践之。若书还书,我还我,虽读破万卷书,直与未读书者等。且不若未读书者之天真烂漫,得为孝女、佳妇、贤母,流声史乘也。此等处,汝当知之。妹弟年幼,及今不懈,良堪深造。汝殷勤诱导之。汝除夕之思,可谓尽情尽理,文亦能达且了然。于家人离合,皆有利益,雅自可爱。洛弟正月来禀,亦拳拳于此。知别怀大略相同也。今春客宴增多,劳所必然。只不知有无简客处也?咸有先生来家小住二日,家事必详告之矣。若不趣其赴省,此月已可抵津。彼前借款,既以他故未允。如彼仍欲借,可允之。以彼之于我勤劳最多。在京时,尤能逐事樽节,且不肯私用一文,实不易得之良友也。家中方决定不移,我又来书说移,亦殊可笑。且待咸有先生同乾叔来津后,果我之机器确能收效,然后再归接出亦未为晚。贡师既不弃汝等而来教,汝与三姑及弟妹当勤学而善事之。若果移家时,亦不妨请其来津。以贡师既读万卷书,未尝不想行万里路也。

洛弟禀存者甚少,昨来一禀,字太潦草,且有诗二首,阅之颇足发笑。今寄归一览。其诗可呈贡师,为之涂改寄去,并将所改者抄以告我。汝母即望洛弟耶？彼于中校毕业后,亦可令其一归。现既身安学进,可无为念。今岁汝母诚然四旬矣。汝母自三十以来,经营家事不惮劳瘁,故我得无累以行吾志。今志犹未大行,汝母已四旬,则我亦浸浸乎将及此年矣。长来觉日月益促,思之竦然。如家未移,可如汝意略开寿筵,以为十年之纪念。汝叔又病目,可为留心调药。叔父早愈,吾心早安。曾记祖父母在日,谓我为其兄,当特为爱护。故望汝事叔父犹事我也。汝母、汝叔母均安,汝等亦无病,我甚慰。三公家人及亨昌诸伯叔均无恙,我更释怀矣。喻三爷近常至家语否？其子少病否？他日来禀可言之。

咸有先生来津时,除前数外,多备三百元来。我身甚壮。迩来读书之暇,即试练机器,较前更有兴会。盖办得一业,举家为之,于以读书教子。不误已,不误民,有余并可出济所识之穷乏者,真乐事也。汝弟媳本年未来家偕读耶？何未言及？洛弟现插班学算术、代数、几何。画、算、代、何能并进？已告其缓学,然亦见其求学之急也。三姑前次来书,我曾覆之。乾叔称未得,何也？以后仍望以书来。汉秋弟及两妹有无长进？来禀时均宜言之。近日自川送我腊肉者,竟有三处,我皆收之。古人云"所欲无为人见",岂我之欲腊肉已为人见耶？与汝等一言之。此告湘女。

三月二十六日手谕

与廖绪初①书(1914年7月1日)

绪初先生足下:

别后事复,不知从何说起!去秋来又未审起居,公潜②书虽略道梗概,卒未详其底里;自得宗吾③书,乃稔吾贤伏处乡间,摈除尘杂,入则家人聚首,出则偕十数童蒙讲道论学。当此天下嚣然,而吾故人所尚若此,雅自可敬!独憾不肖退处后,浮沉南北,无善足言,栖迟④至今,相依者唯一解甲顽兵;往来者不过二三异国男女⑤,已自了无生趣!而外观诸世,内省诸群,又复日趋于下,且视人心陷溺,胜于亡清,顾景徬徨,

---

① 廖绪初:字世楷,四川富顺人,同盟会会员。与张培爵等共同创办叙属联中作为同盟会机关。辛亥革命后当选为四川省议员。
② 公潜:即刘咏闾,同盟会会员。
③ 宗吾:即李宗吾(1879年2月3日-1943年9月28日),四川富顺自流井(今四川自贡市自流井)人,其早年加入同盟会,长期从事教育工作,叙属联中创办人之一,系四川大学教授,历任中学校长、省议员、省长署教育厅副厅长及省督学等职。中国近现代伟大的思想家、教育家、革命家,畅销书小说作者,他曾撰写了轰动一时的《厚黑学》,讥讽时弊谓:升官发财必须"脸厚心黑",故自号厚黑教主。
④ 栖迟:亦作"棲遲"、"棲遅"、"栖犀",游息。
⑤ 二三异国男女:当时张培爵由京迁津,佃住英租界福善里十号一日本房东的房屋,故云。

二、手　札

几不知税驾①之所,而长来更日月益促,纲纪匪易,飞光忽逝,每一念及,忧何可支! 所差足慰者,不肖秉性虽粗,略识庄生安时处顺、苦乐不入②之道,加以年来涉猎中外往事,用证吾辈所经,与夫国情逐年之变态③,深信大地有史以来,皆作如是观。以是之故,任外界形形色色,纠错相纷,素志固犹回然也④。唯块然⑤独处,日即聩聋,侪辈非无启我者,徒以不察时宜,又昧条理,虽难力止,未敢强同。持此不变,此身直一蠢物耳。为之奈何! 吾贤识素通朗,近复沉观,振聋发聩,必有伟略,幸明以告我。再,君我儿女子事⑥,一自戎政倥偬,遂未提起,别来又两更岁序矣,似不可以再默。不肖拟商请宗吾、民新为介绍人。参酌近日订婚式,彼此换易恳允书及戒指为证,它均不须。盖如此,则简便而郑重,且小异于流俗人也。尊意然不? 复宗吾一书,阅后望为转去。其来书在五月念四日⑦,其时不肖适入乡研究袜业,归又以报销案赴都。迟迟作答,虑其暑休于家也。报销良恼人,贤者亦为我策之。比日

---

① 税驾:停车、休息。
② 不人:谓视人若己,不分人我。《庄子·庚桑楚》:"至礼有不人,至义不物。"郭象注:"不人者,视人若己。视人若己则不相辞谢,斯乃礼之至也。"
③ 变态:指事物的情状发生变化。
④ 素志固犹回然也:平时的革命志向依旧坚定。回:萦回,环绕。
⑤ 块然:孤独貌,独处貌。
⑥ 君我儿女子事:张培爵之三女与廖绪初之子有口头婚约,后因廖子夭折而罢。
⑦ 念四日:廿四日。

前代遗老,都肯出山,国旗亦议改定,将来政况,必大有可观,只是天灾人患,生生不已,甚将遍于国中,岂苍苍者,尚未悔祸邪?言之慨然!良觌莫繇①,临纸怅惘,溽暑②,万维顺时珍摄。不尽!

智涵③上言
七月一日

叔实④居沪无恙,前来书托为问好,慧⑤仍在东,并闻。

---

① 良:长,久。觌(dí):观察,察看。繇:通"由"。
② 溽暑:气候潮湿闷热的盛夏。
③ 智涵:或作志韩,张培爵在天津英租界福善里十号居住时为逃避监视及邮件检查时用的化名。
④ 叔实:即曹笃,辛亥秋,川督赵尔丰诱捕蒲、罗,屠杀请愿民众,他手裁木板,书写大字,流置锦江,使消息迅传全川,人谓之水电报也。
⑤ 慧:即谢持,字慧生,同盟会会员,辛亥后当选为国会议员,因遭袁世凯迫害,流亡日本。

与李宗吾书(1914年7月1日)

宗吾先生足下：

　　得五月手书,历叙故乡状况,并侪辈别后起居,俾我闻所未闻,私心幸熹,岂言可说？开国以还,学校几无良师友,足下偕绥青、治华诸兄屈为造就,吾蜀后起多贤,皆食诸君子之赐也。绪初退求童蒙,藉以涉猎往事,超脱尘网,颇得处今世之道。秋华怨多而贫,其不能如郭刁幸免,势所必至！某君一经风浪,何遂颓萎若此？同学时曾论其人不能耐失意事,于今见矣！克绳善病,今犹存亡莫卜,果不永年,同学弱①一个矣！不可叹邪？粟、卫、刘、李、蒋、韩,或成或渝,分任教育,洵②为得所。树东能一官至今,出吾望外,其应时之术,殆进欤？仲锡③隐身剧部,或以歌曲宣洩④其不平之气,贤者不得志于时,大抵然也！言之令人郁悒。绥、培、屺少数子,年来放浪于酒,固谓借浇块垒⑤,究与祈死者何异？况绥子酒后狂骂,甚易招尤,又何必袭此等名士习气也！事会之来,岂有终极？此身摧丧,悔何可追？还望足下忠告之。绥等酒费虽耗至八百余元之多,以视某报论不肖

---

① 弱:丧失,失去。
② 洵:诚然,实在。
③ 仲锡:尹昌龄字,四川华阳人,民国初曾任四川军政府审计院长及黔中道尹,曾从事川剧剧本之整理与改编工作。
④ 洩:同"泄"。
⑤ 块垒:比喻胸中郁结的愁闷或气愤。

花酒费则细甚。醇酒妇人,不肖诚爱之慕之。尝以规规于俗,未得一行其志为憾,乃亦获此盛名!孟子曰:"有不虞之誉①"。谅哉!至询及不肖中日文语云云,则以告者过也。不肖离群后,窃见世途险巇②,逾于泰孟③,又贪读高士传,妄欲摹儗④其为人,乃觅庐津门,命仆执烹调,供洒扫,已则更易名字,蜷伏其间,静极时浏览书史;闷极时倾倒酒杯。时或仆人问字,则强为告以识字之法,如冬烘先生⑤状。设或倭馆旧居停⑥,携其子女来,则又必强操倭音,与谈其国之逸事,连连绵绵,类家人絮语。且喜着和服,与之往来,见者率谓为能,其实不过小小应酬,可无须舌人⑦而已。而古文更何敢冒"烂熟"之嘉许也!三月前,虑生计艰窘,又偕仆亲操织袜事,殊有效。将来举家力此,尚可自食,幸勿为念。唯报销案,川吏不亮⑧,驳指万五千元⑨,呈

---

① 不虞之誉:张培爵避居天津后,袁世凯通过他控制的报纸污蔑张培爵在津花天酒地,故有此说。不虞:意料不到。
② 险巇:崎岖险恶。
③ 逾于泰孟:指人心险恶,比心怀叵测、朝秦暮楚的泰孟还要糟糕。泰孟:陈朝人,当隋军大举攻陈时,泰孟不作抵抗,将自己掌控的州县尽献隋军。
④ 儗:同"拟"。
⑤ 冬烘先生:指昏庸浅陋的知识分子。
⑥ 居停:为"居停主人"的简称,指寄居处的主人。
⑦ 舌人:古代的翻译官。
⑧ 亮:谅解,原谅。
⑨ 驳指万五千元:张培爵由川进京时,曾以巨款交谢持移作同盟会党务经费,1913年"二次革命"起,他又亲赴上海以巨款交黄兴作军费开支。袁世凯指令胡景伊以张培爵移交未清,责其追偿,故云。

辨中央,仍不见亮,因公受累,不图如是之巨,彼辈告偿,从何措办?是则可忧者耳!小儿留学费本年已汇去,后此正不知若何?官债莫偿,私债又逼,复不肯伈伈俔俔①乞怜于心性背驰之人。来日大难,念之危竦!故人爱我,何以教之?临书不罄百一,唯慎夏自爱。

智涵再拜
七月一日

---

① 伈伈:恐惧貌。俔俔:怯懦貌。

与金兄①书(1914年7月28日)

金兄左右：

得寄乾弟书，知子清竟因病不起。子清不幸短命，伤已！又无嗣，且增老亲忧。痛可言邪！书中又述三叔老人以马惊跌足，虽全愈，但眠食大减云云。闻之更为悬念。本年既经贼难，复遭子丧，又为此劣马扰跌。遥想大人必不快。弟不在家，乾弟亦累远出。还望吾兄婉言劝慰之，并告弟妇王氏与姪女钟兰辈，时时安慰之。乾弟前得杨锡光信，道及子清病故，痛哭镇日，我亦泫然。旋晓以吾辈手足，既弱一个，则责任益重。况迩日，俗情强半视人为门户之盛衰。吾辈切不可再为忧伤，当珍重此身，上慰双亲，光大门户，中间再将死者未完之事了却，乃不枉为人等语。以是少为解颜，今复得手书，窃念乾弟体弱性烈，未肯再给之读。唯一面预备，准于下月中旬令其归家省视。特先以书上达吾兄，免老人悬念再三。妹卓既读书长进，当此逆境之来，亮能曲慰亲心。若徒以忧泣之颜，动老亲悲感，则亦未闻处变之孝也。幸转告之，弟身如常。报销事近虽不见谅于政府，而蜀绅旅京者，颇欲为我联名请免。幸无过虑。织物业大有端绪，无子清之变，则乾弟将留此经营扩充办去矣。弟自寒、乾来，得饫闻详状，

---

① 金兄：张培爵之堂兄张金山，金山子张钟玙随培爵在津，培爵遇难后，钟玙冒死收尸，并扶灵柩南下。

甚慰。后以乾弟常有家书还,故遂未作书,亦疏懒之一病也。三叔前以书责垦荒事,现可作罢。知注并闻。此请
履安并请叱名,请三叔两老人金安!

弟爵上言
七月二十八日

训女书(1914年7月28日)

乾叔偕李先生来,得知一切详状,甚慰。不数日,得汝姊妹与焯姑书,阅之大快。焯姑别有书答,汝蕙妹笔路亦清,汝禀称敬奉叔父一段,果若此,吾无忧矣。特言之匪艰,行之为艰,汝其勉之。寄来各影片,详视数遍,三叔祖须发虽白,精神甚好,其眉长颇能主寿,私心幸熹,不可言说。汝母似比往年强,汝与焯姑及弟媳亦发达。只摄影时,过于矜持耳。芸女与三公同摄,其影亦毕露孩气,尚觉无萎靡之像,而坐次则误居前方,岂不可笑?二叔影颇瘦,其面近于嗜鸦片者,且精神不振,设有此嗜好,当劝其力除,唯体弱须力服补剂。其精神不活泼,若有不快于心者,汝当不时问之,或禀商汝母,与作一丸药,料理其常服。汝二叔母及汉秋兄妹,惜无影来,殊歉然也。昨汝汉云弟来禀,亦以是为歉。近日想已归家,此后当引其认真读书,学习礼仪,教之须以勿诳言下手。并告汝叔母,无常引其外去。汝三兴舅,如何溺水而死?死于何所?何均不知?其为人亦由于不读书明理,以至于此,良可浩叹。但汝母亦不必过忧,将来得知下落,再为营葬可也。

至汝求学之法,首在敦德行,其次博学,其次作文。观古之贤媛,其德行敦笃之由来,皆不外"敬恕"二字。而贤媛不多见于史乘者,以"敬恕"二字非有学问,实难做到恰好处。如事亲、相夫、教子,非敬不可。而敬之中,又寓有和悦、柔顺、慈祥诸字,相因为用。否则,事亲必至色难,相夫不克无违,教子亦不能宽严得中,使之既整于威,复化于德也。恕字不善用,亦有病,盖人有过可恕,己有过则万不可恕。而"己所不欲,勿施于人"一语,尤为恕字真谛。此字能行得恰好,不独可以齐家,治国亦不难。只是后人往往反用,抑或近于姑息,均由读书太少,认字不真所至。故汝当注意德行,而必博学以辅之。博学则古今过去之圣贤言行,皆为我所评判于心,反身应事,自有去取。由是乃涉猎作文之法。此法无它,即多读、多看、多作是也。读者,理其旧书;看者,扩其新智;作者,熟其笔阵也。凡读古人之文,须先大声以应其调,再低声以味其神,久久其文之声调、神韵,必来绕我笔端。此境汝与焯姑照法办去,必有亲尝之一日也。功课表太密,几于无休息时间,此后于每门毕后,须休息十余分。惜家中无花木场所与风琴,汝辈当自思养息之方,免积久生病也。现寄回赵字一本,汝辈均当临摹,临则以纸,玩其运笔、间架而仿写之;摹则以极薄油纸,蒙帖本上而写之,如写蒙格然。果用心临摹,一二月必大见效。女子之字,以秀劲为上,是亦当留神者也。子清叔病殁,乾叔又未在家,三叔祖近又因马跌足,汝辈当与汝母、叔母等善侍奉而安慰之。并劝焯姑亦当以古人处逆境之道善慰亲心。乾叔下月中旬归,更能详告一切。家中唯当略备移家之事以待耳。津门甚热,川中如何?场上诸至好等近皆无恙否?此告
兰蕙女。

七月廿八日手谕

训子书(1914年8月15日)

得汝三十一号禀,所说尚是。留法日记已觅得一册,不必再觅寄来。只汝此次来禀,讹字太多,如"手续"之"续"讹作"绪","耗时"之"耗"讹作"毫","不惟无益而且有损"之"惟"讹作"为","相距甚近"之"近"讹作"尽"。此一禀不过二百余字,而讹写者四。本国之字,犹不免错讹,如此则汝于外国语文与其它科学,讹处正不知凡几?汝曾将汝之课本一精核否邪?汝所以蹈此病者,盖由于舍近求远,视事太易。易则心粗气浮,匪独于字然也。任何科学,得其表,必不详其里;识其粗,绝不味其精。久之习惯成性,茫茫然若各科皆知也者。及至穷源竟委,则无一能知,即无在不讹。国中求学者夥,而成者不数数觏,多坐是病。汝离亲费财,远学异国,设亦如是而归,汝心安乎?再,汝暑假前,不依学程,任意插班,亦由于轻率。汝以为算、代并进,可以省时。不知算术未明,则代数不能进行。如造屋然,有钱,然后可以购料而成之也。算术纯熟,学代、几与其它关于理数者均易。逆而行之,求速反迟。此我所以不慊于心,而欲汝循序以进也。我当日亦尝专习数学,其时尚非在校中,而教者亦不肯以算、代、几并教。时或私取代、几读之,至欲演习,乃知其关于数学某部,现犹未能。因而不敢猎等。盖教程先算后代、几,后微积、解析,实经多数学者阅历而后定其如是。汝勿贸贸然视之。汝欲从事理科,则于算、代、几,尤非循序了解不可。若仍习此骛彼，浅尝辄以为能。将来于理科，终不能知其所以然，良可惧也。我今告汝，汝病在一轻字。欲药此病，当力除凌猎躁进之心。此后壹以校中所定教程及试验各规则为本，汝既定毕业此校，则此校所有各科，除去犹太语文都宜学习。盖拉丁为讲语文学者所当知，而法史、法地又近日国体上、国势上所不可不研究者也。至试验尤为重要，学子每期能彻解各科于心之时，多在豫备试验间。故汝仍须随法生一律试验而比较之。既欲试验，则平日于各科，非求其究竟亦难占优胜，且不免临场舞弊，贻笑外人。国体不可损，己名亦不可玷也。尚慎旃哉！比来汝知徒事接交应酬，非远学之道，已痛改之。若再能按部就班，脚脚向实地踏去，得以美满毕业，而后升学，余心慰矣。汝现犹在豫备普通知识期间，切勿好高骛远，自阻前修。自今以往，当自熟计。不可因人转移，负此不易得之光阴也。伯儒兄既未偕居一校，汝尤宜自慎。汝兄弟学款，家中迟未兑出。今欧洲战端一开，汇兑皆停，此款迫不能来，汝与伯儒可一商玉显先生，或世珍先生，有无它法汇兑，便早办也。汝此后作书，宜注意无讹。吾今日之言，亦当中心藏之。子清叔以血症死，可叹！三叔祖又为马跌伤，汝闻否？乾叔与寒友先生本月八日归家。余眠食如常。只吾川水、旱，米价贵至二千三四一斗。盗贼迄今未靖，不无系念耳。此告

洛儿。

八月十五日手谕

与受乾弟书(1914年9月15日)

受乾两弟左右：

　　昨夕，接金兄、卓妹、兰女等各一信。知三叔老人确占勿药，且能忘子弟之忧。场上亦无匪患。银、米价均低落，可喜之至。又稔乾弟于兄妹信发日，已平安抵家，慰甚！慰甚！唯卓、兰姑姪信，痛述贡臣先生于上月以痢疾捐馆。悲夫痛哉！且足异矣，月之十三夜，兄梦还乡，至贡臣家，闻其死，遂入抚柩大恸。连夕皆然，心颇诧骇。至昨夕，乃得此报。古人交魂之说，信不诬也。而贡臣与我之交深，又加其为人可敬，因收泪为联以哭之。只情之所至，竟不知其言之长也。联别录，弟可与其锋先生等商酌，并请其点窜赐书送去。此联成，又见卓妹信，哭子弟，甚哀。且忆乾弟面告咏、裘两孀嫂同逝，须挽以联，因复撰二联。挽子清弟曰：子忍心死去耶？抛将白发红颜，全交弱弟。我何日归来者？哭向青年黄塜，一慰英魂。挽两孀妇曰：遥怜姊妹花，生命不辰，一病苦同时日死。共励冰霜节，抚孤成立，九原知慰弟兄心。两孀联亦可请其兄写。子弟联，卓妹云已化灵，则不必写挂，以一纸书作小楷，向其墓化去，表兄之意而已。又闻甸方老母已逝。我幼时，相待如其子，且连为戚谊。观贡兄代作之联，已能道及，故未再作。两弟可为我一慰甸方昆仲，勉食节哀。吴国卿先生亦千古。想家中都有联挽之，仍未赘及。数月来吾乡死者有关于我则闻之，其无关无闻者不知凡几？兵燹、凶荒、疾病相继而来,言之于邑,凡族亲故旧,总望于此时善自珍摄矣!

卓、兰姑姪儗赴荣邑女校,该校学风如何?管理严否?各教习程度、品行奚似,当先逐一调查,然后可去。否则,一访叔咸能屈就吾聘否?如能,则较入校,长进更大也。兰母不允其去,自以无人写信、阅信为要。乾弟归知不难于听其去,只不可不慎重行之也。金兄信云灼初已得其父允许,月内当能来津。芹生偕其来甚好。我现与吴、王合资,将公司拍卖之袜机买归十四副。单筒六、双筒八。所出之暑袜甚佳,其价则较原价少去两倍,亦难逢难遇。张、熊均能织,不过无恒,亦小有事扰之。只节文接其家信,速之归。渠归,则无人督织,颇为不便。已函询芾皇,问其可否缓归?俟得复,再言颇不归。儗灼初来,即扩充办去矣。

乾弟此行惊急,知甚疲劳,所幸老亲安善,盖天佑之也。少缓细禀老人,如许来津,亦大佳事。但前商家事布署之法,应如议行之。又途中如靖弟等相机,亦可为移家来。特无须速速也。本月法行可一次兑款,期过乃知。如家款兑至,则于此期兑去矣。现又不知迟至何日?只其款仍当与从之商,务速兑来以待。德军破比京后,已直攻巴黎。钟洛等已随公使(中国驻巴黎者)移居多尔波,以法皇移至该城也,尚无足虑。不过欧洲通信,现颇迟滞耳。如法款办妥,望灼初汇来。儿辈居异邦,久无款至,其忧何如?弟可与从兄切商之。青岛日来尚无大战,日、英陆军正在进行,想大战亦自不远。德在该岛只六千人,当此英、日、法、俄各军,乃毅然备战,其忠武之气,令人起敬。盖将来虽败亦荣也。中立之局,我国颇

难。近来德逾界出侦,日逾界进兵,亟为可虑。幸政府通告各国,乃将其出侦、进兵之地,划入交战圈内。此虽不得已之举,亦可以严保其中立也。政府亦苦矣!京、津防备甚严,迩来亦甚安靖。只京中不时捕获乱党,当此外患生时,此辈何犹如此之多?天其未悔祸耶?可叹!

贡兄作古,玉笙先生必大悲叹。两弟亦为我慰之。缓当笺劝也。场上诸好友均望致意,寒友抵家否?其在渝来书已得。即此望代请

三叔老人福安!

顺问家人均吉!

兄爵白
九月十五日

训子书(1914年9月19日)

阅汝念八①号禀,似未明我意。我前告汝,勿以代数与算术并学,非谓汝不应插班。汝若暂时停代数,而插算术、图画两班,自无不可。今汝又曰,暑假后聘师专修算术。汝既自愧学浅,力求长进,唯自加考。较专修与插班利益多寡,决定学去可也。纲鉴既有,则它日购得诗文,再为邮寄。移家来津费不赀,儗袜机收效乃移。汝姊欲游学,雅自可取。不过,汝弟兄年费已巨,再益汝姊,从何办来?如家移出,儗就近分聘东、西女教员补授各科,仍以中学为主。款稍裕或再留学或一度游历,殊便也。伯儒、德堪准备语学自佳。汝弟兄都好,至慰。我亦如常,无念。玉公信封都收到矣。此告洛儿。

十九日手谕

---

① 念八:廿八,即二十八。

与受乾两弟书(1914年10月10日)

陆续寄回两书,内有挽联、碑铭,想都收到。昨得洛儿等书,据云现由李石曾、蔡元培两君,以俭学会名义,请准驻法公使每月每人借助七十佛郎,款到日乃还。伊等于九月三日迁居蒙达尔,此后有信可由巴黎豆腐公司转。并云学款待机局稍定始汇,似此尚堪藉慰。从兄筹款如艰[①],亦不妨暂缓矣。此日有友汇法款二千元,汇费即去五百元,言之骇听。本月得廖绪初先生书,提及小儿女姻事,可从俭,换一恳允书及金戒指为证。此议已多年,故允之。家中当备一金戒指以待。所谓恳书者,男家书其籍贯三代,并其子之生庚名字,请托介绍人,恳姻于女家耳。女家亦书其籍贯三代,并其女之生庚名字,由介绍人达于男家,则为允书。此次介绍人系李宗吾。如其亲来,乾弟可酌于亲友中请数子陪之。以宗吾与我同班毕业,同办叙校,改革时又同事奔走,盖所谓声气相应者也。但尚未定期,期定必别函告之。至其时,可函约寒友来一谈。免其再走访也。

灼初就道不?儗添之本,望灼初速携来。盖月内思办各色袜,托吴山代售,以吴之菜园在商场故也。萧仆之父来书,仍命其来学业并侍我。我走书止之,该仆已来自夔宜间,人

[①] 从兄筹款如艰:从兄即喻从之,"二次革命"后,张培爵以巨款支援黄兴,其子钟洛之学费即无力筹措,故函家人多方筹备。

可为多矣。只皆不若节文之勤劳俭仆,节文再三月必归。其兄已告我。故我仍有望乾弟来之意。然家中亦不可无人,俟灼来再酌之。式斋云来,究同灼来否?妹女等如何读书,刻当酌定矣!三叔老人余肿消尽否?北边天气已寒,川中当不若是。我乡病疫近曾否减少?又有无谣传?诸维惦念,幸时以家信来并详述场上各友及族戚近状,以慰远怀。此告乾受两弟左右。

兄爵言
十月十日

与廖绪初书(1914年10月25日)

绪初先生教下:

奉手书往复低回,若有未解于不肖之域居者,谨概略言之。今世可游之地,在内曰沪、曰津,在外则日、英、法、美,而尤以日为宜,盖资便而语易通也。不肖非不可游沪游日[①],徒以逸间满侧,足偶移则微之者至,祸亦将有不测耳。就居津,言新近论政之书,都未敢置,日惟检阅旧本,间出其余情,效宁喜居晋织绚故事,并绝泛泛之往来。时若故雨重逢或尺书反答,乃稍放怀。藉谈时势,君曰无羁。果无羁者,胡若是?尤有难者,事变以还,所谓国中豪俊,率多各自为谋,而私爱故人,又复进退不轨。渐亦时闻内讧至,它骧者[②]更不为远计,睚眦必报,轻贼其群。综论沪、日之间,几无人无悔望,无日无危险者。

顾影茫茫,且不知税驾之所也,它复何言!君谓我不当如是终身,我亦犹君之不能忘情者。顾时有未可,力有未能,亦唯谨身敕行,不蹈有过之地,重为亲厚所痛而已。所论狂澜安挽之法,归纳于学识、毅力、人心、道德,深中肯要。往者终于不治,正由未尝事此。则诚如尊论,非三数年所能为功,

---

① 不肖非不可游沪游日:廖绪初等同盟会党人曾再三促张培爵离京避祸,张培爵因津京机关需人主持,故婉谢之。
② 它骧者:其他进取之事。骧:扩张,此处引申为进取。

而同时辈流多若迫不及待,为之奈何?

儿女婚媾事,谨如约。宗吾何时往吾家?幸先函舍弟乾九、受天,便早为备。函由荣昌县烧酒坊大公馆①余天老转去。报销案如前,近亦未理,理终无效,只好听之。私债云云,即儿辈留法贷款。家况无异,唯用度校前少增一倍,益以留法费及不肖旅费,将来不免嗟若耳!静一未便通问,宜不知其详。伯虚家境殊艰,闻之慨叹。然二子固无恙,亦足慰其家人也。制革厂得公潜维持,当有起色。以所得入股,自非虚掷。顷闻公潜、少咸均病故,傥不虚,实吾人之大不幸事。望便告我。迩日汗青北来,每谈及故旧颓散略尽,辄为堕泪。修道蒙福,天若于吾人独反者,岂天未悔祸邪?抑吾人有以自绝邪?求其故而不得,殆命也。夫贤者试教之。不尽欲言。唯珍爱!

弟智涵白十月二十五日

---

① 大公馆:同盟会会员余际唐家,因烧酒坊(即安富镇)距荣隆场仅二十里,故张培爵家书均托余家代收。今有人以张培爵籍贯为烧酒坊,实误。

答受乾两弟书(1914年11月21日)

十一月八号书已得,学款终难缓办,其理由,前已有书寄归,日内必接到矣。仍须商酌从之兄,赐速设法汇津,便为转去。绪初尚未以期告我,戒指蜀中似可购买,远道寄归,殊多悬念。从之兄大开寿筵,闻之乐甚。谚云"白手成家",从之之谓也,为寿宜矣。我乃不在家随诸好友,后一为奉觞,思之怅然。对联以龙凤笺书送,固佳,惜不耐久,未免歉歉。弟等劝大嫂小宴,以作四旬纪念,乃固固不许,想以我未在家耳。然不好世俗之乐,亦兄之莱妇鸿妻也。两弟于得信日,为我率家人以杯酒寿之。

场上办公诸君子,颇为得人。当此群盗披猖,尚望努力团务,以捍一乡。乾弟既任学务,尤当力任劳怨,与同事诸君奖诱我场后起之秀。只遇事宜平心静气,以保我场学务十余年平和之荣光耳。镜叔静养于家,缓将运所办酱园之货远贸,甚善。式、灼等以十月二日来,相见不远。节文虽归,其能萧仆已学得。式、灼来自可商酌办去。大伯母竟不起邪,可痛孰甚!然固非人力可能挽者,望为我一慰金兄。寒子托购之人参,已购得一斤,共四十七枝,价比前直贵一半。以寒为我奔走致疾,何可惜费。别由邮寄归,到时家中可酌留数两,以备不时之需。三叔老人病后,可先以一二两服食。受弟目疾,乾弟为作一详状寄来,便托勃君设方。汉秋近日读书若何?福、慧两姊妹自姑姊去校后懈否?卓兰姑姪何亦无一字来道其校状？可便告之。此间大寒,已烧炉矣,川中如何？与玉笙作书时腹小痛如前状,顷又愈矣,无念。此致乾受两弟。

兄爵白
十一月廿一日午后七钟

与乾弟书(1914年11月9日)

得十月十九号书,悉一切。张军何人?其孙女年若干?何以愿过门守贞?此极难事,若能终之,诚足羡也。它日来书可详道之。留学款已筹办过半,余将不难,只未免逼吾良友,心不无愧耳。汉云昨来禀,虑公使助费,恐难为继,望分期汇去。据此,则款不能不早汇矣。其信寄阅,并望灼式速来。节文归后,萧仆逐日颇能出货,以无人认真料理,故未发售与扩充。灼式来,当速为之也。寒子病状出人意外,幸未为医误,所欲服之人参,已托人探购,即寄归。女校既有月叔先生与各女士,而规则复严。卓兰等往学,自较在家多收补助之益。唯当不时往视之。痢疾犹如此之多,死者不下四百余人,闻之骇叹!树猷丧母、亡妹,遇亦艰矣!须勉其劝俭以度此危。大伯母病危,金兄想已归省。总望吉人天相,不至于它,则万幸矣!培先兄何以病故耶!其子甚幼,言之可怜!培雨兄之母,年已过高,偶遇外感,体何能支?弟云死者吾族占百分之三,令我怆然。申甫先生之病,以为可以支久,它日得有妙药再寄上。乃竟不起,夫复何言!申师器我,我亦恋申师。今闻师丧,莫由远赴,有愧张季札多矣!痛可言邪,因掇要为联以哭之。仍请其兄酌改赐书。其兄亦幸无客气,乃为处故人之道也。迩来所闻皆伤心之事,吾故人无多,还望顺时自爱,时时赐教,以抒忧悃。奉轩兄既任校事,身自少闲,何亦无一书寄我也,其近日无恙否?从兄丧子之忧已少解否？义民、甸方如何，来书均未道及？子占事脱身否？此后当痛自改悔，无为亲厚者所痛。镜叔现居何地？颇悬悬也。灼初能来，克翁想甚安善。习翁、鸿翁当仍康强，郭同昌、李哲卿之贸近来奚若？湘五、云逵两兄何未闻其所事也？玉笙归家，来嘱作碑铭，有不合处，幸修改之。弟可为面告同春弟兄肯行场否？玉鸣之贸若何？从兄近决意行商邪？都望闻知。移家事，儗留受弟夫妇任奉祖扫墓，固是一法。特念受弟为人，殊不释怀，缓当再酌。受弟之目疾，想系太弱，非外治所能愈。能将其脉理审真，病状详录，觅勃山开一方，为丸服之，或亦有效。前与吴、王合买之机，分去四副与人，每副得价八十五元，其利殆加大半也。弟初归，自不可速来。幸两老人精神甚富，为之忻慰。兄亦强饭。蕙女辈读书如何？便中一告可也。

此致

乾弟。

兄爵言
十一月九日

咸子书加封寄去。

与受乾两弟书(1914年12月4日)

受乾两弟：

久未作书，家人未审行踪，亦未来书，暌隔数月，若弥年载，劳念想同之也。间者连得两书，胥道家人无恙，喜何可支。一书系洛儿自巴黎来，一书则吾友咸子自家来者也。洛儿书，称三叔举家安吉，尤为忻慰。咸子书，道家人不欲远游。夫安土重迁，昔人所叹。特果否安土，应否重迁，两弟与汝嫂辈当详审之，并当请命三叔，谘询于兄旧日各至好，然后再商咸子解决。先详告知，以慰远怀。

兄初儗东渡，继以渡东者夥，若漫随流，适滋浮议。是故挂冠后，即退处津门，觅宅英租界福善里十号，蠖屈其间，不事酬应，沙边鸥鹭，亦断知闻。昔刘胜自蜀解组，闭门扫轨，弃置人事，兄今似之。所余两弁，粗解治厨，烹调饶有乡味。政自可喜，日常琐屑，不别需人。乃若掬土、栽花、登山、观海，良辰丽日好自为之。近且贪买古书、古诗，围炉把玩，曜灵匿景，继之以烛。每至留侯僻谷，陶朱泛湖，则慨然想见明哲保身，神为之驰。时会李白言志，难歌行路；吕安见远，书别嵇生，则不禁抚今感昔，哀物悼世，酒杯倾倒，唾壶击碎矣。离群索处，与古为徒，乃尔任情恣意，俯仰自如。眷念畴昔，戎政倥偬，军书旁午，日昃不遑，谣啄飙举，为忧为乐，譬诸鸢飞于天，鱼游于釜，质之两弟，然乎？否乎？兄所以吊影独留，亦有此间乐不思蜀之慨也！夫螭龙卸锁，天马脱羁，破浪腾空,行无所事,此其为乐,固自逾恒。然考元圣乡人饮酒之制,览中散亲旧叙阔之文,读东阿骨肉不离之颂,自顾块然独处,左右只仆隶,相对唯几筵,有怀无所与陈,发义无所与展,又未尝不废书而叹,搁笔而歇也。况乃阿邱已老,同气无多,女侄幼稚,姗嫂寡欢,为养为爱,为教为和,对此恨恨,是谁之责与? 又况风云驰骤,党祸钩距,三蜀之豪,零落略尽,追忆昔游,苟忠告而善道之,又何至于此极也! 至若侧身西望,满目疮痍,盗贼肆剽掠之毒,父老茹荼炭之苦,谁生厉阶,至今为梗? 非又造端未善,贻累后贤,应自引咎者乎? 凡此数者,分谤无人,每一念及,辄通夜不瞑。两弟思之,方寸之心,万忧丛集,傥非善自寻乐,其不为忧伤也几何哉! 往者重耳怀安于出亡,天祥冶游于落魄,兄窃怪之。乃今而知其乐此不疲者,良有以也。然怡养之术,亦自甚广,必对荆艳楚舞吴愉越吟,乃能开拓心胸,消磨块垒。窃恐从怀如流,乐游忘反。去齐讥醉载以行,拜麻悔爱身不早,贻人以口,唯疾之忧,又何称焉? 故兄宁下帷读书,不忍而为此态也。兄今窃有告者,古人云:"知止不辱",又云:"得邻者安"。吾弟兄幸赖先人之灵,有屋数椽,可蔽风雨,有田数亩,可资衣食。从此亲仁善邻,危行言逊,但不蹈有过之地,为亲厚者所痛,而为见仇者所快,斯亦可矣,无或疏妄以增邑邑。小辈读书,务奋免思进,业精于勤,想亦闻诸夫子矣,宜以为意。家奉素俭,知不甚苦。近有无损益,须以书告。来书勿尚简要,琐闻必录。盖不如是,不足饫远人之望也。芷湘姑侄皆可来书,藉觇文境,别久思深,游客之常。矧兄客岁离家时,入则家人嗃嗃,出则宾客鱼鱼,今皆不可得,能无怅惘? 贡从、月玉其奉义甸

云诸至好,迩来亦书疏无闻,我劳如何?习鸿克诸公想健强犹昔,卓叔、澄兄、玉侄等近何所事,是否安好?金三兄式之又何作?桑梓有无变态?无任驰念!莘友以误逮旋释,并闻绪初、叔咸、玉鸣三子近状,能举以告,甚慰。津门安堵,只酷寒耳。雪自上月已飞,今益肆矣。兄顽健善饭,勿以为念。再此书中段,偶因感触,忍俊不禁,走笔而成。两弟如不果解,可备壶飧,请贡臣先生饮而谈之。手此,顺问家人均吉。并候

三叔近祉!

乡先生统此问好!

兄爵白
十二月四号

我场中如有在安富场行商者,家书往返,由其转寄,甚便,可查闻妥实以闻。大公馆余氏乔梓近状如何,亦足念也。

训女书(1915年1月28日)

　　来禀阅悉。中国以祖先教为重。故家供木主,朝夕奉祀。汝与母、与叔父母,不忍弃而远游,自是孝思。又况先人墓田所在,举家远出,何人祭扫？我亦忧之。前请移家者,虑居蜀不安,如安又当详审,无速速为矣。汝瑞弟既时寄书归,甚慰。观其上我之禀,如谈家人状况,与恋恋未能偕亲度岁,又减少食品节费等语,乃弟似渐解人意。但未知其能历久不渝如吾之望否？汝云乃弟不负我厚望,果尔,则父母有佳儿,汝不亦得贤弟邪？何喜如之！且拭目以观其后。汝母及叔父母较昔康强,闻之愉快。又复较前和睦,真堪大喜。夫如是,我无内顾之忧,得专心储蓄知识,为异日报效国民之用矣！汝弟妇沅、妹蕙既笔路清顺,汝当殷勤督其勉学。汝三妹也,还讲解明白,真是可爱可笑。汉秋男儿,自较女子心野,既识得数十字,亦殊足爱。汝姊妹能循循善诱,当更有长进。凡教小孩,必投其所好,又必惹起他的兴味。因而教之,乃易上路。瑞书既远学,家中只此一弟,汝与母、与叔父母,当好为教管,勿听其一人外出。又不可溺爱,应责责之,不应责勿妄责,令其不知所从。更不可教其诳语,礼云"童子常视无诳。"近日教子弟者,多不明此。故常设诳语以哄之,或教其诳人、骂人以取乐。或使其戏打父母、长辈以为欢。此皆大不可。虽曰:"童子何知？"久则成为第二天性。故古来圣贤豪杰,其家教皆异于流俗。吾家男丁,现只有二。当善教

使成佳器,以为门庭之光。果子侄皆贤,吾之乐当有倍于今日也。想汝姊妹与母、与叔父母,亦望有此景像也。汝以年日长进,学无所成为虑。而有母不聘师,则欲留学日本之请,我未尝不喜。只是我能东渡,汝始可行。况留学至少亦须三年或四年乃能毕业。汝弟既远行,汝妹皆小,我近又未在家,举家事完全累汝母经营。汝心安乎?且汝亦不必定当游学乃能有成。现时注重国学者颇少,汝与三娘及妹等专心研究中国书史、舆地,再加以数学,更留心作文、写字,来年与我偕居,补讲理化及家政各科,得便添请一女校日本女士教授音乐技术,汝等之学亦为用不穷矣。今之出国者,不过多得日语一门,汝欲学日语,我亦可教汝。不过除添看日本书及与日人酬对外,皆无甚大用。汝为学之日尚长,吾谓汝有福,汝今年仍当请益贡师,将旧日所读过者细心研究,必篇篇了解,字字明白,然后有益。观汝此次来禀,文理自清,叙事亦洁,但不若三娘之气盛。又写字颇多错误,如兰从草头,汝从竹。"裀席"则误为"任席","怅何如也"之"怅"误作"帐"。钟蕙之"蕙"误作"惠"。是皆宜特别留意者。盖文佳而字谬,人将笑其录旧,且是一病,不可不知。三娘之信,通篇未误为一字,其心之细可见矣。汝当勉之,勿自馁。请母仍聘贡师教导,若实有不可不移家之势,再与贡师商办可也。孟子曰"盈科而后进",谓水之流也,必盈其科,然后乃能进行于他处。吾望汝现唯注重国学,国学精纯,任何门皆可入。吾寄三娘书所称两个女士,如宣文君,晋时人,专精儒学,教男弟子百二十人,故隔纱受业,晋帝赐以侍婢十人;宋若昭,唐时人,长于经史。唐帝召入禁中问经史,称为女学士。此两女士,皆能注重国学,声称没世。汝能步其后尘,亦足欢娱老眼矣!汝当知之。

北边阳历年节亦不热闹;阴历,则爆竹之声不绝于耳。我宅之厨司,亦特别为我添菜,而护兵萧亦将友人送来之腊肉蒸出。且于三十夜多备美酒,并打扫各室,汗流不止。问以故,则曰:"初一日不扫地,各物若不整洁;初一早晨见之不喜彩。"我笑而怜之,亦命其偕饮,使之有度岁之乐。至初一,北方则镇日不食饭,惟早餐用肉丝绞子;晚餐则大面包,或甜或咸,谓之馒头。而来要赏钱者、贺新年者,亦络绎不绝。习俗移人,良难骤改。再阅二三年,或少变也。

家中被盗,此后当严为防闲。三公家被劫,闻之诧吓。居乱世,真不可不特别检点也。培德二叔将行商,甚好。我愿其打起精神,多获利金。家中既添钟玙、钟煦两弟兄,想能照料完善。女婢既渐知事,可善待,善教之。我平安无恙,无念。汝能侍奉母亲及叔父母,又偕同三娘及妹等勤愤读书,我心甚喜。固不必常奉茶汤,乃为尽子道也。至望我就职回川,应辞应就,我自有斟酌,汝不必以是为言。汝此次来禀,查家中系正月五号写的,安富场邮政正月八号发行。此间廿七夜收到,即旧历正月初二。心中大喜,计日不过二十,亦甚便当。阅各书既喜,遂大饮而卧。今日乃分别作书以复,计此书到家,我前致之书,家中想接到,故不再言。此告兰女知之。

一月二十八日父谕

附：

先烈张列五先生手札题辞

杨庶堪①

　　此吾亡友张君列五遗札,睹之抆泪,以君成功如彼,罹祸如此,盖民国肇造若斯之难也。清之季年,余识君成都,时方有杨、黄诸贤之狱。党人纷散,或杜门不与世会,君独楮柱②其间,余戏以朕即国家称之。及来重庆中校,秘谋所以革命者萃亟,于是有辛亥十月二日之役。君举为蜀军政府都督,余复自暇逸,而劳剧乃累君独荷之。君尝犯险难数矣,似有天幸皆得脱。

---

① 杨庶堪(1881－1942):名先达,字品璋、沧白,晚号邠斋。清重庆府巴县人。早年曾创办《广益丛报》并任主编,密组反清革命团体"公强会"。1906年春,同盟会重庆支部成立,杨庶堪为负责人。武昌起义后,杨领导了重庆起义。起义成功后成立蜀军政府,杨就任高等顾问。"二次革命"后,杨在渝任四川民政总长。1914年,杨被指派为中华革命党四川负责人。1918年,被孙中山领导的广东护法军政府任命为四川省长。1922年,任孙中山大元帅府秘书长,并为临时中央执法委员。1924年,当选为国民党一代会候补中央监察委员。同年3月,受孙中山命为广东省长。1942年病逝于重庆南岸大石坝寓所。次年,重庆城内炮台街改名为沧白路以资纪念。他在经史、词章、书法上造诣很高,著有《沧白诗抄》《杨庶堪诗文集》等。

② 楮柱(zhī zhù):支撑,支持。

而孰意其于弃官息偃之际,猥出不备而卒婴网罗也①。袁世凯之于民国,殆谓汉贼不两立者。而吾列五首膺其酷,专制者之肆虐,固必自诛鉏豪杰始也②。闻君就义时,怪风扬沙昼晦,行刑者嗟骇,而君顾莞尔,群相恫叹,诚民国来第一冤狱也。君节行吾党罕觏,艰苦烦剧中,辄复欢笑忘罢。余时殷忧傷③怒,见之辄解,而卒相与有成者,君之懿也。然余尝窃谓列五凡百多精强,独惜略乏文采耳。已而津门偰迹,日亲书册,不半岁而属文裴然,俱可观览。余于日本得君书,惊其孟晋④,不遂意此即为其绝笔也。今其遗孤若挚友搜布此诸札,皆平日性情之发,足以闚⑤瞻所养者。然以列五手创民国之殊勋懋⑥绩,仅托此区区以传,吾民之崇报为何如? 而余尤怆然,追思曩昔,悲来横集,非亶⑦负之而已。中华民国廿六年七月,杨庶堪。

---

① 卒:终于;婴:触,缠绕;网罗:袁世凯就任临时大总统,排斥革命党人,同年10月将张培爵调往北京,委以总统府高级顾问官虚职。次年孙中山发动"二次革命",张培爵潜至上海,资助黄兴取南京,事败避居天津租界内。1914年与海外同盟党人联络,谋划再举。1915年4月,密谋讨伐袁世凯,严厉拒绝袁世凯的利诱,被杀于天津。
② 鉏(chú):同"锄"。
③ 傷:同"荡"。
④ 孟晋:努力进取,进取。《文选·班固〈幽通赋〉》:"盍孟晋以迨群兮,辰倏忽其不再。"李善注引曹大家曰:"孟,勉也。晋,进也。"
⑤ 闚:同"窥"。
⑥ 懋:同"茂",盛大。
⑦ 亶:实在,诚然,信然。

张列五遗札题辞

夏之时①

吾亡友张君列五以民国四年三月被难,至今二十又四年矣。之时与君始相识于重庆,共建蜀军政府,成光复业。旋南北统一,成渝合并,君移节成都,余即奉身而退。与君处无过二三月间,一脊四肩,共荷艰巨,而君磊落英爽,言听计从。癸丑之役②,君已早奉调在枢府③,备顾问,投隐津门,未几为

---

① 夏之时(1887—1950),字亮工,四川合江虎头乡人,清光绪三十年(1904年),东渡日本,学习军事。1905年8月,在日本加入同盟会。1911年11月5日夜,策动驻龙泉驿新军230余人起义。兼程进抵重庆浮图关。重庆蜀军政府成立后,任副都督。1949年合江解放后,夏之时离开成都回到故乡合江居住,担任合江县治安委员会委员。1950年,土匪暴乱,受人民政府副县长之命,写信动员匪首夏西夔投诚。但随后却在镇反运动中被错误逮捕,1950年10月6日以"组织策划土匪暴乱"的罪名被枪决,时年63岁。1987年11月平反,宣布恢复其辛亥革命人士的荣誉。
② 癸丑之役:又称"二次革命"。1913年,以孙中山为首的革命党人领导的反对袁世凯专制统治,维护民主共和制度,在江西、江苏、上海等地进行的革命战争,广东、安徽、四川、福建虽宣告独立,有所发动,亦迅告失败。
③ 枢府:旧时以政府的中枢为枢府。主管军政大权的中枢机构。袁世凯闻张培爵精悍,恐不受调度,特调之入京,聘为政治顾问。

奸人购陷死。逮洪宪败殂①,而君之烈得膺褒荣。君于余有患难死生之谊,而余于其身后复申以婚姻。昔君以女字廖绪初长君,自谓小异于流俗人。吾两家之谊亦犹是也。今诸遗札犹存,凡致家人知好,恻恻然深观远虑,澹泊宁静,盖有得于庄生安时处顺之道。其操心也危,而进德也猛。管夷吾有言"卧名利者写生危",君之所遭独不然。其从容就义,记称"爵禄可辞,白刃可蹈,中庸不可能也。"而君之所养,要过人远矣。今余与诸友人再请于国府,被命营治公葬,余辑君生前手札,汇为一编,付之刊人,而命子妇钟芸斠字君遗墨之廑存者,唯此而已。民国二十八年五月,夏之时记。

---

① 洪宪:为袁世凯所创"中华帝国"年号,这是一个违历史潮流的短命皇朝,是一场恢复封建帝制的闹剧。自1915年12月25日宣布第二年改元"洪宪",到1916年3月22日不得不取消帝制,袁世凯一共做了83天的皇帝。

三、传 记

纪张君列五被难事

梅际郇[①]

深酷哉,帝制之祸也!自秦以还,国有一人崛起为皇帝,则伏尸千里,其常也。攻城野战,干戈而死者,且无论。其诛除异己,如明洪武之所为,亦使其下昕夕[②]凛凛,莫必首能常戴顶上。盖非多杀无以威众而自安,帝者固然耳。袁世凯日暮途穷,藉大号以自娱,在群帝中亦矫[③]矢之余劲,舍瑟之希声[④]矣。然当洪宪纪元以前,军政执法处既立,徼察四出,毛击血飞。京师之人,屏息狼顾,莫敢一摇手。闻有童子持革囊,就婚京师,才下车,即被缚去。洎就鞫官廨,则囊已启,赫然其中者,两爆弹也。童子骇[⑤]绝,不能为辞,竟论死,其妇亦触柱以殉。袁氏所用密探,多闾里佻薄无赖,几以挢击得官,常伪为文书、证物以陷平人,故冤滥至不可胜数。

列五吾友张君,革命烈丈夫也。顾其死也,实不能名以罪,徒奸人扶翼袁氏,以私利杀之。今帝系熸矣,而国威扫

---

① 梅际郇(1873—1934):号念石、念石翁,室名念石斋、小梅庵、木兰精舍。巴县前清举人,公强会创始人之一。
② 昕夕:朝暮,谓终日。
③ 矫:举起,扬起。
④ 舍瑟之希声:放下乐器不敢说话,指国人受到了威胁。
⑤ 骇:同"骇"。

地,诛赏不行,梼杌①穷奇,百状妖露,视袁氏时,又加替焉。往杨庶堪氏,曾为列五小传,事迄其为都督、民政长时,于死状盖犹未详,暇日为纪其事。既悲专制之余毒,贤者适丁其厄,亦幸将亡之妖孽,吾友得不及见也。所以书名者,志续扬传,不别立义例耳。

培爵既长四川民政九月,总统袁世凯电谕都督胡景伊,欲调培爵谘询边防民事,景伊以示培爵,培爵慨然解职,携材官数人,赴调京师。十一月,道重庆,高冠礼服,来造中学校。盖培爵发难时,方为此校学监,今长民政而归,校中弦诵未辍,为教习、学监者,犹故人也。相见各大喜,时天寒甚,呼火环坐笑语,意萧然,不类达官。际郁闿然进,扣之曰:"君今入都,果将欲何为者乎。"培爵不答,微歔而已。良久,各罢去。岂知由此遂长别也。既至,世凯遇之泛然,令为公府顾问官。培爵书生,浮沉京师人海中,无所表襮②。世凯亦易之,不甚措意。二年,宋教仁死刺客,借款议起,东南拒乱命,义军大兴。黄兴之谋取金陵,培爵曾潜至上海,输资助其事。亡何,义军败。重庆熊克武、杨庶堪,皆培爵旧友,相从举兵,亦败。培爵鞅鞅不自聊,又贫甚,则赁居天津日本租界,教材官织袜卖之以自活。客中与酉阳邹杰、筠连陈乔邺,为友甚密。杰故革命党人也。一日,有李客自言货参茸,设肆津沽,介乔邺

---

① 梼杌(táo wù):比喻凶人。尧舜时代四凶之一。《左传·文公十八年》:"颛顼氏有不才子,不可教训,不知话言……天下之民谓之梼杌。"

② 襮(bó):暴露。

以谒培爵。其人瘠而黔,鹰隼①而羸②冉,目瞚瞚③,类倾危多端者,相见即足恭,为畏鄙求援系状。培爵不涉意,漫浮泛道与之。已而欲与培爵合资为巨贾,并时时设饮招培爵,培爵不欲常为客,亦治具酒庐报之,以此过从少稔。某月某日复会培爵所。李客曰:"织袜亦巨业,奚不谋以扩充之?君苟有意者,吾当投资张其事。"培爵以讬业微意无它,故遂许之。李客大喜,再三要结而去。越日,又来招培爵、杰、乔邺乘电车至酒肆饮。车中李客出纸一束,授培爵,曰:"曩所议织袜事虽细,不能无需折契。此吾撰拟者,君试更定之。"培爵以转授杰。时车将至,杰不及视,即置衣囊中。车止,客下,倏军警四合,捕培爵、杰、乔邺及他客某而去。捕者搜诸人身畔,得杰囊中纸,乃志城团章程,皆抗叛政府之言,无所谓袜肆契也。求李客,亦不复见。培爵诸人械至京,下军政执法狱。在狱中,凡几十几日。而被杀之日,黄雾四塞,天昼晦,大风,风声惨厉如号呼。培爵步出狱门,犹从容四顾曰:"天意如此,今日尚行刑乎!"至死颜色不动,血激出丈许,尸不仆。杰、乔邺及资中魏荣权,亦同日死。

初,培爵入狱,鞫讯④者再,讯者但与好语,无治谳呼叱恶状,后并脱其桎梏。培爵私揣,狱不甚急。尝通问故人,索英文书,欲狱中读之,以自宽其意。盖世凯始亦无意杀培爵,经

---

① 鹰隼:比喻天性凶狠之人。
② 羸:瘦弱。
③ 瞚瞚:眼睛一眨一眨的样子。
④ 鞫讯:审问。《宋书·谢庄传》:"逮汉文伤不辜之罚,除相坐之令,孝宣倍深文之吏,立鞫讯之法,当是时也,号称刑清。"

月余,有构蜚语中伤之者,乃署片纸付狱中。狱中故事,狱官受公府印状,将杀人,则于黎明锐声呼其人姓名。培爵闻呼,并及乔邨。乔邨愤跃曰:"亦死我耶!"又当就鞫时,几上有小策,鞫者指谓培爵"此血光团员名籍,闻书之者,亦乔邨也。"故培爵知为同党所卖,竟死无一言置辩云。

培爵有子钟洛,学于法兰西,临难不及至。其友曾道密令熊少川等,买棺殓之。熊少川者,即织袜材官,左右狱事甚力;又有潘式斋,于培爵被难后,入京持其棺南归,皆于培爵有始终之义,例得附书。

(选自《先烈张列五先生手札》,成都新球印刷厂,1939年)

张君权厝志[①]

向 楚

民国四年四月日,前四川都督、民政长张君列五柩,旋自京师。故人客海上者,皆曰"君创义"。重庆光复,四川五十七州县,安主客军,不糜烂百姓。及统一全川,首退让。有命备谘询,立解职离去。德功甚伟。其生平自有传,今以龃龉穷市,隐津门,课织以为食。于国事几绝口不复道,顾乃间于一二宵人之怨诬构狱,冤杀之,槁弃[②]与万人同坑死。从子钟玡、里人潘式斋尸之,血三日流。朋友袭殓,不能于礼。同死者酉阳邹杰。杰,前蜀军时治夔府有声,性坚苦绝人,顾不喜激进。君方为装,与杰之晋,事牧垦,未行而及于难。

君年三十九,荣昌县人,讳培爵。以是年一月七日逮京师,三月四日死于市。妻王氏,一子钟洛,尚幼,留学法兰西。女三,长者已字人。弟培禄,闻君丧,尽君田二十余亩质金,以归君骨。君诸故人皆曰:"仁贤如列五,而不得其死,身后又如是,岂惟道途之阻?乡里小儿好成败是非,且贻为口实,

---

[①] 权厝:临时置棺待葬。宋何薳《春渚纪闻·殡柩者役于伽蓝》:"建中靖国间,有时相夫人,终于相府,未获护葬还里,权厝城外普济寺。"明徐师曾《文体明辩·墓志铭》:"其未葬而权厝者,曰'权厝志'。"清曾国藩《复胡润之书》:"即以九月中旬权厝先慈于居室后山。"

[②] 槁弃:像枯木一样被遗弃。

以重益家人之悲，不如留棺以待。古有"以衣冠葬者，其荣哀何如也！"乃权厝沪上宝山里，其友人某为之铭。

铭曰：生如是，死如是，虽槁暴其犹未悔！皇天而有知，必有以慰君北邙①者。贞之以石②，俾勿忘也。

（选自《先烈张列五先生手札》，成都球新印刷厂印，1939年）

---

① 北邙：亦作"北芒"，山名，即邙山。因在洛阳之北，故名。东汉、魏、晋的王侯公卿多葬于此。
② 贞之以石：作碑石。南朝齐《头陀寺碑文》："胜幡西振，贞石南刊。"宋王禹偁《刻石为丘行恭赞序》："贞观中，思念功臣，追琢贞石，具人马之状，立陵阙之前，以劝后人，垂之不朽。"鲁迅《且介亭杂文·河南卢氏曹先生教泽碑文》："敢契贞石，以励后昆。"

前蜀军都督四川民政长张公墓表

向 楚

四川自辛亥首难,成都继重庆独立,而有十月十八之变。十五六年已来,连年多内争。追维期始,惟荣昌张公,开府重庆,光复四川五十七州县,安主客军,辑民阜财,丧乱既更,系人追思。公讳培爵,字列五,初为名诸生。父照清,家贫为医。公初读书,见明亡之酷,辄慷慨,中夜起思,以逐虏为职志。清光绪中,试学成都高等理科优级师范,入同盟会,与谋机要。课隙则旁皇奔走国事。诸党人屡蹶屡起,时方以科举功令为学,公思铸造舆论为风气,殚力。期缔成都叙属学校,起书报社,说训导官,兴教育会,会输金钱建乡学。于是居省同乡举会长,叙属学校征岁费,一一推张氏矣。公身肩力赞之,旁郡县接官吏士夫,百端规划,卒定叙属学校,年费三千金。明年,县人黄复生至自日本,黄金鳌至自菲律宾,富顺谢持至自泸,同盟会日兴起,诸党人纷纷集成都内外。联防营陆军,召会党谋举省城,而谢持为之枢。事觉,黄方、杨维、黎靖瀛、张致祥皆下狱,事连谢持。持方还县运谋接济,抵省闻变,走出。公独留,蜀所称"丁未六人之狱"也。方诸人被逮之明晨,辜人诇驿四出大索,公从容市衢,为之经纪其饘粥,望见杨仆,招入书肆,询谳状。仆出致杨某书,极愤大诟,公慰遣之,而匿不与通。是时,党员多遁逸,有杜门者,公乃愈奋励,结四方畸士,闾里游侠多归之。叙泸间,遂时有党人出

没矣。川西则廖树勋,川北则熊克武,川南则某某,皆倚公密通声息。常谓其友杨庶堪曰:"朕即国家"。意谓省无机关,惟予乃机关也。

诸党人更屡挫败,频膏奸吏铁锧。每役,公则左右之,时出奇计脱免,而独混迹于叙府公立中学校。犍为之役,死者数十人。郡吏刊章捕治,连公名不去。于是,党人颇稍稍集川南矣。女子学生入同盟会亦自公始。明年,辛亥杨庶堪主重庆中学,以学监属公。公至重庆,名任教育,实欲假以有为。谢持亦易名,自西安至,遁迹重庆女学校。广州之役,党人秘致书电,请济金为援助。公与杨庶堪唱首效应之。铁道债起,赵尔丰为总督,保路同志会诸要人,倡为木牌,大书清德宗遗谕,集诸父老环跪总督辕门。尔丰恶众哗聚,令发枪拒之,以为乱民。寻捕蒲殿俊、罗纶等,而党人遂结合同志军,哀号起矣!端方受伪命为专使,廉察尔丰。尔丰益纵防军屠杀。蜀以西,尸骸蔽野。重庆城乡间及诸台观,大抵皆为同志会演说。公则深悲大恸,日夜密与诸党人谋决,谓"非革命无以振民"。于是,发书致四方豪杰,虑邮之泄,则遣心腹驰递之。各州县党人始稍稍集重庆。决疑定议,谋财政,操运筹,周旋官吏,延致党员,主盟则杨庶堪尸之;事交通,任联络,征器械,发踪指使则公与谢持尸之;交客军,通往来,为檄告则朱之洪某某等分任之。而夏江秋独制咤弹。武昌奋动,天下震撼。九江、长沙、安庆、贵阳先后响应。重庆伪吏戒严,而尤侧目中学堂。中学堂者,蜀独立中枢也。公乃益急备。会党、防军、炮队,皆已密约效命,遂有十月二日之事。当是时,中营城防游击队先出,居民遍悬白汉旗。公则躬督义军,会于朝天观。时伪府、县已先招致,皆皇恐,愿缴伪印反正。义军挟之游市,而人民欢呼,复喜见汉家日月矣! 于是,起义诸贤以公尝主各军,有懋勋,遂举为蜀军都督。商市不变,耕农、行旅皆无惊。川南军亦响应。

是时,端方军资阳,赵尔丰据成都。公先遣人通鄂军,谋杀方。数日而端方果遇刺死,成都亦反正,出蒲殿俊等。推蒲殿俊、朱庆澜都督各军。浃旬大乱。朱庆澜走,尹昌衡、蒲殿俊为都督。蜀军总司令林绍泉,团长舒绍渊、周少鸿、周维新,教练官汤维烈等,亦欲乘北伐军哗变扰重庆,谋撼蜀军。公既得实,大会诸党人、百执事,褫递绍泉,诛舒周等,戡定反侧,奸不得发。寻执防军统领田征葵,称罪斩之。而川南军都督刘朝望亦请归并蜀,受统一。于是蜀中诸士大夫颇娖娖①言成渝合并矣。时滇都督蔡锷文书抵蜀军,尊公为四川都督,目成都为"哥会政府",愿助公挞伐。哥会者,蜀言"汉流"号召群不逞,成都十月十八之后皆是也。公持不可,众论复排合议。公慨然曰:"今日之事,为国耳! 民耳! 宁等割据世局,为私人计权利者。且军兴以来,蜀人苦负儋重。今吾两政府加之以客军,民何疗焉?"乃畀朱之洪全权,与成都专使谋合并。约成,讹言复兴,谓公入成都者,身且蒙不利。公坦然就道,经荣昌,距家门五十里,不入。军行至隆昌,滇黔军都督文电交驰,推公为川滇黔北伐军总司令。适南北混一,公抵成都,群疑大释。初议正副都督,以投卷决之。公首退让,而处其副。军民分治之议起,公长民政,昌衡出兵略边,

---

① 娖娖(chān chān):喜笑貌。

胡景伊以军团长护理都督。军民渐乖暌不调,公有去志。越三月,果被命入京师备顾问。公立解职。行过家门,留三日,语不及私,以华盛顿归田躬耕自矢。癸丑,讨袁义师起,熊克武、杨庶堪响应之。逾月兵败。公已投病,隐天津,织袜以为食,于国事几绝口不复道。久或通书问,则曰:"元恶未尽,姑沉几忍辱,以稍待之而已。"其深谋远画,不轻示人以匡略,至若快心一击,取人命于顾眄间。吾党有行之者,公之素志则固有在。顾乃中于一二宵人之怨诬,构狱冤杀之。槁葬与万人同坑死。故人曾道、从子钟玙、同里潘式斋尸之,血三日流,朋友袭殓,不能于礼。同死者酉阳邹杰,前蜀军时,治夔府有声,性坚苦过绝人,顾不喜激进。公方为装与杰之太原,事牧垦,未行而及于难,年三十九。以民国四年一月七日逮京师,三月四日遂被害。妻王氏,后八年卒。子钟洛,留学法兰西,毕巴黎飞机专门业,归以算术教授高等师范、成都大学。又二年,客郭汝栋军,以时疫死涪陵。女三,长钟兰,适林伯儒;次钟蕙,适刘光美;季钟芸,适夏谟。公死难,巴县梅际郁纪其事。楚以辛亥识公,蜀军起义,为领文书之役。讨袁军败,投荒海上。逾年,闻公陷狱死。一为文志其权厝,复述公生平事迹;又十年,与公共义诸故人于重庆,为公衣冠墓成,督楚纂文以诏千祀。不谓世乱,遽已抵此,使公而勿死,以观此成败、利钝之纷纷者,又何以云哉!

女钟芸恭校

(选自《先烈张列五先生手札》,成都球新印刷厂印,1939年)

张培爵烈士传记

张泽孚

少年时期

从四川东部的商业城市重庆出发,沿着过去的交通干线"东大路"西上,经过璧山、永川大约步行三天的路程(三百多华里)就到了张培爵的家乡——荣昌。荣昌又与隆昌紧邻。

荣昌和隆昌都以盛产"麻布"而著名。这里的家家户户,不论是贫穷还是富裕,都有妇女绩麻的传统。每当日常的家务事——煮饭、洗衣、喂猪、缝补等一天中必须做的"活路"做完之后,吃过晚饭,妇女们总喜欢端一把竹椅子出来坐在店门口,在膝头上平铺一块毛蓝布,左边脚旁放着一个小缸钵,里面用水浸着几缕麻,右边放着一个竹子编的盛麻线的筐,就一边和左邻右舍摆龙门阵,一边绩起麻线来。富裕的人家,是做娘的或女儿自己在绩嫁装;贫穷人家,则一天绩上几两麻线,到三天一场的赶场天卖了,就可以打油、买盐、添补家用。绩麻使这里的手工织布(麻布)业、漂染业十分发达,特别是荣昌,成为四川著名的麻布产地之一,出产的麻布远销省内外,甚至南洋群岛一带的海外市场。

荣昌还盛产稻谷,这里的大米产量较高。每年新米上市,就有外地商人来这里,买上十石、八石米,雇上一只小木船,由县城附近的狮子桥码头启航,沿着濑溪一直运到泸州,

也有顺着长江直航重庆出售后,贩运那里的手工业品和工业品回程。

米多,糠就多,碎米也多,于是荣昌的养猪业也发达。"荣昌白猪"是世代选育出来的优良品种,它皮薄肉嫩,鲜美可口。荣昌的白猪鬃,更是当年换取外汇的紧俏出口商品。

离县城20里的蒙子桥(现在叫广顺场),在现在永荣煤矿所在地的山上当初有若干土法开采的小煤窑。附近的农民们农忙时在家务农,农闲时便来到这里挖煤。周围的城乡居民把这里产的烟煤运到市场上出售,做为家家户户日常生活的燃料来源。

距蒙子桥30里的荣隆场是张培爵祖先世代居住的地方。荣隆场只一条街,不过百十多户人家,却分属荣昌、隆昌两县共管。街上居民除几户地主的房屋以外,大都前店后家。每逢赶场天,把店门打开,各行各业的小摊贩便用卸下的门板,摆出了五光十色的货物,形成了十分热闹的集市。

张培爵的父亲叫张照清,是个世代祖传的民间中医。家住在荣隆场荣昌县所属禹王宫附近的中街子。他开了一个药铺,以行医卖药为业。因为在乡间没有一丝半点土地,只靠他给人看病、卖药的收入维持生活,家境十分清贫。他娶妻李氏生有两个儿子,培爵居长,培禄次之。一家四口,十分和睦。

张培爵出生于公元1876年农历腊月初五日。鸦片战争后,外国资本的侵入,白银的大量流出,中国农村的自然经济结构逐渐被外国资本主义的侵略势力破坏,四川虽然远在西南内地,也未能幸免。培爵出生后不久,荣昌遭遇了一场罕见的大旱灾。灾民流离失所,麻布生产因原料缺乏而陷于停顿,小煤窑生产也无法维持。农村市场一片百业凋敝。

张照清的药铺营业在困顿的生活中勉强维持。张培爵在七八岁的时候便不得不随着族中长者,在农忙季节去帮人家干些零活,挣得一碗饭吃,以减家庭负担。从小的田间劳动,体力负担,使张培爵养成了终生俭朴、不忘民间疾苦的良好品德,但也过早地影响了他少年时期的正常发育,培爵年轻时身体瘦弱矮小,皆因营养不良,过早从事体力劳动所致。

张照清世代业医,甚望培爵子继父业,承传儒医门风。场上有一私塾,培爵五岁时,张照清便让他入塾蒙,读点四言杂字、百家姓、千字文之类的课本,以为将来阅读医书打下基础。

培爵幼小便知好学,成绩优异,深得老师赞赏。张照清见培爵可以造就,加以二弟培禄逐渐长大,可以帮助家中做些杂活,便令培爵正式拜石燕山名儒王申甫为师,系统学习四书五经,以备参加科举考试,藉此寄望荣宗耀祖、光大门庭。

王申甫是当地很有声望的长者,道德文章,素为乡人敬重。他对培爵要求严格,毫不马虎。每次作文,培爵文思敏捷,顺理成章,下笔立就,王老师因此常当众夸奖,益发激励了培爵好学上进的志向。随着张照清行医收入逐渐增加,因之让张培爵一意读书,不受家中杂务干扰,培爵终于乡试中考中诸生。

王申甫博学多闻,富于民族气节,他对满清贵族入主中原异常不满,经常用明末亡国的残酷史实来激发培爵的民族意识。他教育培爵,一个人立身处世,必须注重气节,不可随

风飘荡如同墙上之草。他用文天祥、岳飞等民族英雄以身殉国的精神来要求培爵应事事以国家、民族为重,万万不可为一己私利而丧失崇高的民族气节。王老师的谆谆教诲,在培爵的少小心灵上留下了终生不可磨灭的印记。王申甫老师是张培爵毕生敬重的老人之一。

1887年(光绪十三年),荣昌附近的大足县龙水镇人民因法国天主教教士欺压当地人民,无恶不作,自动聚集起来,一举拆毁了教堂。事后,清政府官吏不但不为人民当家作主,据理力争,反而严酷地镇压了参与其事的人民群众,对侵略者卑躬屈膝、赔款道歉,重建了被人民群众拆毁的教堂。此后,法国人乘机令清政府在荣昌县城西郊添筑一座天主教堂,以作额外赔偿,耗费了人民血汗白银数万两。这些,使张培爵十分具体形象地接受了毕生难忘的反面教育,使他开始懂得了什么叫做腐败的政府,什么叫做帝国主义的侵略,也开始意识到什么叫做人民的力量。

张培爵身体瘦弱,张照清便令他在读书之余,跟随荣隆场上一些爱好武术的亲友,学习拳术,作为养生之道。张培爵通过拳术的训练,身体逐渐强健。

张培爵十四岁结婚,妻子王氏,是贤淑的乡间女子。王夫人深明大义,对张培爵后来从事的革命工作,始终默默支持,使培爵能够放心在外奔走国事,未因家事稍觉拖累。

1889年(光绪十五年),张培爵参加了隆昌县的一次科举考试。这次考试,使培爵深受刺激,从自己的切身经历中,认识到了清政府所谓通过科举考试选拔英才的虚伪性与欺骗性。

按照清朝惯例，参加科举考试，只有粮户——田粮的缴纳者才有资格报名。张培爵的家庭，世代为医，连半亩田地都没有，当然也就不能取得报名资格。无奈中，张培爵只得从隆昌县八石粮张家祠堂的公产中借来一张 30 亩地的地契，用自己的名字交纳了应交的田粮，变成了只有交税（田粮）义务，没有收取田租权利的空头粮户后，才取得了报名资格，去隆昌县应考。考试过程中，隆昌县人因恐张培爵成绩优异，占了他们的名额，向隆昌县衙门揭发张培爵冒籍。幸得八石粮祠堂族长张孟才的支持，称张培爵系本祠堂的子孙，自然有权享用祠堂的公产，怎能称之为冒籍？他们和知县据理力争，大闹一场，甚至将知县的公案桌子都推翻了，斗争取得胜利。

后来，张培爵考中秀才，籍贯遂由四川荣昌荣隆场变为四川隆昌荣隆场。杨庶堪先生深知这一故实，他为张培爵立传时书为"荣隆间人"，即此之谓也。当年，国民政府为了表彰张培爵辛亥重庆首义、手创民国、密谋讨袁、壮烈牺牲的功勋，明令将张培爵予以公葬，拨款修筑墓园，荣昌、隆昌两县都想将烈士的墓园修建在本县。因为张培爵世代都定居荣昌境内，两县人民尊重家属的意见，卒将烈士墓园修筑于荣昌城外卧佛寺山麓。

参加科举报名的风波，使张培爵深深懂得：在这种封建的腐朽制度下，一个读书人无论学问多好，本领多大，只要他不是地主阶级的成员，不是世代承袭的天生的剥削者，便无权挤入仕途宦进之列。张培爵在受此刺激之后，启发了他对科举制度产生怀疑、探求变革现行制度的思想。

1898年戊戌变法的失败,给当时广大的知识分子敲响了一次响亮的警钟:改良主义的道路在中国绝对行不通。变法虽然失败了,但变革图存的历史潮流却以汹涌澎湃之势滚滚向前。各地学子纷纷远渡重洋,向西方国家,诸如到欧、美、日本学习,寻找救国救民、富国强兵的途径。张培爵因家境清贫,无力出国留学,遂于1903年考入了成都新创办的四川高等学堂理科优级师范,开始了对他短暂一生中影响极大的学习生活。

戊戌变法失败之后,紧接着又是八国联军的入侵与《辛丑条约》签订。慈禧太后在八国联军入侵之后,不思组织全国四亿人民奋起杀敌,抵抗帝国主义的侵略,仓皇逃离北京,屈膝投降,全面出卖国家民族的巨大利益,签订了奇耻大辱的《辛丑条约》,使中国完全地沦为帝国主义国家共管之半殖民地。所有这一切,在张培爵心中留下了沉痛的印记。张培爵透彻地认清了清政府的反动腐朽、卖国无能的本质,内心开始产生剧烈的矛盾与痛苦的冲突。

在这样的矛盾与痛苦中,张培爵作了相当时期的探索与衡量,他决意忠于民族,以驱逐满清贵族统治为毕生志愿,这是他以后逐步走上民族、民主革命道路,并为之献身的思想基础。

参加革命

1903年秋,张培爵考入四川高等学堂理科优级师范,来到成都。同时一道在校就读的有李宗吾、廖绪初、雷民新等人。

　　这时,民主革命的思想已在四川有相当的传播。民主革命的先行者邹容著的《革命军》,陈天华著的《猛回头》《警世钟》等鼓吹民主革命思想的书籍成为成都青年学生中风靡一时的读物。这些书籍和一些革命知识分子翻译的《美国独立战争》《法国战史》《欧洲最近政治史》等一起传入四川,对传播资产阶级民主革命思想起了十分积极的作用。

　　张培爵在校学习期间,一面努力学习课程内规定的文化科学知识,以为将来从事教育工作之需要,一方面贪婪地吸取欧美日本富强变革的经验,以为将来振兴中华之依据。他大量地阅读了当时流传的中外政治书籍,邹容的坚决革命的信念,法国大革命时期"天赋人权"的资产阶级民主革命思想,成为他以后投身革命矢志不渝的思想基础。

　　这一时期,张培爵结识了许多后来成为革命同志的友人,并与杨庶堪、谢持等过从甚密。

　　张培爵自报考秀才采用隆昌籍贯以后,即以隆昌人自居。隆昌属叙州府辖,他于是发起组织了叙属旅省同乡会。因为人正直,性情和善,待人接物谦逊可亲,同学辈咸欲与之交,他因此被推举为同乡会会长。

　　张培爵考入高等学堂不久,他的母亲逝世。回籍守丧期间,他约集场上志同道合的亲友吕奉轩、吕其锋、李灼初、潘式斋、李咸友、张乾九、杨贡臣等组织了"女子放脚会"。一天,趁春节互请"春酒"之时机,他将堂妹张培卓,大女张钟兰带至酒席桌前,向众亲友说:"请大家看,我的妹妹和女儿都未缠足,因为缠足使妇女遭受的痛苦太大了,只不过是为了

供男人赏玩而已。妇女缠足,终身不便,丧失了劳动的能力,不能健康成长,成为一个自食其力的女人。我们做父兄的,有责任提倡放脚,支持妇女和男人一样参加劳动和工作"。他以亲属为榜样的现身说法,产生了很好的宣传效果。场上戚友,纷纷效法,影响逐渐扩大,遍及城乡各处。至今荣、隆两县年龄在80岁以上的妇女,缠过足的十分稀少,这与张培爵的宣传提倡分不开。

张培爵十分重视女子读书,反对"女子无才便是德"的男尊女卑的封建思想。他认为女子读书是争取男女平等的必要手段之一,读书首先是陶冶性情,提高品德,然后才是增加知识,学得谋生工作的本领。他带头将自己的女儿、堂妹送入私塾念书。他还捐款倡办女校,荣隆场的第一所女子小学,就是他任四川民政长后捐赠薪俸白银三百两创办起来的。

成都高等学堂的教师有不少留学归来的"洋学生",这些人大多西装革履,剪发无辫。张培爵与李宗吾、廖绪初等在留学归来的教师的影响下,在校中发起组织了"剪辫队",并率先剪掉了自己头上的辫子,还与同学一道,沿街演说,劝人剪辫。张培爵口才极佳,讲演时感情充沛,声泪俱下,听者莫不动容。他们把剪辫宣传与革命反满宣传巧妙地结合起来,虽然冒了极大的风险,但却收到了极好的效果。

1905年,孙中山先生在海外组织了"中国同盟会"。同盟会发布的"驱除鞑虏、恢复中华、建立民国、平均地权"的政治纲领,获得了海内外有志革命的知识青年的热烈拥护。四川在日本留学的青年学生如喻培伦、吴玉章、谢奉琦、熊克武、黄树中(复生)、夏之时、但懋辛等均在东京加入了同盟会。

重庆留学生陈崇功等在日本参加同盟会时,曾代表杨庶堪(沧白)、朱之洪(叔痴)等入盟。

1906年,黄树中、谢奉琦、熊克武奉孙中山先生派遣回到四川,成立中国同盟会四川支部。张培爵、谢持等先后在成都加入同盟会。从此,张培爵在孙中山先生的领导下,开始了有目的、有组织地从事推翻清王朝的民族、民主革命活动。

1890年,中英订立《烟台条约续增专约》,规定开重庆为通商口岸,英国即在此设立领事馆,英人立德乐并在此建立猪鬃厂,英国太古洋行、怡和洋行先后在重庆设立分行。重庆海关建立后,更由英人担任税务司,控制着当地进出口贸易的命脉。中日《马关条约》订立后,日本帝国主义的侵略势力亦乘机进入。与此同时,招商局的子公司"招商渝"亦开始经营招商航运,森品正火柴厂之类的企业相继开办,重庆的民族资本主义有所发展,西方资本主义民主革命的思想亦有所传播。邹容、杨庶堪等人就是重庆最早一批接受西方民主革命思想的知识分子。邹容去日本留学后,杨庶堪、朱之洪等具有先进思想的知识分子组织了类似政党的小团体"公强社""羽强社",加入者多为工商业中的有志青壮年。他们"以寻求富国强兵之道为标的,以启迪民智为作用,流通书刊报纸,传播新的思想",对当时风气闭塞的社会,产生过一定的影响。杨庶堪、朱之洪等由在东京的陈崇功代表加入同盟会以后,即以"公强社""羽强社"为基础,发展组织,建立了以"公强社""羽强社"两社成员为骨干的中国同盟会重庆支部,并推杨庶堪为支部负责人。向楚、朱蕴章等亦在此时加入了同盟会。重庆支部成立后,决定以教育界人士及学生为发展

对象，积极开展革命宣传和扩大组织的工作。

熊克武在回到成都之前，先到重庆和朱之洪等人会面，商议在重庆开展同盟会工作的重要方针，然后到成都和杨庶堪（时杨在成都任教）、谢持、张培爵等人商定：召集在蓉30余同志集会于成都西部草堂寺。会议主要讨论了发动武装起义的问题。在讨论中有的意见认为：不要轻易发动起义，冒险从事，徒作无谓的牺牲，应该稳健从事，等待时机。张培爵等多数同志认为：革命就要冒险，就要流血，失败了再干，失败了也可以起到激励民气，增长智慧的作用；主张积极准备，准备好了就发动起义。大会采纳了张培爵等积极准备武装起义的意见，决定了各方面分工负责，分别从学界、军队、会党三个方面入手开展工作。

草堂寺会议以后，张培爵即积极投身于武装起义的宣传与准备活动。他以叙属联中为据点，在学界中积极开展工作，发展革命力量，宣传教育群众。

叙属联中是张培爵等发起创办的一所民办官助的中等学堂。1906年，张培爵加入同盟会后，认为要使革命力量能够得到迅速发展，必须建立若干巩固可靠的革命据点，他与谢持、雷民新、廖绪初等人往来奔走于叙州府属宜宾、南溪、富顺、隆昌、屏山、雷波、马边、高县、珙县、兴文、庆府、长宁、筠连等13县，得到各县热心教育人士的赞助与支持，议定从各县的劝学积谷中每年拨给经费三千两白银作为常年经费，建立了这所专收叙属子弟入学的中等学堂。

学堂最初设立在成都南门外宫保府，后迁马镇街。张培爵负责对学生的训育，另一同盟会会员雷民新主管教务。学校学制最初为五年毕业,不分高初中(辛亥革命后改为四年),毕业后取得报考高等学堂的资格。聘请的教员大多为同盟会会员或思想倾向革命者。

张培爵等经常利用工作上的方便条件,通过各种形式向学生灌输民族、民主与反帝的革命思想,用以启发学生觉悟,发展革命组织,开展革命活动。

他们最经常采用的方式是向学生进行集体教育。常常利用开学、散学、节假日等全体学生集会的机会向学生宣传讲演,主要内容为历代名人嘉言懿行,如岳武穆的抗金、郑成功的收复台湾,驱逐荷兰鬼子;林则徐虎门烧烟,抗击英军等;端午节就讲屈原爱国,汨罗投江,人民祭奠,竞渡龙舟,抛撒米粽的来源;中秋节就讲元末民族压迫的残酷,五家合用一把菜刀,胡人胡作非为,人民吃月饼杀鞑子的故事来激励学生的民族革命、反抗压迫的思想情操。当时雷民新兄长雷民信正在南洋一带追随孙中山先生从事革命活动,他经常来信报告英、美、法、荷帝国主义残酷地压迫与剥削当地人民的暴行和当地人民奋起反抗的可歌可泣的斗争事例,张培爵和雷民新等就把这些材料利用每天开饭集合和早晚点名的机会向学生宣讲。

经张培爵等革命党人有组织有目的的熏陶和不懈的努力,叙属联中之高年级学生在辛亥革命前参加同盟会者已高达百分之八十以上。辛亥革命前夕,叙属联中已成为当时同盟会在成都的重要革命据点。

在革命组织发展有一定的基础以后,张培爵利用时局发展的形势,组织学生实地参加各种革命活动,以资锻炼。如

日本强筑安平铁路,就组织学生向督府请愿;保路事起,就组织学生罢课,上街游行宣传,纠察不遵守罢市要求的商家。该校学生成为当时的一支重要的革命力量,这都是张培爵等人多年苦心经营的结果。

在这段时期,张培爵还特别注意发展妇女运动,提倡妇女参加革命,崔觉民就是由张培爵吸收参加的成都第一批女同盟会女会员之一。

张培爵把当时任教的微薄收入大都用于从事革命活动,引起了父亲张照清的强烈不满。一年除夕,张培爵回家过年,他父亲原来以为他会带回购买年货、清偿年关债务的必需款项,孰知张培爵到家时竟分文未带,而又说不出薪金的开支去向——张培爵对从事的革命活动向来是严守秘密,不向家人透露。张照清因而大怒,把他赶出家门,不让在家过年。张培爵只得在除夕鞭炮齐鸣之夜,徘徊街头。适逢他的好友喻从之经过才问明情况,邀至己家,欢饮达旦。此事在张培爵故乡,至今传为美谈。

张培爵参加同盟会,即把生死置之度外,抱定为了振兴中华,挽救民族危亡,以身殉国的决心,他甚慕谭嗣同临危不避,以鲜血激励民心之大智大勇行为。他在联中任教时,与李宗吾、廖绪初、雷民新等同志朝夕相处,共策革命。他常说:"要革命就不怕杀头,得经常练习临危如常、砍头不惧的本事。被杀头时要盘足而坐,当钢刀架在脖子上时,把头颈一挺,人头就落地了。"说完他便自己做给李、廖等人看,并要他们一个一个试一试,李宗吾先生后来回忆说:"此事虽小,可见列五(张培爵字)为革命献身的决心,我至今仍深为敬佩!"

组织起义

草堂寺会议以后,张培爵与熊克武、黄树中、谢奉琦、佘英等同盟会会员,分头组织革命力量,联络会党,策动新军,聚集革命武装,积极作起义的准备工作。

丁未(1907年)江安、泸州起义,是四川同盟会员发动的首次武装起义。张培爵借创办叙属联中的机会,经常往来奔走于川南各县,对当地的袍哥会党、士绅学界相当熟悉,工作有了一定基础。

同盟会会员佘英,系川东南重庆、叙府、泸州一带著名的袍哥掌舵大爷。他痛恨清政府丧权辱国,祸国殃民,十分景慕孙中山先生倡导的革命活动,因而东渡日本,面谒孙先生于东京,加入同盟会,接受了孙先生给予的四川发动袍哥参加武装起义的任务。佘英的群众基础异常厚实,因而张培爵、佘英、熊克武诸人遂决定首先在江安、泸州起义。因为泸州为川南重镇,上可进窥嘉、叙,下可虎视重庆。泸州得手,即可震动全川,造成革命的巨大声势;再者,泸州系水陆码头,交通便利,且又接近云南边界,进可攻,退可守;泸州又系佘英家乡,袍哥会党力量雄厚,人数众多,较易筹措军事费用。基于以上原因,熊、佘等人决定端午节利用龙舟赛会之时,乘机在泸州起义。定议之后,与成都张培爵、谢持等同盟会负责人联系,张、谢等认为时间紧迫,准备不及,主张于阴历十月初十,清吏庆贺西太后寿辰时,与成都同时起义。但在准备过程中,黄树中、熊克武、杨维等在永定黄方家制造炸

弹时,不慎失火爆炸(黄树中被炸成重伤,送重庆医治,得以不死,始改名复生),此事引起了清吏的注意,永宁县衙派出大批捕役侦查爆炸事情,事为杨庶堪、朱之洪获悉,急派人通知熊克武等转迁犍为继续制造炸弹,并陆续通知各地会党弟兄数千人齐集泸州县城。因声势过大,泸州县城突然增加数千外地生人,民间谣言蜂起,泸州知府闻讯后阴谋逮捕佘英,就地镇压,佘英得县衙差役通风,在已进入县衙后机智脱险。因形势一日数变,来泸诸同志恐迟延误事,遂匆匆商议,提前于十月初一首先在江安发难,密电成都张培爵等人同日起事。原定先一日在江安城内举火为号,城外同志即起而向城内进攻,得手后便率部直攻泸州。不幸,事先江安县令已得密告,火起后,立令闭城搜捕,全城戒严,断绝交通,而外援部众又未及时赶到,城内外同志失去联络,彼此隔绝,不敢妄动,泸州起义夭折了。起义前,佘英曾向泸州城内一洗衣为生的某寡妇借银三百两作为革命军费,约定限期归还,洗衣寡妇慷慨地说:"还啥子!你们拿去办事吧"!起义失败后,佘英被清政府通缉,牵连到她,她遂投绳自尽,保守了革命的机密。人心向背,由此可见。

江安起义失败后,张培爵等革命党人并未灰心,紧接着筹划了成都起义。

成都系四川的政治中心,四川总督,将军,藩臬各司道均在此设衙办公。丁未十月初十,系慈禧太后寿诞之期。初九夜,总督以下大小文武官吏将齐集于会府万寿宫行慈禧寿诞的庆贺典礼。张培爵、熊克武、谢持、夏之时、杨维等革命党人决定乘机用炸弹一举而聚歼之。然后引火为号,由四门向内城发起进攻,凤凰山新军乘机响应,占领成都,号召各州府县响应,造成全省革命的声势。成都同盟会员本多,一年来,经过张培爵等同志的努力,在高等学堂、叙属联中、第二小学、资属联中等校发展入盟的学生达数百人,凤凰山的新军中,中下级军官同盟会员(如夏之时、龙光等)不少,泸州起义失败后,各地同志及会党豪杰来蓉者已达数千人之多,革命力量相当强大。

举事前,推定熊克武、谢持等负责联系策应各路大事,为事实上之总指挥。张培爵、黄金鳌等负责指挥学界及学生军;龙光、黄成章、王树槐等指挥弁目队;余切、黎靖瀛、舒新之、张达三指挥会党及巡防营。见到起火信号后,即由新军中看守成都军械库的同志夺取武器,向城中心进攻。各路进攻之目标,主要为清吏聚集朝贺之处的会府。将全城官吏一网打尽后立即电告叙府、泸州及全川各地起事响应。

至期,清吏临时改变朝贺庆祝地点,并于附近临时戒严,断绝交通,而放火信号旋被扑灭。因而各路整装待命的同志看不见举火讯号,得不到行动命令,未敢行动,候至天明,始知事败,乃各自分散,逃亡各地,成都起义宣告失败。

这次起义失败的主要原因之一为事机不密。各地来省之同志及袍哥会党多至数千,他们在茶馆酒肆,高谈阔论,丝毫不知掩饰,遂为清政府捕役侦知,复派密探,打入内部。初九预定起事之夜,清吏在全城大肆搜捕,杨维、黄方、张治祥、黎靖瀛、江永成、王炳璋、江向山、张孝先、吕定方等九人被捕。其中张孝先、吕定方是敌人打入革命队伍内部之密探,为掩人耳目而一并就系,旋被释放;江向山因年仅十五,家为

富商，取得保释；其余杨维、黄方等六人被投入大狱，判处永远监禁，至辛亥成都独立后始获释。史称"丁未六君子"。

黄方、杨维等同志被捕后，川省清吏调派军警，把守四门，大肆搜索，熊克武闻讯出奔，由成都经酉阳入湖南之桃源县脱险。谢持时任劝业道周善培之副文案，周善培知他是革命党，因恐事发自己被牵连，示意促他速去，谢遂连夜出城，逃往陕西。张培爵因未暴露，独留成都，主持机关工作，操持狱中同志之营救工作及馈粥之料理。

次日，张培爵在大街看见杨维的仆人，乃邀入一书店，详询何为。杨仆乃出杨维致友人杨某之书，语多愤激，张培爵受其函而慰遣之，卒寝其书，以免泄密株连。之后，张培爵益自惕励，广结四方豪杰与里巷游侠之士，一切活动，照常进行。因而叙泸之间的革命活动，未受到重大影响。杨庶堪曾对张培爵说："朕即国家"，其意指成都起义失败后，党人星散，留守成都机关，与各方进行联络者，惟张培爵一人而已！此后，张培爵的革命活动，逐渐受到清吏的注意，但他因为消息灵通，气度从容，与清政府的中下级人员又有多方面的交往，故常能数犯险难，藉其机智以脱身。

杨维、黄方等被捕，在清吏中引起极大震怒，对被捕"六君子"之处置意见，众议纷纭，莫衷一是。有主张诸人皆大逆谋叛，应凌迟处死者；有主张应立地正法，以资威慑者；亦有人认为当时革命风气已张，人心思变，群情激愤，如若遽行镇压，激变民心，恐无法收检。这时，传说党人名册已被官府搜出，将按名捕拿，风声更紧，省城各校皆派兵驻守，严查党人，各校师生亦多逃走，事态严重，人心惶惶。张培爵等革命同志利用清吏的惶恐心理趁机奔走求救于耆老乡绅之门,首先动员高等学堂监督胡峻出面邀集老翰林伍崧生等代表省中士绅向官府呼吁。他们说:政治不良,青年谋求改革,是出于爱国热忱,若加以大逆不道之罪,随意杀戮,后患将不堪设想,总以宽大处理为宜,更不必株连多人。成都县知县王琰最初坚决主张对杨维等立地正法,经胡峻、伍崧生等人向护理四川总督赴尔丰陈述利害后,号称屠夫的赵尔丰迫于众怒难犯,恐激变人心,有所顾虑,始允交承审局依法诉办,后经多方关说,以首要余切等在逃,俟捕获后一并审理为借口,判处杨维等永远监禁,免却他们的死刑。张培爵利用合法斗争取得了胜利。

1908年赵尔巽调任四川总督,他对革命党人严加监视,肆行镇压。同盟会的活动处于极端困难之中。成都叙属联中已受到清政府的严密监视,无法进行活动。张培爵以筹办学校经费为名,离开成都到川南各县开展革命工作,鼓励同盟会员,组织社会力量,联络袍哥会党,积极准备武装起义。先后在犍为、广安等处发难,仍因组织仓促,指挥不力而失败,四川的革命斗争暂时遭到挫折。

四川同盟会在张培爵、熊克武、黄树中、谢奉琦、佘英诸同志具体领导下的多次武装起义,虽然失败了,但革命者表现出的革命热情是异常可贵的。参加起义的同志中,流血牺牲者有之,倾家破产者有之,同志们在出发前常以"自备资斧,准备牺牲",互相勉励,表现了高度的爱国热情。同志们虽经连续失败,但均不悲观失望,畏难退却,表现了百折不挠的英勇气慨。同志们在战场上,奋勇杀敌,前仆后继;在法庭

上，辞严义正，威武不屈；在刑场上，从容就义，视死如归。他们的英雄业绩，激励了万千爱国志士纷纷奋起，革命的声势日益壮大，为辛亥革命四川起义的成功播下了胜利的种子。

保路运动

《辛丑条约》签订以后，帝国主义列强竞相与清政府的反动官僚勾结，全面向中国进行资本输出，开设银行，开发矿山，开设工厂，修筑铁路。其中修建铁路与开发矿山的规模最大，投资较多。各省有识之士，群起而反对之。经过长期的艰苦斗争，挽回了部分权利，以中国资本为主的公司，如山西的保晋公司，河南的中原公司，江浙的沪杭甬铁路公司，沪宁铁路公司，鄂、湘、粤三省合办的粤汉铁路公司先后成立。四川人民也急起直追，组织川汉铁路公司，投资于川汉铁路的兴建。

1903年四川总督锡良奏定川汉铁路为官督商办，股本为四千万两。股本来源为四种形式：一、认购之股，二、抽租之股，三、官本之股，四、公利之股。其中以抽租之股为公司股本收入之最大宗。抽租之股的抽取办法是："凡业田之家，无论祖遗、自买、当受、大写、自耕、招佃，收租在十石以上者，均按该年实收之数，百分抽三。其有佃户押重租轻，及债户租抵利者，但有租可收，数在十石以上者，均一律照抽，不专抽自业主。还规定盐、茶、商业……尤为认购多股，赞兴轨政。"因此，全川七千万人民，不论贫富，都与川汉铁路发生了经济关系。

宣统三年,清政府宣布"铁路干线均归国有,定为政策"。"除支路仍准商民量为酌行外,其以前批准干路各案,一律取消。"一纸公文,就把川汉、粤汉铁路均收国有。紧接着清政府任命端方为川汉、粤汉铁路督办,向英、美、德、法四国银行团借款修筑,且不允退还川民股本。四川人民以血汗聚集的上千万两白银的巨额股本顷刻化为乌有。消息传来,各界人民悲愤之情达于极点。

清政府将商办川汉铁路收归国有之上谕,于五月初到达成都,5月28日,铁路总公司召开临时股东大会,经讨论决定:"川路为光绪皇帝批准川人自办,不能收为国有;四国借款之合同系卖国条约不能接受,请政府收回成命,如不得请,川人必力争到底。"当时护理四川总督的王人文不欲拂逆舆情,据实代奏。不意竟遭严斥。之后,王人文再上奏折,斥借款合同丧失国权太大,参劾邮传部大臣盛宣怀欺君误国。王人文在奏文中陈述:"成都各团体集铁路公司大会,到者一千余人,讨论合同及于国家铁路存亡之关系,一时哭声震天,坐次在后者多伏案私泣。臣饬巡警道派兵弹压,巡兵听者亦相顾挥泪。日来关于铁路合同攻难之文字演说纷纷四出,禁不胜禁,防不胜防。"可见当时民情激昂之一般。6月11日,邓孝可在《蜀报》上发表《卖国邮传部,卖国盛宣怀》一文,痛斥盛宣怀卖国借款,侵夺川民股权之罪行。6月17日,四川保路同志会成立,全川各州县纷纷成立分会,与清政府抗争铁路主权。保路运动,遂以风靡全川。

6月26日,王人文代奏四川绅民罗纶等呈:"以收路国有,盛宣怀、端方会度支部奏定办法,对待川民种种,以威力

从事,毫不持平,不敢从命"。王人文再遭斥:"铁路国有政策,早经宣示,借款合同,系有旨谕令签押,决无反评之理。该护督一再渎奏,殊为不合,着仍禀遵迭次谕旨办理。倘或别滋事端,定惟该护督是问"。清政府觉察到王人文不是他们理想的镇压四川人民的刽子后,于是在7月26日,令早有赵屠户之凶号的赵尔丰继王署理任四川总督,赵尔丰一贯执行凶残的屠杀镇压政策,到任不久,即开枪镇压屠杀请愿人民。经此激变,以保路为名的、由同盟会发动的四川革命武装斗争遂成燎原之势,促进了清王朝的覆灭。

张培爵在川西南多次武装起义失败之后,叙属联中已被清吏严密注意,不便开展活动,本身安全亦无法保障的情况下,于1910年转移来渝,在重庆同盟会支部负责人杨庶堪任监督之重庆府中学任学监,与杨庶堪、朱之洪等同志继续从事组织力量、发动群众的革命活动。

6月初,重庆保路同志会成立,保路同志会成立之后,连日在万寿宫、禹王庙开会。张培爵连日奔走于城乡各处,登台演说,言至痛切处,常声俱泪下,激起听众共鸣,收到良好效果。他更与重庆同盟会支部同志连日密商,一致认为应趁此时机把争路的群众运动,转变为推翻清政府的革命武装斗争。把民间的自发运动,变为由同盟会领导的有计划、有组织、有目的的革命斗争,这是张培爵等同盟会重庆支部同志推进四川辛亥革命的极大贡献。

于是,张培爵等决定派朱之洪为重庆铁路股东代表,赶赴成都出席铁路股东大会,务期与成都同志商定大计,激扬革命气氛。

朱之洪到成都后，一面参加大会，公开抗争，一面与曹笃、方潮珍、龙鸣剑、张颐、肖参、曾昭鲁、刘玉光、王殿飏、杨伯谦、刘永阊、刘永年等及凤凰山新军中之同志密议，认为蒲殿俊、罗纶、张澜等人日与清政府言法律、辩是非，纯系书生空论，应趁此群众已起之大好时机，把争路的群众运动转变为武装革命。但是，成都自1907年成都起义失败之后，清政府官吏在省垣调集重兵，防范极严，而新军中之力量，一时亦难组织发动，如在成都起义，兵力薄弱，恐难成事。只有先在各州县发动武装起义，然后省城响应，四川大局可定。会后，党人分道四出：朱之洪返重庆，龙鸣剑、王天杰赴荣县、威远，曹笃去自流井、富顺，方潮珍回井研，张颐到青神、贡井一带。

八月四日，同盟会会员龙鸣剑、王天杰等联络西南哥老会首领秦载赓、罗子舟、侯国治、张达三、胡朗和孙泽沛等于资州罗泉井开会，决定组织同志军，利用保路名义开展反清武装革命斗争。龙鸣剑是在日本东京加入的老同盟会员，他回到四川后，即在成都创办四圣祠法政专科学堂，既为进行革命活动之掩护，亦为同盟会在成都的秘密据点之一。龙鸣剑、王天杰等人，先后吸收了秦载赓、张达三、罗子舟、胡良和等哥老会首领加入同盟会。八月四日的罗泉井会议是在深夜召开的，放出的看哨到一二十里之外。名义上是袍哥的攒堂大会，实际上是革命党人发动哥老会的力量，商定武装起义方略的秘密会议，当夜决定了五项大事：

一、探查敌情：先行探查清楚全省新旧军队及警察的人数与驻地；

二、武器来源：起义的枪支弹药，均向各地团练局及富绅

私有枪支借用,将来归还;

三、粮饷供给:各向本县积谷、社谷及其他公款中借用,不向民间摊派;

四、严肃军纪:各路发动的同志会一律改称同志军,推举专人统率,必须严肃军风军纪。

会上推定秦载赓、侯宝斋主持川东川南的起义工作;川西北则由张达三、侯国治主持。

会后得知成都清军集中,不易得手,复决议在阴历七月(公历八月、九月间)在各地先后起义,以分散清军力量。

罗泉井会议是辛亥革命在四川由保路同志会发展为保路同志军、开展武装斗争的转折点,是中国同盟会把保路运动转变为推翻清王朝的民主革命斗争的一个十分重要的具体步骤。从此,孙中山先生领导的中国同盟会建立民主共和国的革命运动,在四川经过多次的武装起义失败以后,终摆脱了少数人孤军奋战的局面,开始与广大的四川人民血肉相连地结合起来,清王朝在四川的反动统治,逐渐土崩瓦解,直至败灭。

朱之洪返回重庆后,立即向张培爵等人报告了成都党人集会议定的事项,不久,张颐来到重庆,见到张培爵、杨庶堪等党人,向他们介绍了青神、井研、荣县、自贡一带的斗争情况。人民斗志激扬,中有党人居间策动,各地同志军的组织正日益扩大,成为全民上下一致拥护支持的群众武装,张培爵等闻之极为振奋,决意趁此良机,积极部署,发动武装起义。

杨庶堪、张培爵日夜与重庆支部密谋写信联络分处各县之革命同志,因恐邮件泄露秘密,所有信函均派可靠心腹专

送。各县党人渐次到重庆相与开会密议。关于起义的领导机构、人事安排,亦重新作了决定:

杨庶堪仍为重庆同盟会的主盟人,负责党务工作,筹集起义经费,与上层清吏周旋,决定方针大略。

张培爵为武装起义的军事组织者与领导者,负责与各种武装力量、哥老会党交通联络,指挥调遣,征集军火武器,策动清军起义。

朱之洪负联络官绅商会,负通往来,交客军之责。

向楚等负草拟文告等秘书之责。

因为武器不足,专门指定熊兆飞、夏江秋负责制造炸弹。

起义的指挥机关设在张培爵任监学的重庆府中学堂。

张培爵参与多次武装起义之后,认真总结了历次失败的教训:事机不密,计划不周,以致举事前即为清吏侦知,功败垂成,革命同志因而被捕牺牲;然孤军奋战,未能广泛地发动群众,缺少必需的骨干力量支持其间,则是起义失败的根本原因。因之他来渝后,即与杨庶堪等重庆党人反复计议,决不轻举妄动,导致无谓的牺牲。他把广泛地发动各个阶层的群众并将之组织起来的工作做得十分细致,逐渐形成了一支革命的骨干队伍。

重庆支部建立之后,首先把工作的重点放在教育界人士及学生方面,积极开展革命宣传和发展组织的工作。

1909年至1910年间,杨庶堪、张培爵等先后聚集重庆、重庆党人,经过数年的努力,已发展了一批革命骨干,几乎掌握了重庆所有的教育机关。杨庶堪出任重庆府中学堂监督,朱蕴章出任巴县中学堂监督,董鸿词、吴骏英、张家乾任巡警

教练所教职员,童宪章任四川陆军小学堂教习,梅际郁任夔府中学堂监督。他们并担负了联络各地革命党人的任务。在他们的努力下,各校均有不少的教职员及学生陆续被吸收为同盟会会员。由于杨庶堪、张培爵等俱在重庆府中学堂工作,学校中同盟会员也较别校为多,重庆同盟会机关遂设立于该校。

其时,党人张树三在鼓楼开设天泰店,张培爵等即指定其为同盟会机关的招待所,并在店内设公书社,陈列海外报刊及清廷禁书,供往来客商及当地关心时事之各界人士阅读,以收扩大宣传、联络群众之效。

这一时期,重庆支部对成都及全川各地的联系较之过去有了很大的改善和加强;交流消息、互通声气,也更为灵活便利。于是,重庆与成都两地的机关,不仅是四川党人行动的中枢,并在一定程度上影响及于西南数省地区革命的活动。

四川保路同志会因清政府拒不接受四川人民提出的"准归商办"的合理请求,于是号召罢市、罢课,来抵制邮传部盛宣怀等的违法卖国丧权行为。罢市先从成都做起,本来是十分繁荣热闹的成都,立刻静悄悄,冷清清,百业停闭,交易全无。人们在各大街中心地点搭起一座座临时牌楼,高出屋檐,宽与街等,上设香案,中间立着德宗景皇帝(即光绪)的牌位,两旁大书"庶政公诸舆论,铁路准归商办"的大字对联。这副对联,是集光绪的上谕而编成的,它很富策略。上联说的是实行政治民主要求,下联说的是保路斗争目的。用的是"皇帝"的原话。在封建王朝时期,皇帝的话就是金科玉律,谁也不敢违抗的。牌楼的设计者不知是民间哪位高明的"秀才",一时不胫而走,全城大街小巷,纷起效法,成都顿时成了一座"牌楼"的世界,这却苦了那些张伞喝道舆马仆从的达官大吏,他们望见皇上牌位,立即下来叩头行礼,然后步行过去,非常不便,这是一件使民众特别解气的事情。

开始时,同志会的费用,全由铁路公司拨支,罢市以后,用途增多,于是经会议通过,接受捐款。消息传出后,连日捐白银、银元和金首饰的不计其数,悦来戏园的名角杨某自愿捐出田产四十亩作为同志会的基金,当时传为美谈,可见保路运动深入民心之一斑。

正当保路运动在民间深入发展之际,九月四日,清廷令端方迅速带兵入川。九月五日,荣县人朱国琛在川汉铁路股东大会会场散发《川人自保商榷书》,主张四川人民脱离清政府以自保。赵尔丰昏愦无能,竟错误地认为是蒲殿俊、罗纶等人写的。连忙召集他的心腹大吏田征葵、王炎等人商议,他们把这小册子看作是大逆不道、意图叛乱的证据,于是悍然下令在九月七日以入署议事为名诱捕了蒲殿俊、罗纶、张澜、邓孝可、颜楷、胡嵘、江三乘、叶秉诚、王铭等九人,打算立即把他们就地处死。在征求将军玉昆的意见时,遭到拒绝,按清朝惯例,将军为一省"满员"的最高军事长官,凡属重要军政公务,必须总督与将军联名上奏。将军玉昆一贯主张保路运动应用和平手段处理,不欲镇压激起民变,此次更不愿为赵尔丰火中取栗,所以坚决否定了他的意见。赵尔丰将蒲、罗等囚禁在总督衙门内,同时下令封闭了保路同志会和铁路公司。成都各界民众听到蒲、罗等被捕的消息后,纷纷涌向总督衙门门前请求释放被捕诸人,这完全是民众自发的

行动,他们手捧光绪的牌位,从四面八方奔跑而来,一时聚集千人以上。大家七嘴八舌地口称"先皇帝"准四川人自办铁路,为什么把保路的人捉去?"先皇帝"有灵,要保佑放出这九个人,要制台大人马上放这九个人等等,有的甚至跪地叩头、哭泣流泪。正在民众齐声呼号之际,赵尔丰下令营务总办田征葵指挥清兵开枪。忽然枪声四起,弹如雨下,这些手捧牌位的徒手请愿民众,哪里挡得住子弹的射击,一时死伤满地,血肉横飞,当场死亡的达32人之多,受伤的不计其数。第二天,城外民众闻讯冒雨进城请愿,田征葵又命令开枪击杀,死者又数十人。

在赵尔丰诱捕蒲罗诸人、屠杀无辜民众的当天晚上,同盟会会员曹笃、龙鸣剑、朱国琛等连夜逃出南门,在郊外农事试验场制木板若干,大书"赵尔丰先捕蒲、罗诸公,后剿四川,各地同志,速起自救",投入江中。乘着秋雨涨成的激流,数日间,赵尔丰屠杀无辜请愿民众的消息,传遍了川西南各地,当时民众把这种传递消息的办法惊呼为"水电报"。"水电报"点燃了四川各地武装起义的烈火。各地保路同志会按照罗泉井会议的精神,旬日之间,组织起数万保路同志军,包围在成都的周围。清政府在四川的反动统治,至此危若累卵,败灭无日矣!

赵尔丰在屠杀请愿民众以后,就捏造蒲罗等人犯上作乱、定期起事的罪名,并上奏说:幸他先发制人,将蒲、罗等人捕获,乱党竟敢勾结外匪,扑攻督署。又捏造了所谓十大统领名册、油粉木牌等等伪证。清政府相信赵尔丰的电奏,立即电令端方为查办大臣,率鄂军入川进行镇压。

张培爵得到端方率领鄂军已经过了宜昌驻节夔府的消息以后,便派朱之洪偕同刘祖荫一道驰往夔府,同各县代表一道,面见端方,详细陈述了四川保路运动的由来及赵尔丰屠杀无辜请愿民众的情况,向端方提出了三点要求:一、请端方为四川人民申冤;二、不要带兵入川;三、释放被捕的蒲、罗九人。端方悍然拒绝了朱之洪等代表提出的合理要求,竟说四川乱党谋反,他率兵入川,乃是朝廷命令,绝对不能中止,只是答应上奏朝廷,释放被捕诸人。朱之洪返回重庆后,向张培爵等同盟会负责人报告了端方不肯罢兵的意向,重庆党人决定趁此时机,发动群众,举行武装起义。于是一方面分派得力同志奔赴各县联络,一方面通过保路同志协会,连日对民众作公开讲演,痛斥赵尔丰屠杀无辜百姓的罪行,扩大鄂军入川的数目,揭露端方不允许停止带兵入川的恶毒阴谋。各县代表亦先后回县把向端方请愿的结果向当地人民报告,各地人民既已详悉赵尔丰残酷屠杀请愿民众的罪恶事实,又了解到清政府派端方率大军入川准备进行武力镇压的真相,群情愤激,怒火填膺,川东南各县的武装起义斗争便如火如荼地蓬勃开展起来了。

这时,张培爵等重庆革命党人,积极筹划武装起义的各项准备工作。张培爵根据重庆支部分配给他的任务,周密细致地进行武装力量的组织与策反工作。

当时,清政府在重庆的武装力量分新旧巡防军两大部分。

旧巡防军由重庆知府钮传善直接统率,分驻三处,城内驻长安寺,城外驻浮图关,另一部驻磁器口,控制嘉陵江的孔道。此外还有川东道署直辖的炮队营驻在全城的制高点五

福宫。川东道朱有基派他的心腹邓昆山为教练官,统率炮队,道署还辖有水师炮船两小队,分别停驻于东水门、太平门外江中。张培爵认为这几支武装力量相当强大,贸然起事,很难有必胜的把握,决定通过内部的策反工作,促使他们分化瓦解,为革命党人所用,那时,清军下级军官和士兵中参加袍哥会党的人较多,他遂通过袍哥首领况春发等关系,与炮队教练邓昆山联络,晓以民族大义,宣传革命宗旨,促使他们输诚效命。邓昆山经况春发劝说后,眼看清朝大势已去,各地同志军风起云涌,势如燎原之火,于是慨然允诺,愿为革命效力,并缴出炮针炮柄作为信物。炮队的威胁解除后,再去作其他旧军中下级军官及士兵的工作,大家表示赞成革命,只要一声令下便可揭竿而起。

新巡防军系端方奉命入川后,经过重庆时建立的,以李湛阳为统领。李湛阳的父亲李耀庭是重庆当时最大的资本家。李湛阳原任广东巡警道,任职广东时,兼统总督署亲兵,与端方的私交很厚。李湛阳由广州返渝探亲,端方到重庆后为了扩大他自己的势力,即任命李湛阳为新巡防军统领,令他招募新兵。李原为巴县人,与重庆党人有各种千丝万缕的社会关系,张培爵趁此机会,有组织地介绍了一批青年同志渗入其中,使这支新成立的驻渝清军主力,一开始就为革命党人所控制掌握。

除了以上的武装力量之外,张培爵还训练了一支学生军。早先,重庆府中学堂以学生从事军事体操训练的需要,从巴县知县手中请领了三百支步枪,张培爵等以这些枪支为主要武器,配备自制的炸弹,组成了以学生中的同盟会会员为骨干的学生军,作为护卫重庆支部机关和起义武装的核心力量。

这时,端方已经过重庆沿东大路向成都方向进发,随端方入川的鄂军后队也已进入四川,张培爵于是派张颐赶赴夔府万县一带与下川东党人联络,并设法和鄂军中的党人互通声息。张颐到了万县,适逢鄂军后队已到,经多方探听了解到其中有名田智亮的系革命党人,颐往访密谈,从田智亮处获知武昌起义详细情况,田允写信通知鄂军前队中的同志,交张颐代为送达,颐遂持函兼程返渝。

张培爵听张颐报告武昌起义的确切消息及起义成功的详细情况以后,非常兴奋,便连夜通知川东南各县武装力量同时起义。派肖参去荣县、威远、自贡一带,派陈育堂去大竹,专人送信与张懋隆、曾有斋,催促他们立即到重庆来共商大计,准备起义,因同盟会员易在中、柳达认识鄂军中的党人,于是派他二人将田智亮的密信赶送到鄂军前队中去。

重庆府中学堂因系支部机关所在地,由于组织起义,联络各地同志,人员往来、邮件投递,突然增多,张培爵又常与杨庶堪等密商大计,常深夜未寝,灯火耀眼,引起了重庆知府钮传善的注意。钮传善是个老奸巨猾的旧官吏,这个人机警狡诈,性喜猜疑。他身兼府城警察监督及巡防军管带,一人执重庆军、警大权。他暗中派人盯梢,常在府中学堂附近侦察张培爵、杨庶堪的行踪。一天深夜,杨庶堪从张培爵处密谈出校准备回到学校附近的家中。刚出校门,便看见四五个便衣站立在门外,手执灯火来回照视,这种情况是平日所没有过的。有一天,张培爵正与府中教员周唏颜躲在寝室内蚊

帐背后雕刻"蜀军都督"及"蜀军总司令"的大印,忽然门外军警叩门,培爵从容去应,搪塞过去之后,立即令周唏颜把大印分别藏在腋下,雇了一乘轿子,去到下陕西街巫德盛栈房附近一伪装家属的妓女家中保藏。这时,才引起大家的注意,知道党人的行踪已置于清吏的严密监视之下。于是,杨庶堪去知府衙门会见钮传善。钮问:"有人说府中学堂教职员某某等都是革命党人,你知道吗?"杨庶堪回答说:"这些人都是书生,哪里算得上。如果一定要拿革命党来中伤的话,杨某本人,有点相近。杨说罢,拱手大笑辞谢而去。庶堪的镇定自若,暂时消除了钮传善的猜疑。但支部机关的活动,遂特加检点,十分注意保密工作了。

端方未到重庆之前,经过培州(今涪陵)时,面托当地翰林施纪云先行到渝,代表他与重庆官绅开会。朱之洪受命乘机在会上提议举办团练,维持地方治安秩序。施纪云因事起仓促,毫无精神准备,便支吾其辞,主张团而不练。朱之洪则力争必须操练才有战斗能力,方可防御盗匪。重庆知府钮传善十分狡猾,他内心十分不愿增加地方武力,以防发生意外,故意用没有武器弹药作为借口百端推诿。没想到在场的同盟会员简达西曾经掌管过川东的团练军械簿册,对各处库存的枪炮刀矛数目了解得十分详细。他当场报告各处现存武器情况,使施纪云与钮传善无话可说。最后决议分别由商会筹办商团,由各坊厢负责筹办民团。同盟会支部于是又乘机先后派人争取担任团内重要职务,在团丁中亦尽量安插可靠的亲信。这样,又为革命起义增添了两部分武装力量。至于重庆的袍哥会党本身,则早由陈崇功、杨霖负责接洽。当时的著名人物如况春发、熊宅安、关绍州、兰秉成、冉炳元等经过多次交换意见,均一致赞成起义,并决定各自编组小队,自任队长。他们用来运动驻军、购置武器所暂垫的一切经费,商定以后由革命政府照数归还,况春发用私财二十万两购买军械,编成300人的义勇队,自任队长。在蜀军政府成立后,况不受官职,不收垫款。他说:"我过去协助诸公推翻满清政权,是因为痛恨清朝官吏贪污腐败,鱼肉百姓,如果我贪天之功而唯利是图,那就是强盗头目了。我是个鞋匠,只会做鞋,请不要勉强我去做使我不能做的事情。"

重庆蜀军政府成立

正当张培爵在重庆积极筹划武装起义时,四川各地武装起义的烈火已熊熊燃烧起来,各州县纷纷独立,成立了各种形式的革命政权。如荣县于10月27日在同盟会员王天杰、龙鸣剑、吴玉章的领导下组织军政府,建立革命政权,为四川各地独立先导,紧接着同盟会员曾省斋率领起义军夺取垫江,连下大竹、渠县、邻水、广安、岳池等县,莲溪、射洪、营山等县皆闻风响应,遂建立了蜀北都督府。其他如长寿、江津等县亦已先期独立。1911年11月18日,由夏之时率领的在龙泉驿起义的起义军经过长途跋涉,进抵江北黄桷树。夏军之到来,促进了重庆起义的发动与蜀军政府的成立。

夏之时(字亮工),四川合江县人,新军十七镇之排长。1905年在日本东斌军事学校步兵科学习时,参加了孙中山先生领导的中国同盟会,毕业后回到四川。因为得罪了当时的

四川总督赵尔巽,又被人密告为革命党,一直不被重用。保路运动兴起后,他联络新军军官周骏等人拟乘机起事。周骏等以势单未敢发动。后赵尔丰屠杀成都市民,引起保路同志军围攻省城,新军大都奉命出战于新津双流一带,而夏之时因素被猜疑,被派往龙泉驿担任留守。

龙泉驿距成都50华里,是成都东面的军事要地。11月5日夜,夏之时联络驻军中之赞成革命者200余人在附近山上的土地祠宣誓起义,击毙反对革命的东路卫戍司令魏楚藩。是夜,新军教练官林绍泉奉川督赵尔丰之命前往资中迎接端方,宿于龙泉驿镇上行馆之中,被起义士兵击伤大腿。林绍泉为了活命,连声对起义士兵说他是黎元洪的学生,请饶他一命。夏之时因准备率领起义军赶到武昌去参加革命军,遂力保林绍泉不死,挟之同行。当夜夏军撤出龙泉,向简阳方向进发。赵尔丰闻知夏军起义的消息后大怒,命令管带龙光率兵一营轻骑立追,又悬重赏募刺客兼程前往。夏之时一日夜行200余里,因知端方大军驻资中、内江,遂取道安岳东下。龙光亦是革命党人,他明追暗送,至安岳分水岭,估计夏军已脱离危险区域,遂返回成都。

夏军到了安岳,受到同盟会员王休(孟兰)等人的热烈欢迎。王休早与张培爵等重庆党人取得联系,熟知重庆准备起义的意图,因与夏之时商议,起义军直接去重庆,与重庆党人一道发动起义,以此川东重镇作为据点,则全川可图。夏之时在筹齐军用粮饷之后,乃率大队经潼南乘船顺流而下,因沿途参加起义军者颇多,抵达渝郊时,已发展为步、骑、炮、工、辎诸兵种共800余人之革命大军。

张培爵等知夏军到达的消息后,派朱之洪、黄崇麟前往欢迎。重庆绅商各界人士闻起义军到后,十分震恐,示意朱之洪如夏军允不进城,愿以白银二十万两,大米百石相送。朱之洪在浮图关见到夏之时,告以重庆党人的计划,相约于11月21日夏军入城后,即宣布重庆起义,夏之时对商会拟送之巨款,一笑置之。朱之洪、黄崇麟回城后,向重庆支部杨庶堪、张培爵等面报与夏军接洽情形后,支部立即召集紧急会议,决定采取和平方式发动重庆独立。按照武昌成例,新政府定名为"蜀军政府"。并决定军政府组织大纲要点,推人起草条文和拟定处置清官吏,维持治安秩序等办法,会议还指定朝天观为宣布起义场所,旧巡警署为军政府所在地。并商定宣布起义的形式和次序,会后,马上派人通知各处驻军。警察、民团、商团、会党及学堂所组成的武装力量,安排好游行队伍的次序与时间,又通知各学堂中的革命党人,分别担任各坊厢的宣传工作,并由女教习余逸君绣黄缎大旗一面,中绣一大汉字,四周绕绣十八星体。同时在府中学堂密室中,编撰宣布起义的革命文告和宣传"驱逐鞑虏、恢复中华、建立民国、平均地权"的各项资料,交学生届时在街头散发。

11月21日,夏之时率起义抵达磁器口。22日辰时,夏军进抵浮图关。钮传善仓皇令闭九门,宣布戒严。朱之洪和张颐从通远门出城去迎接夏之时大军入城,走到城门口,守卫城门的清兵,因为没有知府的手令,不敢开门。朱、张二人于是从城墙低处,搭木梯而入。他们刚进去,朱蕴章带着一队体育学堂的学生赶到,几下把锁砸开,打开城门。朱之洪等走到两路口,与夏前队相遇。朱之洪将张培爵之亲笔信交与

夏之时,信中略谓欢迎夏军入城共策独立,并已决议推举夏为即将成立的军政府负责军事的副都督。然后即同夏之时整队开入城内,进驻巡警署。

在朱之洪出城迎夏之时军的同时,张培爵等即令党人同学生军全体出发,分赴各处公开宣传革命宗旨和蜀军政府的政策措施。同时赞同起义的军警团一律出动,中营城防游击队、商团三队、川东巡防营、水师炮队及各坊厢民团,一律臂裹白布标记,高呼"民国万岁",分道整队至朝天观前。况春发率所组的会党队伍与石青阳所领的敢死队,导引杨庶堪、张培爵等直赴朝天观会场。各机关法团及学堂代表约200人参加,周围环集群众数千人。鄂军党人田智亮初到渝,亦武装与会。其时川东道朱有基已先逃走,朱之洪、向楚乃约集李湛阳先后督饬重庆知府钮传善及巴县知县段荣嘉到会。李洪钧、夏江秋、陈崇功、欧阳尔彬、周国琛诸同志,或执炸弹,或持手枪,环立钮传善左右,并维持会场纪律。

钮传善平日善于言词,每每谈笑风生,口若悬河,今天在革命群众威势之下,瞠目结舌,面色死灰,连连打躬请罪,低声下气,俯首投降。他和段荣嘉都愿写"驱逐鞑虏……建立民国、平均地权"的同盟会誓约,并立即跪在地上剪去发辫,交出伪印;其他清朝伪吏,除少数逃走之外,都一律剪辫投降。

大会后,革命军民整队押解钮传善等人游行示众。这时全城大小街巷普遍挂白布汉字旗帜,以示庆祝。游行队伍所经之处,欢声雷动,"民国万岁"的口号声,响彻云霄,群众的热烈情绪,空前未有。

第二天(11月23日)蜀军政府都督以下各级负责人员确

定并宣布就职后,即宣告蜀军政府正式成立。至是,清王朝在重庆的封建专制统治,在同盟会重庆支部的直接领导下,在人民革命的斗争中被推翻了。

蜀军政府的人事安排,在准备起义期间,曾由同盟会支部作初步的酝酿。关于都督人选项,在夏之时起义军未入城前,绅商各界人士不知夏军已与重庆党人联络密谋,恐怕夏军入城时,同巡防军发生冲突,主张推新巡防军统领李湛阳为都督,以免两军交战祸害市民,当时推向楚等去劝说李湛阳。李湛阳听说推举他担任都督,痛哭流涕地以"上有老父老母,不敢当此非常重任"坚决拒绝。后推杨庶堪任都督,杨庶堪亦表示不愿作官,婉言谢绝,但允出任顾问,以备咨询。大家认为张培爵在筹划起义期间主持军事,策动清营武器,组织民团、学生军,联络全党,贡献甚大,一致推选他担任都督。张培爵因思值此革命政权草创的非常时期,诸事纷繁,成败未卜,必须去弃私心杂念把自己所有的一切献诸革命,以成大业,遂慨然允诺,勇担重任。

蜀军政府是在同盟会重庆支部直接领导下,经过长期的、细致的、卓有成效的秘密工作,与公开的武装起义相结合的产物,带有鲜明的反对帝国主义、封建主义的民族民主革命运动的性质。张培爵、夏之时、杨庶堪、朱之洪等人是主要创始人。蜀军政府成立之先,受到附近州县先期独立的推动;蜀军政府成立之后,又促进了川东南50余县民主革命运动的发展。她的成立,加速了清王朝在四川的专制统治的彻底覆灭。

张培爵领导的蜀军政府成立后,宣布了政府各部人员的

组成名单，

　　张培爵为都督；

　　夏之时为副都督；

　　杨庶堪、朱之洪等为都督府高等顾问；

　　政府成员，绝大多数系同盟会党人。

蜀军政府成立之后，先后陆续颁布了政策法令，昭示中外居民、军商各界以建设和巩固新生的革命政权。

为解决财政问题，张培爵在蜀军政府成立之初，即派朱之洪接收大清银行及川源银行，查封库存白银270万元，并立即将其改组为大汉银行，隶属于蜀军政府财政部，其存金由审计院监察开支。并在重庆设立盐政科，"整顿盐务，而睿财源"。

张培爵十分注意节约开支，以减轻人民负担，他以身作则，将都督月薪定为100元，都督以下人员薪俸依次递减，一反数千年封建官吏高官必厚禄之积习，开创了为民公仆的范例。

蜀军政府成立当日，即召集绅商学界协商议定出减免厘金的办法。厘金本是清王朝为了筹措镇压太平天国起义的军事费用于1853年从扬州仙女庙开始征收的一种商品过境税。其后推向全国，变本加厉，扩大征收范围，严重地阻碍了工商业的发展与商品的流通。蜀军政府经协商后，对其中之水道巡警补助经费捐、糖捐、栈房捐、茶桌捐，全部豁免；对其中之肉厘、牛羊捐、酒捐、油捐，则减二成以上。张培爵领导的蜀军政府，自订低俸、减免厘金等减轻人民负担的革命措施，受到了广大人民的热烈拥护。

为了巩固革命政权,推进革命事业,张培爵对现有之各种武装,如新旧巡防营、水师炮队、民团、商团、会堂之义勇军,学生之敢死队,以及由龙泉驿起义来渝之革命军等予以整编,建立了一支统一由蜀军政府直接领导的革命军队,即为:

由都督直辖的三个标,即近卫军一标,标统为盘铭;警卫军一标,标统为周国琛;义勇军一标,标统为石青阳;亲兵营一营,营长为刘兆青。

由总司令直辖的四个标,标统分别为黄金镕、舒伯渊、周维新、邹杰,炮兵一营管带为肖步周,另任向寿荫为第一纵队长,王培菁为南路司令。

当重庆筹谋起义之时,川东、南、北县均有党人奔走组织,策动起义,与重庆互通声息。南川、长寿比重庆先一日独立;江北、綦江、璧山,则与重庆同时独立;永川、荣昌、合州、江津等县,后亦相继独立。蜀军政府成立后,这些县的新政权先后派代表前来,缴存伪印,接受蜀军政府命令。夔府、万县一带由党人卢师缔、方化南等宣布独立,叙府泸洲各县由党人杨兆蓉、黄方、邓希龄等宣布独立,泸州推原永宁道刘朝望为都督,泸人温翰桢为副都督,并出兵协助附近各县独立。万县推旧巡防军统带刘汉卿为蜀军副都督,出兵先后促进奉节、云阳、开县、达县独立。广安有党人曾省斋、张观风建立蜀北军政府,出兵助岳池、邻水等县独立。大竹有农民起义军领袖李绍伊在县属大寨坪独立。东乡县由党人王维舟、冉崇根等领独立,城乡秩序井然,蜀军政府曾去电褒奖。后来,川东道所属36县及下川南、川北所属部分州县共计57县均

表示接受重庆蜀军政府的领导,其建有都督称号的,皆自动撤销。

张培爵鉴于各县独立有先有后,领导成员中,有系革命党人,有系绿林好汉,更有系清朝旧吏,情况各殊,秩序迥异,甚至有争权夺利,抢占地盘而引起战争,使人民生命财产遭受重大损失,于是派遣安抚使五人分道巡行,用以安抚人心,排解争端,解决疑难,威慑反动势力。同时,蜀军政府制定了地方政府组织条例予以公布,在各州县代表来渝接洽时,即令其将负责人员报请核委,随即颁发印信。组织条例的重点为:一、各县长官一律称司令官;二、司令官人选由蜀军政府委任或由该地方公推,呈请军政府委任;三、司令官受军政府都督指挥命令,有统揽地方军事及一切行政之权。

蜀军政府成立时,重庆新闻事业颇为衰落。清末卞小吾所办《重庆日报》曾刊载批评慈禧的文章,被重庆知府满人鄂芳逮捕解省,毙于狱中,人们咸以办报为畏途。独立后,除创办政府的机关报《皇汉大事记》《国民报》外,其他报纸如《光复报》《国是报》《益报》《正论报》等先后发行。由于张培爵等人提倡民主,鼓励言论自由,这些报纸大都能自由发表意见,批评时弊,上至都督,下至吏民,都有所批评;而军政府的政闻消息,也可借诸报纸,迅速传达于所属各县。

张培爵为了畅通民意,及时采纳民间意见,在军政府成立不到一日,即发布求言公告,宣告民众,谓:"如有美意良法,请投书礼贤馆……倘可实行,立为延见,咨询一切"。并决定临时召集地方议会联合会,由所属各县,各推代表一至三人,来渝出席会议,次年三月,到各县代表100人左右,选举铜梁代表杨霖为议长;巴县代表杨芬,邻水代表甘均为副议长。共开会十余日,议决了许多省及地方问题的重要议案,其中以禁烟治匪的议案为最多。

蜀军政府草创伊始,万端待举,工作十分繁重。张培爵为诸事操劳,经常废寝忘食,人渐消瘦。朱之洪特别关心他的健康,多次关切地叫嚷着:"列五!革命成功了。你究竟要不要命哟?事情固然忙,可是饭总得吃,觉总得要睡呀!像你这样夜以继日地工作,还行吗?"他谴责侍卫人员照顾不力。有一次,干脆到张的办公室,命人马上准备一份饭菜,把门关上,亲自守着,要培爵放下工作吃饭。饭后,又要培爵躺下休息,不许会客。培爵和革命战友的真挚友谊非常感动。

端方授首

端方系满洲正白旗人,八国联军攻陷北京,慈禧太后逃往陕西时,他在陕西任布政使,乘机百般献媚慈禧,获得青睐,从此官运亨通,十年之内,升任至总督之高位。宣统元年(1909)在直隶总督任内时,由于慈禧太后奉安时,他派人照相,被隆裕太后借题发挥,给予"革职永不叙用"的处分。但端方不惜巨资,八方贿赂,四处钻营,拜倒在邮传大臣盛宣怀、皇族载泽的脚下,经盛、载力保当上了督办粤汉、川汉铁路大臣。保路风潮激起之后,又奉旨带领两队鄂军,入川镇压四川人民的反抗斗争。

端方带领入川的鄂军共约2000余人。但是他没想到,在辛亥革命前夕,湖北新军总数为17000余人,而参加革命组织

的官兵即达五六千人之多。鄂军出发前夕,留鄂新军中与入川鄂军中的革命党人约定了互通消息的电报暗语:"母病故"为起义成功,"母病愈"为起义失败,"母病危"则为起义有成功的希望。所以入川鄂军在途中密切注意武昌方面的情况,寻求有利时机举行武装起义。

10月5日(旧历八月十五日)端方率军到达万县。鄂军中的革命党人田智亮等与各营代表秘密会议,认为军行在途,力量分散,必须和四川党人取得联系,才能发动起义。这时,张培爵正派张颐到万县发动党员,利用保路事件,伺机起事。田智亮和张颐取得了联系,经过磋商,决定尽快捕杀端方,起义反正。当时川江只有一艘轮船"蜀通"号通航,仅可载客100余人。端方只好率亲信一队百余人,先期抵达重庆,其余部众则沿陆路赶行,需七八日后方能赶到。

10月10日,武昌起义成功。留在后队的田智亮得知这一消息后,即写信与鄂军前队诸同志,请张颐转交,促他们趁此良机,即速起义。张颐取道铜梁、垫江昼夜兼程赶回重庆。川东同盟会员易在中、柳达与鄂军中的革命党人相识,即令他们将此密信设法转交给鄂军前队中的革命同志。

端方在来渝途中,获知武昌起义消息,10月13日(旧历八月二十三日)到重庆后,他恐湖北消息为鄂军获知,急令其弟端锦检查邮电,阻绝鄂军与外界的联系。端方为了寻找出路,一反常态对四川保路运动佯示宽和,接见保路同志会代表;奏劾赵尔丰,对蒲、罗被捕诸人"恳天恩即予释放";并主张严惩屠杀请愿群众的田征葵等人。同时,他还讨好下属官兵说,自己原是汉人,祖籍浙江,姓陶,先世投在旗下,才只四代。装出了一副可怜面孔,意欲骗取信任。

11月6日,清政府为了缓和四川人民的反清斗争,命端方署理四川总督,把民愤极大的赵尔丰替换下来。但是赵尔丰仗恃自己重兵在握,连上奏章参劾端方,说四川的祸乱都是端方一手造成的,请朝廷撤职惩办,并唆使田征葵去电警告端方:"如果来省,定以督练公所招待之。"督练公所为巡防军总办办公之所,意即用武力相待。因此,端方离开重庆到达资中之后,就再也不敢继续前进了。

11月22日,重庆蜀军政府成立。次日,张培爵拨兵士300人,现金5000元,炸弹80枚,交与田智亮,请他迅速赶至资中,发动鄂军起义,捕杀端方。张培爵说:"端方不死,川乱不止,他是引起保路风潮的罪魁祸首之一,这次又奉命带兵入川,杀气腾腾地妄图剿屠四川人民。目前,他与盘踞成都的赵尔丰因争夺权位,互相攻讦,两股反动势力尚未聚集一起。宜趁此良机,杀了端方。鄂军起义,犹如釜底抽薪,四川大局从此可定。"田智亮表示:"鄂军早为革命党人控制,今时机已经成熟,擒杀老贼,实易如反掌。"田遂星夜兼程赶赴资中。

田智亮赶到距资中60里处与鄂军中的革命党人秘密会晤,田介绍了武昌起义的情况及重庆独立的经过,转达了蜀军政府张培爵都督命他前来促鄂军起义的本意,大家一致赞同立时起义,都说不杀端方不能取信于四川人民,也无法回到湖北向新成立的革命政府交代。与会者当即袖缠白布,撕毁肩章作为标记,齐奔端方行馆。

端方带领入川的鄂军,系他亲自选编而成。他指调旧部

属第八镇十六协统领邓承拔和三十一标统带曾广大随行,邓、曾二人均系端方一手提拔起来的心腹,端方以此二人为耳目,加上其弟端锦,严密控制入川鄂军,他曾非常自信地向人说:"军官士兵,皆方旧部,当能得力。"在田智亮到达之前,邓承拔和曾广大曾替端方游说,以端方虽系满人,但待下属不薄,历官各省,劣迹尚少,湖北军政各界,对他印象不恶。在田智亮与鄂军党人决议处死端方时,曾广大曾要求不必把端方处死,押回湖北,听候军政府发落。曾广大的意见遭到与会者的严厉驳斥,大家说:"革命者必须抛弃私情。端方系川乱祸首,不杀端方,四川的大汉友军,亦不会同意我们。我们不能以私忘公,国仇不能不报。"曾广大见众怒难犯,即与邓承拔连夜缒城逃走。

11月27日夜(旧历十月初七),起义官兵将端方和他的弟弟端锦由资中城大东街钦差大臣行台押至天上宫内殿丹墀下。端方吓得魂飞魄散,向起义官兵哀告:愿以白银40万两求免一死。起义士兵历数端方的罪状:武昌起义,天下响应,我汉族健儿,均应返鄂,参加义师。尔封锁新闻,检查邮电,且密谋将队伍撤往河南与清军会师,欲陷我等于附逆之境。今日之事,公仇为重,不诛丑虏,不是炎黄后裔。起义士兵砍下端方、端锦的首级。推举蔡镇藩为统领,连夜剪辫,宣布起义,回师东下。

鄂军经过内江时,适逢吴玉章同志与喻华韩等人在资中城内宣布独立,城内同志为起义官兵大队妥善地安排了食宿,并为之筹饷银4000元。鄂军为示答谢,赠送步枪40支及子弹若干以为建立革命武装之用。

鄂军主力由资中经内江回师东下后，尚有 100 余人留在富顺、自流井一带。他们是在端方入川后，派往该地剿灭保路同志军的。当时，清廷驻自流井巡防军一部被同志军周鸿勋部击溃，败军进入富顺后大肆劫掠，奸淫烧杀，无所不为，城内老弱妇孺纷纷身裹棉絮坠落城下逃生，号哭之声，惨不忍闻。鄂军闻讯后，立即由白马庙乘船至富顺县城，搭人梯登上城墙，砍开城门，诛杀了巡防军十余人，赶跑这伙败类，迅速地平息了祸乱，县中人民深为感激。

鄂军大队到达重庆后，田智亮带去三五千元现金只用去五百余元，余款及械弹全数交还。张培爵令将端方首级示众三日，蜀军政府举行了盛大的宴会，慰酬鄂军的功勋。宴会上人们对手刃端贼弟兄之英勇行为备加赞誉。

张培爵原拟与鄂军统领蔡镇藩商议，请鄂军暂时留驻四川，帮助维持四川秩序。但鄂军急欲返回湖北，支援起义政府，坚决不愿留在四川。后经朱之洪与蔡镇藩商定，由蜀军政府交与三万元请鄂军代为订购汉阳兵工厂的枪械。后来，熊克武组织蜀军，由冯中兴将这批枪械运回，蔡镇藩遵守信义履行了原约。

端方即时授首，鄂军资中起义，阻止了端、赵两大反动势力的汇合，添助了新兴革命势力的声威，推动了四川革命大好形势的迅速发展，是张培爵与鄂军中的革命党人对四川辛亥革命的一大贡献。

西征与北伐的准备

重庆蜀军政府成立后五日（11 月 27 日），赵尔丰与立宪

派蒲殿俊等人策划了"成都独立",成立了以蒲殿俊为都督、朱庆澜为副都督的"大汉四川军政府"。

保路同志军围困成都之后,赵尔丰已感孤立无援,四面楚歌;后又被清廷赶下护理四川总督的宝座,更觉无依无靠,走投无路。这时武昌已经独立,重庆又复起义,他坐困孤城,惶惶不可终日,迫不得已采纳了他的亲信兵备处总办员钟溶和劝业道周善培的献计,把政权交与立宪党人,自己退居幕后,暗中操纵,以待东山再起。几经协商,他与蒲殿俊等人达成了所谓的四川独立的《三十条协约》。其中立宪派提出11条"绅定四川独立条件",赵尔丰提出19条"官定四川独立条件"。主要内容为"赵尔丰仍遵朝命办理边务事宜,所有兵饷及行政经费概由川人担任",每年供应白银120万两。所有一切军队除选带边军外,悉交十七镇统制朱庆澜接管。"驻防旗饷,照旧发给"。原有官吏,"照旧办事",并且力为保护,"不许人民挟忿寻仇"等等。协议达成后,由赵尔丰发布四川自治文告,成立"大汉军政府",而赵尔丰却暂缓赴边,留在成都,对川局暗中操纵。担任副都督的朱庆澜原系清军十七镇统制,系赵尔丰手下的最高军事长官,手中掌握数万兵力,赵尔丰将兵权交与他,是要朱保护他的权势地位,身家性命。

《三十条协约》的消息传到重庆以后,以张培爵为首的重庆革命党人对赵、蒲勾结成立《大汉四川军政府》的阴谋一眼看穿,立即撰写《驳议》,对《协约》逐条驳斥。

张培爵在揭穿赵尔丰玩弄政治骗局的同时,决意发兵西征,任夏之时为西征军总司令,但懋辛为参谋长,将原有蜀军改编为北路、南路、中路三个支队向成都进军。

西征军出发不久,成都发生了"十月十八日兵变(公历12月8日),尹昌衡、罗纶出任正副都督。

先是赵尔丰玩弄假投降阴谋,即欲伺机再起。后来他获知清帝尚未退位,即密谋复辟,他一面密令驻守川边的亲信傅华封率大军返回成都,一面指使巡防军乘蒲、朱在东较场阅兵之机以索饷为名发动兵变。乱兵在城内大肆抢掠,藩库库存白银数百万两被洗劫一空。兵变后,蒲殿俊、朱庆澜逃亡,赵尔丰竟以总督部堂名义张贴布告,公然以政府自居。原陆军小学总办、军政府军政部长尹昌衡率凤凰山新军入城,在群众的帮助下,平息了叛乱,收拾了残局,自任大汉军政府都督,由罗纶任副都督。尹昌衡、罗纶就任后,在成都遍立"公告",提倡袍哥,一时沉渣泛起,鱼目混珠,把成都闹得乌烟瘴气,社会秩序十分混乱。而兵变的幕后制造者赵尔丰则仍拥兵自重,高卧于原总督衙门之中。

张培爵知成都一片混乱,赵尔丰仍然盘踞省垣的消息后,心中异常焦急。他认为赵尔丰是七月屠杀的主凶,元恶未去,何言革命?何言独立?为了解除四川特别是成都人民的痛苦,决定继续西征。

西征军行到隆昌途中,尹昌衡由于赵尔丰的亲信傅华封已率大军返抵雅安,各路同志军必欲杀赵尔丰而后快,加上重庆西征军已向成都进发等原因,他感到如果不杀赵贼,自己的地位实在无法保持。于是在12月22日派兵捕杀赵尔丰于成都皇城。尹昌衡在杀掉赵尔丰以后,随即出兵讨伐傅华封,傅华封见主子已毙,被迫投降,张培爵获知赵尔丰已毙,成都秩序稍定的消息后,即命西征军自动撤回。

蜀军政府撤回西征后,即积极准备出师北伐,以彻底推翻清王朝,完成革命大业。当时,清帝尚未退位,电传清廷将以重兵进攻潼关,横截西北,牵制东南。于是东南、西南已经独立各省的革命党人相互联络,积极筹备北伐。这时熊克武奉黄兴之命,已在宜昌组成蜀军三营,以备北伐。张培爵同已入川的黔军、滇军和成都四川军政府协商,共同组成大军北伐,推举张培爵为三省北伐联军总兵站官,夏之时为北伐军司令官,以期会师中原,"扫穴犁庭,驱逐鞑虏"。张培爵派蜀军政府财政部长李湛阳,副部长刘祖荫及重庆商会会长古绥之、前会长赵资生等负责筹备北伐饷捐事宜。李湛阳带头捐饷银二万元,文武官员争先捐薪,军民绅商各界纷纷捐款,异常踊跃,群众支持北伐的热情十分高涨。如袍哥首领唐廉江到各庙会聚众讲演,主演新戏,筹募军饷;又组织红十会,准备随军救护。但戆辛到泸州后,改组了川南军政府,成立了川南总司令部,将原巡防军改编为混成旅,加紧训练,以备北伐之用。

张培爵正在调兵遣将,筹备粮饷之际,孙中山代表的南方革命势力向袁世凯妥协,南北和谈达成协议。3月22日清帝被迫逊位,袁世凯继孙中山先生为临时大总统,宣告所谓南北统一,蜀军政府接黄兴电令罢北伐之师,于是,张培爵中止了北伐的图谋。

蜀军政府出兵西征,无论是讨伐赵尔丰,还是促使成都建立真正的革命政权,完成四川的革命统一,都是正确的决策。但是当蜀军政府领导人得知尹昌衡杀赵以后,就认为"鞑虏已除"、"中华已复"、"民国已建",即自动罢兵回渝,开始暴露出当时同盟会革命党人的革命不彻底性与资产阶级的软弱无力。他们由于认识的局限,不可能肩负彻底完成民主革命伟业的重任。中止北伐,虽系执行临时政府黄兴的命令,但是,张培爵等人没有把汉族封建势力也当作革命的对象,只要汉族旧官僚、立宪派等封建余孽口头上赞成革命,便立即引为同志,对他们的篡权阴谋缺乏应有的警惕,以致此后逐步把四川革命的领导权送入北洋军阀的走狗胡景伊等人手中,自有其本身应负的责任。

平叛与镇反

蜀军政府成立后不久,即发生清朝旧军官林绍泉与清朝旧官吏吴克勤两起妄图趁新建的革命政权尚未巩固之机,予以颠覆的叛乱阴谋。幸被张培爵、吴玉章等迅速平灭,使四川的革命局势,得以日趋稳定。

首先是平定了林绍泉等的叛乱阴谋。

林绍泉,湖北人,原四川清军十七协教练官。夏之时在龙泉驿起义时,被迫投身革命,被起义军挟持随军来渝。当蜀军政府准备西征时,决定由夏之时亲率中路军沿东大路向成都进发,向守荫为南路支队长,任命林绍泉兼任北路军支队长。林绍泉借口支队长有辱他的身份,撕毁了北路支队长的委任令,砍破颁发的关防,甚至持枪扬言要打死夏之时,大闹都督府。这事引起张培爵、夏之时等领导人的严重关切。

林绍泉为何如此猖狂?警卫军标统周国琛发动群众分别秘密调查,迅速弄清了内幕情况:原来林绍泉认为在清军

中他的官阶比夏之时大三级，现却屈居夏之时之下，非常不满。原重庆共进会负责人张知竞因只当了司法次长，也不满意。于是联络原清军军官舒伯渊、周维新、周少洪等在大梁子优胜旅馆开了两次秘密会议，决定推翻蜀军政府。但他们亦自感所控制的军力不够，计划由舒伯渊把队伍拖到川北广安去，另自成立军政府，与重庆唱对台戏，所以故意与夏之时拼命，以为借口从事分裂。

当时，蜀军政府礼贤馆内住着许多外地来渝的革命同志，如内江独立后来的吴玉章、喻培棣、吴庶咸同志，及合江来的南路统领王培菁，以及谢崇飞、杨亚东、夏江秋、杨晴霄、欧阳尔彬等。但懋辛与周国琛将收集到的情况在礼贤馆内与众同志集议，准备报请都督处理。欧阳尔彬说："林绍泉在张、夏二都督左右，安插了许多耳目，若去报告，必漏消息，必须严守秘密，方能一网打尽"。于是议定由周国琛一人在半夜时，张、夏二都督就寝后才去悄悄地向他们报告情况，并请夏副都督下令与近卫军营长盘铭准备一排至一连的部队交给欧阳尔彬指挥；同志们则分组各带手枪、炸弹，直赴三个叛徒在大梁子开的旅馆房间。拂晓前，周国琛带回了张、夏都督准许行动的命令，大家开始行动，十分顺利地逮捕了舒伯渊、周维新、周少洪等人，同时还搜出他们的反叛计划，并获知张知竞已先到广安去了，都督府当即将林绍泉逮捕，并开首脑会议，讨论处理办法。

重庆宣布独立不过几天，就发生了阴谋颠覆革命政权的叛乱，按理必须坚决镇压，才能稳定军心。于是，由张培爵提请，由吴玉章同志主持对林绍泉的审判会。开会时由谢持报告案情经过,随后讨论,主张林绍泉、舒伯渊、周维新、周少洪四人一律枪毙者占多数,而少数人主张只枪毙周维新、周少洪二人。谢持认为林绍泉随同来渝时,曾说他是黎元洪的学生,愿意同夏一路到湖北,介绍夏参加湖北义军。他们路过重庆时,是被欢迎进城来一同起义的,今天将林处决,本是罪有应得。可是湖北方面闻之,会说林绍泉一个外省人,势孤立弱,岂能为乱,必起猜疑,认为是排外。谢持建议案定之后,由都督向大会求情,再由政府下令特赦林的死罪,剥夺林的一切职务,如此则情理兼顾,请大会裁酌。大家通过了谢持的意见,由张、夏二都督以蜀军政府的名义宣布对林绍泉予以特赦,派人押送出境,将舒伯渊、周维新、周少洪立地枪决。后林绍泉在押送途中,被人推入江中淹死。

在林绍泉叛乱被破获以前,林绍泉曾密电其师余大鸿从泸州率师东下,准备里应外合,共图重庆。余大鸿原系清巡防军统领,泸州反正后,出任川南都督刘朝望的参谋长。林绍泉事败后,余大鸿始率军到达渝郊石桥铺。张培爵获报,立即派朱之洪前去谈判,告知林绍泉叛乱集团被粉碎的经过,余大鸿得知林、舒等已经毙命,蜀军政府又有戒备,被迫允将所部人枪全部交出,由蜀军政府发给路费四百元,遣送回湖北原籍。林绍泉的叛乱事件至此才最后结束。

不久,又发生了吴克勤、陶叔侯的谋叛事件。

吴克勤原任清政府川江巡警提调,陶叔侯原任巴县经征委员,二人一贯反对革命。在重庆独立时,吴、陶二人迫于形势,伪装投诚,取得了蜀军的宽大,仍然供任原职,受到了起义官兵一样的待遇。可是吴克勤乘革命政府初建,政权尚未

巩固，各地秩序稍有混乱的机会，与陶叔侯互相勾结，指派贺建章等人假借蜀军政府名义，冒称四川治安军统领，四处招军，八方联络，阴谋集结匪徒秘密来渝，发动武装叛乱。他们的阴谋被合江巡防局侦获，迅速报告了蜀军政府。张培爵获悉后，感到事态严重，认为这是又一起不可忽视的颠覆革命政权的复辟阴谋，必须坚决镇压。于是命令所属将吴、陶等立即逮捕，并交军法司法官审讯，查明了他们的谋叛罪行，即将吴克勤、陶叔侯处以死刑，贺建章监禁十年，又一次平定了妄图颠覆蜀军政府的反革命叛乱。

以上两大叛乱阴谋之所以能被迅速粉碎，是由于张培爵领导的蜀军政府有着坚实的群众基础所致。林绍泉、舒伯渊、吴克勤、陶叔侯等人所组织的叛乱集团，只有少数旧军官、旧官僚参与其事。他们刚一行动，即为倾心拥护革命、赞成民主共和的广大群众所侦知，立即被捕法办。蜀军政府因之逐步得到巩固。当然，这也是与张培爵临乱不惊、指挥若定的恢宏气度分不开。

除平息叛乱外，张培爵对镇压过革命群众的刽子手也采取果断严厉的措施。原清四川营务处总办、清巡防军统领田征葵是赵尔丰的亲信之一。他追随赵尔丰多年，以助赵屠杀四川人民而获得赵的赏识，逐年高升至一省统兵大将的高位，更是一手制造7月15日血腥屠杀成都请愿群众的罪魁。成都独立后，他自知罪恶滔天，难逃人民的审判，于是化装潜逃，来到重庆，准备买舟东下，从水路逃出四川。他住在码头附近的客栈内，被人发觉，立即报告了蜀军政府。张培爵命令向楚、李湛阳前往察看，果系田贼，立即逮捕。张培爵马上召开全体官兵大会,公开审判。军法官在历数田贼罪行之后宣读罪状说:"七月十五日之变,论事实,则祸之首;论法律,则罪之魁也。"当场予以斩决,枭首示众,人心大快。

滇军入川

当保路风潮发生,各县保路同志军奋起围攻成都,四川局势处于混乱之时,继武昌起义以后,云南成立了以蔡锷为都督的军政府。蔡锷原为清军协统,1911年10月30日与清军中之中下级军官一道在昆明发动起义,经过一日夜之战斗,即控制省城,成立军政府,宣布云南独立。蔡锷在云南局势稍事稳定后,即于11月20日(蜀军政府成立前二日)致电鄂军政府都督黎元洪,以川事自任,组成援川军第一梯团,派谢汝翼为梯团长,出兵四川,进击四川清军,拟四川定后,即沿江东下,会师长江,共图北进,直捣北京。滇军从昭通进入四川,驻扎在叙府一带。这时,蜀军政府已经成立,张培爵即派谢崇飞到叙府邀请滇军代表到重庆谈判,订立了共同遵守的协约。考虑到四川已经独立,组成了革命政府,滇军援川的前提虽已不复存在,但以团结为重,蜀军政府仍然承认滇军为援川军,由重庆蜀军政府方面付给军饷,但不得自由行动,干涉民政,侵占财款。不料滇军在签约之后,首先破约,于12月21日夜,谢汝翼突然向叙府同志军城外驻地进攻,川南军政府军政部长刘履阶被枪杀。谢汝翼遂委派其团部书记彭和叔为宜宾县知事,分别派人接管各税收机关,并封闭了川南军政府。自是,叙府的军、政财权,尽入滇军谢汝翼一

人掌握之中。谢汝翼在占领叙府之后,复派兵进占五通桥、乐山、牛华溪盐场及自流井盐场,以掌握川省财政收入之大宗的盐款。

继谢汝翼第一梯团之后,蔡锷复派第二、第三梯团入川,在李鸿祥、张开儒率领下进占泸州。滇军进驻泸州后,即夺取了川南军政府的军、民、财权,委任官吏,征收公私税款。

1912年,同盟会党人,川南军政分府司令部长(即川南民军总司令)黄方由合江率队回泸,道经蔡坝,遭到滇军伏击,黄方及所部118惨遭杀害。

黄方系"丁未六君子"之一。永宁人。与杨维等同时加入同盟会,曾与黄复生、熊克武等在江安、泸州、成都、叙府一带发动武装起义。1907年10月因在成都图谋趁清政府高级官吏集会为慈禧太后祝寿之机,用炸弹全歼之,事机不密为捕役侦知,与杨维等同时被捕。叛处永远监禁。成都独立后,黄方始出狱,被任为独立后的川南民军总司令,即赶赴泸州就职。适清合江县知县黄炳燮固守不降,同志军围攻已两月不能下。张培爵领导之蜀军政府成立时,黄炳燮居围城中,声息不通,仍一意死守,请救于泸州,泸州清军曾两次赴援皆败归。川南军政府成立时,滇军亦至泸,黄炳燮始知大势已去,派本城士绅缒城出,与民军约期开城,已得同意。值滇军李鸿祥派兵数百人由陆路来合,川南军政府以合江本泸州所辖,命黄方率兵一营偕盐务巡防营管带刘作楷、州吏目孙锦二人乘舟前往。黄炳燮与刘、孙系故交,自城上望见黄偕刘、孙至,开门迎入。黄方立即安抚军民,高张革命旗帜。滇军后至,未得入城。次日,黄方率队归泸,滇军伏兵于茶憩亭菜坝(一作蔡坝)击之,黄方死难。黄方出狱后,回家居三日即来泸视事,时任川南总司令才18日。

当时成都因遭兵变,藩库洗劫一空,财政开支极感困难,仅靠发行军用票维持。四川财政,原以盐税收入为大宗,现各处盐商场均被滇军占领,税款亦被截留,成都军政府都督尹昌衡乃派兵赶赴自流井,与滇军相持于界牌,几乎开火交锋。时清帝尚未退位,大敌当前,内乱将启,亲痛仇快,仁者不为。张培爵以革命大局为重,派胡景伊为蜀军政府代表,刘声元副之,同往自流井界牌,会同成都军政府代表邵从恩等人与滇军总司令等会谈于游家祠。张培爵初拟派原四川代理总督王人文为谈判代表,王辞不就,乘舟东下。因胡景伊与滇军将领有旧,乃派胡前往。胡景伊到自流井后,未经蜀军政府批准,亦未征得副代表刘声元同意,即擅自作主,签署了三方议定书,内容主要为因成都军政府遭遇兵变,财政枯竭,无法承担军责,由重庆蜀军政府先拨筹备费30万元,作为滇军筹备北伐费用。部队出川后,蜀军政府再按月给军饷15万元,后方勤务则完全由蜀军政府担任。刘声元以胡景伊未先电向张培爵请示,竟签约允此巨款,有负使命,乃拒不付署,胡景伊与滇军签订出师北伐协约后,即应成都军政府尹昌衡之召,由自流井去成都,不返重庆复命。直到滇军由川南抵渝后三日,张培爵才接到胡景伊的报告和协约全文。

滇军来渝后,不数日,奉南京陆军总长黄兴电令,谓清帝已宣布退位,南北统一,决罢北伐之师。张培爵当以电文示滇军将领,滇军仍执原约索取巨款,并不愿撤离重庆,回师云南。蜀军政府张培爵等以滇军远道来川,愿以三十万元作为

慰劳,滇军仍坚留不去。经反复交涉,并电告南京的孙大总统与湖北省军政府,孙大总统电令滇军"中止北伐","不可任意要索,致伤邻谊"。黎元洪亦电云南都督蔡锷将驻蜀滇军调回原省,保护地方。滇军在获得蜀军政府拨发的军饷三十万元后,仍不撤兵回滇。成都军政府乃命孙兆鸾率兵赴渝,迫滇军出境。蜀军政府张培爵等为使人民免遭战祸又出面调停排解,经过再三劝说,滇军方始离渝。

胡景伊到成都后,尹昌衡任为军团长,位在各师之上。从此,胡景伊开始攫取权力,逐步侵夺了四川的军政大权。

成渝合并

成都兵变平息后,尹昌衡乘机登上了大汉四川军政府都督的宝座,原清谘议局副议长罗纶出任副都督。

尹昌衡,四川彭县人,日本士官学校第六期毕业。1910年秋,四川总督赵尔巽举行秋操演习,尹昌衡担任裁判官,在讲评时把南北两军的外籍指挥官批评了一顿,说他们指挥凌乱无次,毫无战术常识……为四川籍军官扬眉吐气,更博得川籍军官的推崇与拥护。保路运动兴起之后,成都罢市、罢课。陆军小学堂学生要求罢课回家,总办姜登选坚决不准,学生们打了姜登选后自行解散回家。赵尔丰派尹昌衡去陆军小学收拾残局,尹得任该学堂总办。蒲、朱组成军政府后,尹昌衡出任军政部长。"十月十八日兵变"时,尹昌衡亲率凤凰山新军一营入城,平息了叛乱,改组了军政府。这时前总督赵尔丰尚拥兵数千盘踞督署。根据原来的官绅30条协定,赵卸去川督后即应赴川边以边务大臣名义办理边务,但赵借口老妻有病迟迟不愿起程,反而命令他的亲信代理川滇边务大臣傅华封,自西藏率重兵向成都进犯,傅兵已到雅安。尹曾电阻傅华封停止前追,傅不予理睬,继续前追,威胁成都。由于赵尔丰在永定道任内,屠杀大量的无辜人民,保路运动中又开枪屠杀了请愿人民与保路同志军,血债累累,民愤极大。成都附近的同志军纷纷要求入城捕杀赵贼。此时,重庆蜀军政府的西征军已经出发,川南军政府亦发出了讨伐赵尔丰的檄文。在这些压力之下,尹昌衡感到不杀赵尔丰大局不能稳,民愤不能平。于是在12月22日(阴历十一月初三)派兵包围督署,捕获赵贼,押至皇城明远楼旁处决,并枭首示众。

尹就任都督后,在都督府内设立公口,提倡袍哥,自任大汉公龙大爷。各路豪杰,齐集省城,原清军新旧巡防军与保路同志军日有冲突,散兵游勇与地痞氓亦乘机为乱,成都秩序,日益混乱。云南蔡锷电致张培爵,正式承认蜀军政府为四川革命政权,指责尹、罗的大汉军政府为哥老会政府,主张重庆派兵西上,用武力统一四川。蔡锷还同时咨请湖北军政府都督共同出兵支援重庆蜀军政府。

张培爵考虑到尹昌衡平息兵变,杀了民贼赵尔丰,实为大功,他认为袍哥诚有诟病之处,然大局稍定,即可以行政手续处理,何须外省以兵戎相见?且承认蜀军政府而反对大汉四川军政府,明系挑拨离间之计,欲引起四川内部自相残杀,并假外力作同室操戈,何况成渝两军政府之间,自赵尔丰伏诛后,信使往来,有无相通,诸事协商,并无敌视。蔡锷此种作法,实令人惊异。如成渝两政府贸然以兵戎相见,轻启战

端,四川人民必遭大劫。当即电复蔡锷婉谢。

这时,入川滇军在川南一带攻占城池,截留税款,杀害同志军将领,委任地方官吏,引起川人的普遍愤慨。成渝两地革命党人均感两军政府对峙,必受外省欺凌,加上两地分治,事权既不能统一,财政亦无法整理。成都党人董修武、杨维、龙光等首倡合并之议,张培爵、夏之时、杨庶堪、熊克武、谢持、朱之洪、向楚等亦同感合并之必要。张培爵并电征泸州川南总司令但懋辛的意见,但复电表示赞同。至此,成渝合并的时机完全成熟了。

此后,成渝双方经过多次的书电往返,专使协商,双方意见逐渐接近。重庆蜀军政府全权代表朱之洪,成都大汉军政府全权代表张治祥相会于荣昌烧酒坊(今安富镇),随即同至重庆,议定合同11条。内容大要为"成都为政治中心,省会仍设在成都,重庆地位重要,应设重镇;合并后的正副都督人选,由统一政府的全体职员选定。原成渝两都督,分任合并后之正副都督。原两副都督拟以重庆重镇或枢密院长及军事参议院长安置之"。双方于1912年2月2日换约。

2月12日,张培爵率领警卫部队启行赴蓉,任命陈先源为行营参谋长,卢师谛、向楚、方潮珍、张颐、赖肃等随行。到隆昌后,谢持回籍省亲后由富顺赶到,党人张习(时任成都盐务处长)亦从成都到达隆昌。于是张培爵召集了行营会议。在这次会议上决定:张培爵自行电请让正都督于尹昌衡,自就副都督;决定谢持、但懋辛同赴成都,向楚、张习则转回重庆商组镇抚府事宜。

重庆蜀军政府成立后,熊克武奉黄兴之命,在宜昌组成蜀军三营,准备北伐。成渝合并后,即将蜀军政府所辖各部武装及蜀军统编为川军第五师,由熊克武任师长。

张培爵在隆昌行营会议决定由尹昌衡任正都督后,即通告所属,取消重庆蜀军政府,改就四川军政府的副都督。通告中,他谦逊地说自己雄才大略不够,同时也强调四川当下的内部危机。而秦陇盼川援甚急,川局非立平不可。川局如不平,则内乱立起,不特川人受祸,亦将对革命大局有碍,表现了自己甘于退让、促成合并的苦心。他在通告最后沉痛地说:"中国将乱,蜀先受兵,中国太平,蜀独后治。"他呼吁川人"毋使此言再验于今日",由此可知,他对四川内外形势与革命前途观察分析得十分深刻,西上途中心中的负担有多么沉重了。

张培爵通过一纸协议,即把重庆蜀军政府的前途,轻易地交给未谋一面的尹昌衡去处置,其对人的真诚程度,一至于此。他离开了自己手创的革命根据地,离开了苦心建立起来的革命武装,只身赴蓉,去就任并无实权的副都督职位,置身于封建官僚与立宪党人的包围之中,他的前途,不卜也可预知。

张培爵到成都就任四川军政府副都督以后,重庆蜀军政府即行撤销,设立重庆镇抚府。张培爵西上前,即内定由夏之时出任镇抚府总长。但是,夏之时认为自己年纪太轻,学识肤浅,坚决要求出洋考察学习,不愿就职。尹昌衡即趁机主张胡景伊为重庆镇抚府总长。杨庶堪则力主由黄复生出任总长,杨曾电尹昌衡说:"复生海内奇杰,众望所归;文澜本吾故人,亦有时望。但不如以复生接任为宜。"杨庶堪的意见

没有被尹昌衡采纳。因为尹昌衡对重庆革命党人原本就猜疑不信,欲以胡为亲信,培植自己的势力,于是顺势对夏之时赠以游学费三万元,以酬其龙泉驿起义促进重庆独立之功勋。

胡景伊,字文澜,四川巴县人,日本士官学校学生,原为清军协统,辛亥革命后,逃亡回到四川。胡景伊与尹昌衡为士官学校同学,张培爵在滇军入川后,因胡与滇军将领相识,遂委他为蜀军政府顾问,以全权代表身份去川南与滇军谈判。胡借此抬高身价,去成都投靠尹昌衡。尹昌衡即授以军团长之要职,位在各师长之上。这次又予以镇抚府之重任,尹昌衡原拟倚之以为心腹,孰知尹之权位后亦为胡所侵夺,实出尹昌衡意料之外。

胡来渝接任镇抚府总长后不久,川人大多认为镇抚府组织庞大,与都督府俨然敌体,主张撤销,以实现四川之真正统一。经在渝同盟会党人开大会商议,认为党人革命,本为大公,非为职位地盘。征得张培爵同意后,经尹昌衡批准于6月16日撤废镇抚府,任黄金鳌为川东宣慰使,任熊克武为川军第五师师长兼重庆镇守使。

七月,尹昌衡欲树军威,出征川边,袁世凯为了剪除异己,扶植亲信,竟以军团长胡景伊代理都督,置副都督张培爵于不顾。此举引起四川同盟会党人的强烈不满,一时舆论大哗,大都主张对尹、胡此举予以反击。当时随张培爵到成都任成都府知事的但懋辛力主张培爵辞去副都督职务以示抗议。张培爵没有采纳他的意见。胡景伊所倚恃的武力,为旧清军之巡防营所组成。而原新军中的下级军官,大多为陆军速成学堂出身的青年人,这些人倾向革命,其中更有不少同盟会员,他们集会谋去胡拥张,议定由陆军被服厂厂长颜雍祠直接与张培爵联系,颜为四川荣昌盘龙镇人,为张之小同乡,辛亥革命前与张培爵有一面之交。颜雍祠对张培爵说:"我们新军中的下级军官大都拥护你,部队的实权掌握在我们这些营长、连长、排长手中。要是打起来,巡防军决非我们的对手。请你指挥我们趁机把兵权夺过来吧!"张培爵听后一笑置之说:"天下大同嘛!何必多此一举"。他坚决表示,决不能为了争权夺利,引起兵端,复陷四川人民于内乱战火之中。颜雍祠后来回忆说:"我们的满腔热情,被列五先生打了一闷棍。我还是做我的被服厂长,此事也就作罢了"。张培爵书生意气,思想上对革命政权必须牢牢地掌握在革命党人手中这重要之点缺乏足够的认识,因之,一再退让,任人宰割,言之痛心!

不久,四川仿湖北先例,实行军民分治,张培爵出任四川民政长,主管民政,而胡景伊因派人晋京贿赂,投靠在袁世凯门下,竟取尹昌衡而代之,实援四川都督。尹昌衡原拟倚胡以排挤革命势力,现竟遭到胡景伊的暗算,真是作茧自缚,咎由自取也。

成都独立以来,由于尹昌衡提倡袍哥,大街小巷,公口林立,加之散兵流勇,涌入城市,地痞流氓,乘机为乱,他们聚赌设娼,拦路抢劫,无所不为。张培爵出任民政长后饬令同盟会党人警察总监杨维成立了一支专门负责维持成都治安的武装,日夜巡行,镇压匪徒的非法活动。杨维严执法度,当机立断,捕杀了一批作恶多端,据地称霸的暴徒首领,成都治安日趋安定。

奉召赴京

1912年秋,袁世凯电谕胡景伊:"欲调培爵咨询边防民事。"张培爵慨然解职离蓉,取道重庆乘舟东下,经武汉、南京、上海转赴北京。

张培爵前此由重庆到蓉,曾在隆昌停留数日,距家门只50里,因军政要务繁集,未能返家一视。此次经过荣昌,遂回到荣隆场祭祀祖坟。张培爵在家乡受到父老戚友出场数里的夹道欢迎。这天,荣隆场上,遍搭天棚,鞭炮齐鸣,迎风桌案,比比不绝,场上机关法团,给张培爵披红挂花,像迎接凯旋的英雄一样迎接了他。张培爵向家乡父老表示,一定不辜负父老的厚意,必定竭尽绵薄,忘我奉公,努力为桑梓造福,鞠躬尽瘁,死而后已。张培爵在以后的革命生涯中用自己的实际行动,实践了对家乡父老的诺言。

张培爵在1912年10月30日到达重庆,受到原蜀军政府成员、同盟会重庆支部同志及重庆府中学堂同事的热烈欢迎,张培爵"便衣简从,不类达官",走访中学堂,与旧友相聚。大家围着火盆,畅叙别后种种,相得甚欢,唯问到:"君今入都,果欲何为者乎?"张培爵愁容满面,叹息不语,因他已知袁世凯召京目的在于剪除各省革命党的势力,前途吉凶未卜,实难作答。

张培爵在重庆停留数日后,即乘轮东下,十一月中旬,到达武昌。他在武昌连日与湖北都督黎元洪会商川盐运销楚岸的问题。川盐行销楚岸(湖北一带)原为定例,始自太平天国战事纷起之时。那时江淮盐场所产之盐,因战争关系,交通阻绝,无法运至,清政府乃拨川盐济楚。张培爵任四川民政长时,发现自辛亥革命武昌起义之后,南北两军交战,川江航运断绝,四川与湖北的水运一度停顿,川盐大量堆集重庆无法运出,而江淮盐场的海盐即乘机侵销。盐税原为四川财政收入之大宗,盐井生产又关系到千家万户盐民的生计,影响巨大,必须妥善加以解决。故特地与黎元洪会商解决办法。经过数日的协商,湖北方面允许川盐仍按过去成例继续行销楚岸,对江淮一带侵销之盐,则努力缉查,用以保证四川销楚盐数量的稳定,使四川井盐的生产不致产生过剩的危机,而四川财政的困难亦能解除。张培爵在会谈获得初步成果之后,即启程赴沪。

到上海后,张培爵会见了孙中山先生及黄兴、居正、王宠惠、陈其美等同盟会要人。张培爵向孙先生详尽地汇报了四川政局的情况并聆听了孙先生对革命大业的重要指示。当时,袁世凯在攫取了临时大总统职位以后,即多方打击与排斥革命势力,妄图恢复个人独裁的专制政体,为其复辟帝制创造条件。张培爵在沪期间,与孙黄诸人多次商谈大局以后,对袁世凯的专制野心,已深为了解。他在与家人书中说道:"畅谈大局,真令人忧,以大局实状难以笔罄也"。张培爵怀着誓与民主共和共存亡的决心,离开了上海,经京浦路乘车赴京。

到北京后,他即向袁世凯提出辞去四川民政长职务,申请出国考察政治。袁贼阳为挽留,并以详商川政为名,授以总统府高等顾问的职位,给以每月六百元的高薪,把他的住

所安排在东城一家王府之内,颁给他一等嘉禾勋章(系袁世凯当政时的最高勋章)以资笼络,实际上是留他长住北京,以便就近监视。

张培在羁留北京期间,时刻未忘四川人民之疾苦,他向大总统面陈川政四事,经与总统府秘书及各部有关负责人士分头协商,其中三事达成了协议。

一、解救四川的财政困难

中央政府应允以五百万元兑换券来兑换四川军政府发行的军票。

按四川经"十月十八日兵变"后,库存现银数百万元被乱兵一洗而空,四川军政府成立后,曾向重庆库存借银十万两以资维持日常开支。后接受董修武建议发行军用票以济军政支出。军用票因没有保证金不能兑换,急遽贬值,影响国计民生甚巨,四川人民对此非常不满,故张培爵把请中央兑换军用票一事作为头等重要的问题提出请求解决。

二、在四川设置大学

当时四川只有一所高等学堂,系为大学预科性质。四川学生如果打算升入大学则非远涉京、沪等地不可。这样家境清贫的学生,实难有升入大学深造的机会。经张培爵与教育部协商后,允将高等学堂改办为正式大学的本科,使四川学生得有在本省就近接受大学教育的机会。

三、设立大理分院

分院为审判终了的机构。四川当时没有分院。凡四川高等审判厅不能了结的案件,都必须亲赴北京起诉。如果高等审判厅不替转呈,欲上诉即无门可入,民间冤苦不能伸的又不知多少？即或代为转呈，由四川到北京，普通百姓是花不起这样大的一笔路费的，如果能够在四川设立分院（即最高法院分院），各种案件都可以在四川就地了结。经过张培爵与大理院反复磋商，决定设立，并决定立即派员到四川筹划建立分院之事。

四、改巡防军为巡辑队

张培爵认为目前四川兵匪为灾，原因有二。一是各州县地方官没有维持地方治安、缉捕匪徒的武装力量；一是新旧巡防军互相冲突，骚扰人民。他主张"责成胡督裁兵"，将巡防军交与各州县节制，将来即编为地方巡警。他的意见未被陆军部采纳，也不可能被陆军部采纳。因这样做，侵犯了袁世凯、胡景伊等的根本利益，无异于剪除他们据以拥兵自大、镇压革命党人的势力。

袁世凯在当上临时大总统以后，对各省革命党人的镇压不遗余力，自1912年至1913年间，仅湖北一省被他杀害的革命党人即达2000人之多，湖北武昌起义的主要领导人之一张振武被他诱至北京枪杀。更有甚者，1913年3月，他派遣特务在上海火车站暗杀了宋教仁，引起了举国上下的无比愤慨。

宋教仁，湖南桃源人，字遁初，别号桃源渔父。他在日本参加了同盟会，曾多次与黄兴等回国发动武装起义。中华民国成立后，先后出任法制院院长、农林总长。袁世凯逐步攫取权力，残害革命党人，妄图复辟专制独裁体制，宋教仁意欲通过议会选举，组织责任内阁，以限制袁氏权力。他发起将同盟会改组为国民党，并吸收立宪党人参加。国民党人在第一次国会议员选举中获取了绝对多数的席位，宋教仁雄心勃

勃,准备出面组阁。被刺前,他正为成立"政党内阁"大造舆论,在南方各省进行宣传。他曾在南京发表演说批评袁世凯控制下的政府是"退步之政府"。他提出应当组织责任内阁,"总统当为不负责任,由国务院负责;内阁制之精神,实为共和国之良好制也"。这些意见当然触犯了袁世凯的大忌,岂是一心想当皇帝的独裁者所能容忍?在袁世凯的直接授意下,赵秉钧、洪述祖派遣特务武士英在上海暗杀了宋教仁。接着,袁世凯不惜出卖国家利益,以盐税和海关税担保,向英、法、德、日、俄五国银行团断然签订了二千五百万英镑的"善后"大借款协定。这个协定的签订,全系袁世凯个人一意孤行决定,并未经过国会法定的手续批准,遭到国会的坚决反对,目为非法,不予承认。但是袁世凯这个一心复辟帝制的野心家、民主共和的死对头,根本就没有把《临时约法》和国会放在眼里,只是在协定签字后才"咨请国会备案"。袁世凯如果获得这笔大借款,将用以扩充反动军队来对革命党人用兵,镇压革命。"宋案"的发生、大借款的成立,袁世凯的这个大阴谋家、大卖国贼的狰狞面目就彻底暴露了。

宋教仁被刺时,孙中山先生正在日本考察,他闻讯后立即赶回上海,对于袁世凯的所作所为非常愤怒。"始翻然悟彼奸人,非恒情可测",从这个血的教训中猛醒过来,抛弃了对袁世凯的幻想,真正认识到"袁世凯不是个东西"。他提出采取"先发制人"的手段,在南方各省组织讨袁军,立即兴师讨伐;并揭露了袁企图通过五国大借款发动反革命内战的阴谋,宣布借款违法,中国人民绝对不予承认。六月,袁世凯悍然下令将国民党人江西都督李烈钧、广东都督胡汉民、安徽都督柏文蔚免职,并派兵南下进攻革命党人。

在袁世凯为首的北洋军阀的进攻面前,南方各省国民党人仓促应战,7月12日李烈钧在江西湖口宣布独立,举兵讨袁,"二次革命"爆发了。15日黄兴在江苏宣布独立。接着,安徽、上海、广东、福建、湖北等省也先后宣布独立,树帜讨袁。

8月,四川革命党人熊克武和杨庶堪联合起来,以重庆为据点,组成了讨袁军总司令部,由熊克武任总司令兼军政部长,杨庶堪为民政部长,将所属川军第五师分编为四个支队,分兵三路向成都进军,讨伐袁世凯在四川的凶恶走狗胡景伊。

张培爵在北京获知"二次革命"爆发,熊杨在川兴兵讨袁的消息后,摆脱了袁贼特务的监视,冒着生命危险,乘火车潜往上海,会见黄兴。以他手中掌握的革命经费,及他个人历年薪俸所积,以为其子留学费及个人生活所资的一笔巨款,交与黄兴作为讨袁军费。同时,他约集夏之时、谢持、黄复生等四川同盟会老同志连日秘密计议,决意赶回重庆参加讨袁军,用实际行动支援熊克武、杨庶堪的反袁斗争。8月13日,他们在谢持家中定计后,准备乘船西上,但川江航运为战事阻隔,不能通行。焦灼间,正拟绕道滇黔返川,忽得熊、杨孤军作战失利,退出重庆的消息而罢。这时,谢持、夏之时等同志劝张培爵暂避袁贼锋芒,不要再返北京自投网罗。但他考虑到如果反袁志士全都出走,北方的工作又由谁人主持?他不顾友人的再三劝阻,笑着引用一句佛家禅语说:"我不入地狱,谁入地狱?"毅然北上。为了机关和他自身的安全,同年11月,他迁居天津租界福善里十号。他知道自己已处于袁贼鹰犬严密监视之下,化名智涵(又作志韩)作为与家人亲友通

信往来的名字。

　　同盟会员酉阳邹杰，在成都高等学堂理科优级师范念书时，与张培爵、谢持等一同组织青年会吸收了大批有志反清革命的青年入会。同盟会四川支部成立，"青年会员加入同盟会者甚众"，重庆蜀军政府成立后，邹杰担任过蜀军标统及夔府知事。"二次革命"中，熊克武、杨庶堪讨袁军兴，邹杰约集旧部百余人赶赴重庆参加讨袁军。行至重庆附近之木洞时，熊、杨已战败退出重庆，邹杰被迫解散部众，化装逃至上海，辗转来到天津，与张培爵一道从事秘密的反袁斗争。

　　同盟会员、四川荣县人张威，痛恨袁世凯窃国，在同盟会四川支部创始人之一黄复生处学得炸弹技术，秘密来津，与张培爵商议欲入京炸死袁贼。张培爵对这种只凭个人血气的冒险行动，极不赞成，多方劝阻，并厚赠资斧，促令南返。后张威在沪因谋炸袁军将领被捕牺牲。

　　当时，经常往来于张培爵天津寓所的从日本回来的革命青年甚众，他们向张培爵请示机宜，密商大计。这些同志对袁世凯复辟专制独裁的阴谋，极为忿恨，暗中组织"血光团"准备暗杀袁世凯，据随他来津的堂侄张钟玛回忆，他常与来访者深夜密谈，有时到拂晓才匆匆离去。张培爵虽然认为这种"决心一击"的办法，不能根除袁氏反动势力，但对他们的革命热情仍积极支持，并在经济上给予援助。

　　袁世凯对革命党人，一贯采取收买与镇压的反革命两面手法，一面是金钱美女、高官厚禄；一面是血腥屠杀、家破人亡。他深知张培爵是四川同盟会的领袖，在四川人民中享有极高的威望，他亟欲收买作为其在四川的爪牙，以取代不学无术、遭到四川各界人士唾弃的胡景伊。1914年1月,袁世凯在国务会议上授意通过报纸大肆宣传这一消息,妄图诱使张培爵就范。张培爵获悉这消息后,在与挚友李寒友书中写道:"……足下劝我不妨屈就,语云:天未厌乱,显不如隐……不肖宁隐以求志,断不愿俯同群碎,争腥啄腐,以自贬其操也"。"京报喧传先生将有四川巡按使之命。不肖自挈伏处以来,宦无金张之援,游无子孟之资。又情意傲散,不屑上书宰相,曳裾侯门。咄兹觉物,适从何来,未敢遽信。……诧异!诧异!继而思之,急流勇退,顺之者吉,冯妇下车,大雅弗为。事果征信,亦唯效范希文掘得藏金,正色相戒曰:我方有志读书,此物不当出见,掩之以土而已。"

张培爵在天津居住期间,学习上异常刻苦,坚持不懈。他的房东是个日本友人,他除坚持学习英文以外,通过与房东家人的交往,日语会话飞速进步,可以无需翻译,接谈应对。这段时间,他还每日涉猎中外史籍,希望从中吸取经验,提高认识,以为将来从事政治活动的需要。他在与友人书中写道:"不肖比来读书颇有兴会。并识得素位而行四字,将古今各色人物都包括在内。"他在与弟书中说:"又况风云驰骤,党祸钩距,三蜀之豪,零落略尽。追忆昔游,苟忠告而善道之,又何至于此极也?至若侧身西望,满目疮痍,盗贼肆剽掠之毒,父老茹荼炭之苦。谁生厉阶,至今为梗?非又造端未善,贻累后贤,应自引咎者乎?凡此数者,分谤无人,每一念及,辄通夜不瞑"。他对民国以来的四川政局非常失望,他对四川人民的痛苦异常关怀,他认为这一切都是由于他没有在四川创造一个良好的开端所致,因而引咎自责,彻夜难眠。

因之，他努力地充实自己，刻苦读书；并希望将来能有机会出国考察欧美日本的政治，以待"异国出归来，若上舞台，必能演出最有兴会之话剧，为吾同胞少谋幸福"。张培爵研究中外史籍，认识能力、写作能力显有提高。杨沧白先生后来在为《张列五先生手札》题辞中说"余尝窃谓列五凡百多精强，独惜略乏文采耳，已而津门僻迹，日亲书册，不半岁而属文斐然，俱可观览，余于日本得君书，惊其孟晋，不遂意此即为其绝笔也。"

张培爵在离川前，因已洞察袁世凯专制独裁之野心，诛锄异己之残酷。为了以备万一罹难时，不致被斩草除根，他与谢持，各将其独子送往法国留学。他的儿子张钟洛去国时，年仅12。他在训子书中反复强调必须扎扎实实地求学，必须循序渐进，打下坚实的基础。他对钟洛来信中的错别字均一一挑出，于复信中详加订正。他教育钟洛说："汝性浮动，求学不深思，汝不戒，学无长进也；汝务外，见异则思迁，汝不戒，识何能定？汝始勤终惰，不能一致，汝不戒，任汝有大志，亦难成。"希望他保存"吾家俭节朴素之风"，能够立志"为吾之令子，为留学界之上乘，为民国之巨子"。张钟洛在张培爵牺牲后，经济来源完全断绝，靠勤工俭学，克服了种种困难，坚持完成了学业，以优异的成绩在法国巴黎某大学飞机制造专业毕业，成为我国第一代的飞机专门制造人才，为祖国争得了荣誉，没有辜负乃父的愿望。

自"二次革命"以后，张培爵即辞去了总统府高等顾问及四川民政长的职务，薪俸收入全然无有，原有积蓄及他掌握的同盟会经费已悉数交与黄兴以作讨袁军费，为了掩人耳目及维持生计,他与邹杰随员兵弁等人购得织袜机数部,并亲自参加操作,每日每机可得二至三元的收入,使他在天津的机关工作得以维系下去。

袁世凯见在政治上引诱张培爵出任四川巡按使为其爪牙不成,便欲在经济上使之陷入绝境,迫使张就范,袁指使他在四川的走狗胡景伊以张培爵移交未清为借口迫令张赔偿15000元。张培爵在与李宗吾书中写道:"三月前虑生活艰窘,又借仆亲操织袜,事殊有效。将来举家力此,尚可自食,幸勿为念。唯报销案,川吏不亮,驳指万五千元,呈辨中央,仍不见亮。因公受累,不图如是之巨,彼辈告偿,从何措办?是则可忧者耳!小儿留学费本年已汇去,后此正不知若何?官债莫偿,私债又逼,复不肯伈伈俔俔乞怜于心性背驰之人。来日大难,念之危竦!故人爱我,何以教之?"张培爵异常清楚地认识到袁世凯在经济上给他设下的陷井的目的,但他十分肯定地表示绝不向给他施加压力的人屈服,"伈伈俔俔乞怜于心性背驰之人",冰洁的情操,跃然于纸上!

他自身生活已异常艰苦,但对同志及亲友总是十分宽厚,他在致家人书中说:"吾家素勤俭,迩来想仍如故。父母在时,待人以恕,兄常拳拳。弟与嫂及妇总宜推此恕道以待亲友。俭非啬之谓也,当用而用谓之俭,当用而不用谓之啬。俭则使人敬,啬则使人怨。故持家之道,俭可也,啬不可也。吾之所谓恕道者,即当用则用之谓,盖宁俭无啬之谓也。"他又说:"孟子曰:'亲亲而仁民,仁民而爱物。'物之范围甚广,今以国家为物,弟等如爱国家,于一般人民不仁爱之可乎?于人民且仁爱之,于其所亲有不亲者乎?亲字亦主广义,自

家族以至友戚均在。……家族友戚，吾皆能敬爱扶助之，乃可曰亲亲。由是而民而物，乃能仁且爱。今之泛言爱国者，其家族亲友间多失其道，亲既不亲，自不能仁民，而反谓其能爱物，谁其信之？"他的业师王申甫先生年老体弱，他多次从北方购得珍贵药材人参鹿茸等寄回赠送，他回乡扫墓时答允捐资300元办学，数次促家人筹款兑现。他对族中的贫困者来家告贷，总是以"君子周急不继富"的宗旨，尽量告诫家人予以满足。

一日，原四川都督尹昌衡在奉召来京后到天津看望张培爵，张培爵待以"白饭青刍"。尹昌衡因受胡景伊排挤丢掉了四川都督的职位，见了张培爵"颇有殷殷恋旧之心"。他见张培爵生活俭朴，自奉甚薄，"室无姬姜，案惟史籍，而供洒扫启闭者，又只一解甲顽兵与黄口小奚，笑为仙佛，即儗学步"。张培爵笑应之曰："君尘心未尽，谈何容易？"尹昌衡只好默许。后来，尹昌衡又说："足下偕我入京一游？"张培爵以诵谢元晖"谁能久京洛，缁尘染素衣"的诗句谢之。张培爵对当时北京官场的黑暗恶劣深恶痛绝，不愿同流合污，随波逐流的态度可见一斑。

从容就义

张培爵自1913年冬迁居天津英租界后，虽常有特务在其寓所附近监视，但久亦无事，因而产生了麻痹思想。一日，有名李捷三者，通过培爵经常往来盟友陈乔郴介绍，自言在京沽一带设有大商店，积货甚多、资本雄厚，愿为培爵所织之袜谋出路,并且要求与培爵合资设肆,扩大规模,张培爵未曾警惕而漫应之。

自此,李捷三日趋培爵寓所,谄笑恭敬,邀约宴饮,逐渐稔熟,培爵不欲常作客,亦治酒报之。一日,捷三耸恿培爵扩大织袜业务,并表示愿投资促成。培爵正以生计难以维持担忧,且合资经营企业亦无他意,闻言即以为可。李获允大喜,再三要结而去。次日,李捷三来约培爵、邹杰去四川饭店,陈乔邠等伴乘电车同行,李捷三拿出纸稿一卷给张培爵说:"昨天所议合资扩大袜厂之事虽小,但亦不能不订立合同,以昭信守,此即我所撰写的合同,请君阅后审定"。培爵顺手递与邹杰,杰即纳入怀中,因车将至站,不及细视,车停,已出租界,客下,忽军警四合,捕培爵及陈乔邠诸人,军警搜出李捷三授与之纸稿本,乃"志诚团"章程也,其中尽是反叛政府之言,无所谓袜厂合同也。即寻李捷三已不复见。袁世凯即令专车将张培爵解赴北京西郊宛平军政执法处狱中。

军政执法处,即为袁世凯设立的特务机关,专门陷害、杀戮反袁革命志士的屠场。重庆首义时被张培爵剪去发辫、逼交印信、屈膝投降、押同游街的重庆知府钮传善,在被张培爵宽大释放以后,辗转来京,投靠袁世凯门下,充任了军政执法处提调之职,钮见张培爵入狱大喜,仇人相见,必欲置之死地而后快。

张培爵在军政执法处狱中,先后凡57日,虽常审讯,语皆温善,且为之去刑具,慰问有加。培爵不知此为袁世凯之另一阴谋,反认为案情不急,故向京中友人索英文书,俾在狱中阅读。不意袁世凯忽以片纸下军政执法处,即日对张培爵处

以执行死刑。军政执法处故事,凡被判死刑者,常在凌晨,由狱吏以锐声急呼其名,此即执行暗号。培爵等闻呼名声,即随狱吏出。执行官以小册示培爵,说这就是培爵所组"血光团"的名册,培爵从字迹上认出这名册是陈乔郴抄写的。正惊诧间,狱吏又高声呼叫陈的名字,陈乔郴闻声后,心恐万分,一跃而起,异常委屈地抗议说:"难道说今天连我也一起枪毙吗?"培爵目睹陈乔郴的丑态,才知道被这叛徒所出卖。这个叛变革命、出卖同志的陈乔郴亦一并受刑,只落得被烹的走狗命运。这就是无情的历史的法则。

人之一死也,或重于泰山,或轻于鸿毛,即此之谓乎!近者,有为张培爵立传者,竟以陈乔郴为同日被难之革命志士,不察史实,轻率下笔,实可叹惜,书此以防鱼目混珠之误。

邹杰入狱后,被推官严刑拷打,骨肉皆烂,而卒无一词之供,后亦以"血光团"证据,与培爵同时被害。

张培爵临难时,神色不变,态度从容。时天昼晦,大风扬沙,黄雾四塞,风声凄厉。培爵步出狱门四顾说:"天意如此,今日尚行刑乎"?培爵内心异常愤懑,浩气充塞,受刑后血冲高丈余,身躯直立不仆。

培爵就义后,子钟洛,远在法国,临难不及至。妻王夫人与钟兰、钟惠、钟芸在四川家乡亦未至。友人(同盟会同志)曾首(号通一)、李伯申适在京,密令张培爵随从来京之乡人熊少川、潘式斋,从子张钟玛觅死者买棺殓之。培爵于1915年2月20日(夏历正月七日)在天津被捕,于4月17日(夏历三月四日)被难。张培爵下狱期间在京同志奔走营救甚力,惜未如愿。又有数同志,在培爵被害后始至,则合力运灵榇至上海,旅沪川籍诸同志以时局未定,道路险阻,一时无法运归故土,因而权厝于上海宝山里公墓。

张培爵身后,极为萧条,幸有荣隆场上小屋一间可避风雨,家中别无长物。家人生活,顿陷贫困。民国以来,身居一省高位,清寒如此者,确属罕见,后得盟会员朱之洪、朱蕴章、黄复生、熊克武、黄肃方、李伯申等资千元,送给王夫人以维生计,全家四口,得免冻馁!

袁盗贼既窃国未遂,惊惧而死。重庆党人朱之洪因集资运培爵遗骸归荣昌荣隆乡故里,而葬衣冠墓于重庆浮图关烈士墓内。1943年国民政府明令举行公葬。聘朱之洪老人任公葬委员会主任委员。举行公葬典礼时,朱之洪、唐德安、黄肃芳、余际唐四同盟会老同志亲抬灵柩,置入墓穴。朱老于墓前致词,概述培爵革命之一生时感情激动,泣不成声。县人参加公葬典礼者,莫不感叹挥泪,同吊先烈英灵。朱老等辛亥革命同志,古道热肠,义贯始终,实所罕见。

综观张培爵的一生,少年时即凛于民族大义,矢志挽救危亡。参加同盟会后,恪守孙中山先生"恢复中华,建立民国"之革命宗旨,毕生信仰不渝,在川西南多次武装起义中,临危不避,遇乱不惊,气度恢宏,深受同志拥戴。辛亥秋主持重庆独立,兵不血刃,市廛不惊,川东南57县,闻风响应。两月内,平定林绍泉、吴克勤两起叛乱,镇压了屠杀请愿群众之刽子手田征葵,使初创之革命政权,安若磐石。是其指挥从容、所奠之革命根基牢实之故。成渝合并后,他不争权利,不恋名位,胸怀坦荡,磊落光明。同时,他亦缺乏政治斗争经验,更不知掌握革命武装力量、持续巩固政权之重要,天真地

以为辛亥革命成功,即天下大同,遂轻易放弃已握之手中政权、苦心经营之革命根据地。他对尹昌衡、胡景伊等旧官僚、旧军人的夺权图谋掉以轻心,关键时刻自甘退让,致使胜利果实复被投机革命之辈侵夺,及至参加"二次革命"失败后,在北方组织革命力量,密谋讨袁,方欲有所作为,竟为叛徒所卖,临难始知,壮志未酬。我们既深为张培爵未能一展雄才,于壮年牺牲而悲悼,更为当年革命志士不解政治奸诈,不谙斗争策略,虽以诚示人,却受奸计而痛惜。培爵避居天津,以此为密结南北革命志士之交通枢纽,捍卫民主共和之素志未敢片刻稍忘,卒致杀身成仁,殆所谓"出师未捷身先死,长使英雄泪满襟"者也!

(注:此文作者为张培爵之孙。全文5万余字,曾节录发表于《重庆文史资料》第17辑。收入本书时,编者对全文文字上进行了补正修改,并删减了部分段落。)

张培爵年谱

张映书　张泽孚

张培爵烈士字列五,1913 年在天津密谋讨袁时化名智涵,别署志韩,四川荣昌县荣隆场中街子人,父张照清,母李夫人,弟兄二人,培爵居长,其弟培禄。

照清公家世代业医,培爵诞生时,家中生计赖照清公行医售药收入维持。

1 岁　1876 年　丙子　清光绪二年

是年公历 12 月初 5 日戌时,培爵诞生于四川荣隆场。

5 岁　1880 年　庚辰　清光绪六年

培爵入荣隆场私塾启蒙读书。

9 岁　1884 年　甲申　清光绪十年

中法战争爆发。

荣隆乡连年干旱,张培爵因家境贫困,学业时断时辍,农忙时随族中长者去田间干零活,如送汤水、拾稻穗、捆谷等,以贴补家用。

10 岁　1885 年　乙酉　清光绪十一年

中法战争结束,因清政府昏庸,我军于镇南关大捷后,反而签订了屈辱的《中法天津条约》。张培爵继续在乡塾学习。

11 岁　1886 年　丙戌　清光绪十二年

重庆人民反抗帝国主义侵略,奋起驱逐教士,焚烧教堂。

12 岁　1887 年　丁亥　清光绪十三年

四川大足县龙水镇法国教堂被群众拆毁。人民群众的自发爱国反帝行动遭到卖国的清政府的无情镇压。人民群众的抗争精神,在张培爵心中留下了深刻的印记。张培爵继续在乡塾读书。

14岁　1889年　己丑　清光绪十五年

张培爵拜从隆昌石燕山王申甫学习。王老先生系饱学名儒,道德文章备受乡人推崇。是年培爵娶隆昌石燕山王氏。

15岁　1890年　庚寅　清光绪十六年

四川大足人民举行反帝爱国武装起义,攻入龙水镇,再次拆毁天主教堂。清政府屈从法帝国主义者的无理要求,屠杀起义群众,修复龙水镇教堂,更在四川荣昌县城西关外添筑天主教堂一所,引起张培爵的无限愤慨。

19岁　1894年　甲午　清光绪二十年

冬,张培爵长女钟兰诞生,培爵因少年过早参加繁重的体力劳动,兼之勤学苦读,身体异常瘦弱,遂从师学习拳术,经常练八段锦以锻炼身体,很快恢复了健康,养成了强健的体魄,作为日后奔走革命的重要资本。

20岁　1895年　乙未　清光绪二十一年

甲午战争,中国战败,签订了《马关条约》,除赔款割地外,更允日本侵略者在内地开设工厂,直接进行资本输出,重庆被开为商埠。

孙中山在檀香山成立兴中会。

王申甫老师鉴于国事日非,于传授诗书之余,经常向培爵讲述明亡痛史,及历史上文天祥、岳飞、郑成功等民族英雄抗击外族侵略的斗争史实,启迪培爵的民族斗争意识。

23 岁　1898 年　戊戌　清光绪二十四年

长子钟洛诞生。

是年 5 月,光绪下诏变法维新,在以慈禧太后为首的顽固派阻挠下变法失败,康有为、梁启超等逃亡,谭嗣同等六君子就义,谭嗣同誓为变法流血的精神启迪了张培爵变革图存的思想萌芽,谭嗣同成为他毕生景仰的楷模。

7 月,大足龙水镇人民再次起义,活捉法教士,传檄四方,川东卅余县奋起响应,反抗帝国主义的侵略,旋在清政府的残酷镇压下失败。

24 岁　1899 年　己亥　清光绪二十五年

借用八石粮张氏祠堂公户田契,获得科举考试的报名资格,考中秀才,入荣昌县学。

25 岁　1900 年　庚子　清光绪二十六年

义和团运动兴起,八国联军入侵。

张培爵在家攻读,涉猎中外史籍,深感明亡之痛,参照当时局势,逐渐产生变革图存的思想。

26 岁　1901 年　辛丑　清光绪二十七年

慈禧太后卖国投降,签订了屈辱的《辛丑条约》,国家主权与民族独立被她出卖殆尽。

是年春,张培爵负笈成都,准备乡试。

27 岁　1902 年　壬寅　清光绪二十八年

张培爵赴本省乡试,试后考高等学堂,录取后即入校。

28 岁　1903 年　癸卯　清光绪二十九年

邹容著《革命军》一书,在上海出版。

随着大量宣传民主革命思想的书刊流入四川,张培爵逐

渐认清必须奋起革命,推翻祸国殃民之满清政府,才是挽救国家民族危亡的唯一途径。

再次参加乡试。与谢持、邹杰等有志青年组织"青年会",探讨救国救民之真理。

29 岁　1904 年　甲辰　清光绪三十年

入成都高等学堂理科优级师范学习。

是年秋趁母丧回籍守制之机,与同乡亲友组织放脚会,宣传男女平等思想,并与叙属同乡等谋划创办旅省叙属中学。

30 岁　1905 年　乙巳　清光绪三十一年

孙中山先生领导的中国同盟会在日本东京成立,中国第一个代表资产阶级利益的革命政党诞生。四川留日学生吴玉章、熊克武、黄树中(复生)、谢奉琦、龙鸣剑、夏之时、但懋辛等在东京加入同盟会。熊克武、黄树中、谢奉琦等随即返回成都成立中国同盟会四川支部。

张培爵被推为叙属同乡会会长,负责筹办叙属旅省中学。

是年秋与廖绪初等分赴叙属各县,筹措旅省中学经费。

继续在高等学堂学习。

31 岁　1906 年　丙午　清光绪三十二年

继续在高等学堂学习。

经谢持介绍加入中国同盟会,从此,张培爵开始从事以推翻满清政府为主要目的的民主革命活动。

与李宗吾、廖绪初、雷民新等同志创立叙属旅省联立中学,并在该校任教。

32 岁　1907 年　丁未　清光绪三十三年

在高等学堂毕业,继续以叙属联中为革命机关,从事革命活动,与熊克武、谢持等在成都共谋起义,事泄,杨维等被捕,革命党人一时分散。张培爵独留成都,主持机关,联络士绅,大力营救被捕诸同志,经过多方努力,杨维等人得以不死。

是年,三女钟芸诞生。

清廷在各省等设谘议局。

同盟会员吴玉章等在东京创办《鹃声》《四川杂志》宣传反满革命。

33 岁　1908 年　戊申　清光绪三十四年

继续在叙属联中任教。

《四川杂志第三期》发表时评《学生与政治》,猛烈抨击清廷立党之虚伪,号召四川青年排满革命。

34 岁　1909 年　己酉　清宣统元年

张培爵继续在叙属联中任教,并奔走川南各地,继续发动武装起义。广安、嘉定起义相继失败,畲英遇害,党人死难者 200 余人。

35 岁　1910 年　庚戌　清宣统二年

继续在叙属联中任教,与雷民新、廖绪初、李宗吾等人在学校发展革命组织,高年级学生参加同盟会者达半数以上,并发动学生参加政治活动,使叙属中学成为同盟会在成都的一个重要的革命据点。

培爵以筹集学校经费为名,往来奔走于川南各县,先后发动犍为、广安起义,均告失败,他们的革命活动为清吏侦知,几被捕,幸得同志掩护得脱。遂转往重庆府中学堂任教。与重庆同盟会党人杨庶堪、朱之洪等积极发展革命力量,策动清军反正,组织群众武装,使重庆府中学堂成为指挥川东

各县的革命指挥部。

36 岁　1911 年　辛亥

是年张培爵继续在重庆府中学堂任教。积极组织武装起义之准备工作。

4月27日,中国同盟会举行广州起义,川籍同盟会员喻培伦、秦炳、饶国梁等英勇牺牲。

5月9日,清政府下令把川汉、粤汉铁路收归国有,并拒不归还四川人民筹集之股本。

6月17日,四川保路同志会成立。重庆保路同志协会成立,连日在万寿宫、禹王宫开会,与会者恒达万人,张培爵登台演讲,痛斥清政府卖国祸民时声泪俱下,听者莫不掩泣。

张培爵等重庆党人决定趁争路之机,激扬民气,发展革命力量,发动武装起义,乃派朱之洪为代表赴蓉,名为保路,实与成都党人密商大计。

朱之洪至蓉后与曹笃、方潮珍、龙鸣剑等党人开会决议,一致认为成都清吏防范严密,党人无兵力可将,惟有先在各州县发动武装起义,省城响应,川局可定。于是朱之洪返回重庆,王天杰、龙鸣剑、曹笃等分赴各县,发动群众。

8月4日,同盟会员龙鸣剑、王天杰等在资州召开罗泉井会议,决定组织保路同志军,利用保路名义,开展反清武装革命斗争。

9月7日,赵尔丰逮捕蒲殿俊、罗纶等9人,复开枪射杀请愿民众,死者32人。次日,城外居民冒雨进城请命,田征葵复命开枪击杀,死者又数十人。曹笃、龙鸣剑、朱国琛等以木板若干,大书"赵尔丰先捕蒲罗,后剿四川"等字,投入江中,乘秋涨顺流传启迪西南各地。

各地同志军纷起,包围成都,誓与赵尔丰决战。清政府命端方带兵入川,镇压四川人民的革命斗争,张培爵等重庆党人,日夜密谋大兴,伺机发动。

11月5日,新军排长夏之时在龙泉驿起义。

11月22日,夏之时起义军抵重庆浮图关。张培爵在朝天观宣布重庆独立,被推为蜀军政府都督,夏之时为副都督。

11月24日,鄂军党人田智亮在重庆独立后过渝,张培爵予兵士300人,炸弹80枚,资金5000元,嘱兼程赴资刺杀端方,鄂军军士手刃端方、端锦于军中。

11月27日,立宪派蒲、罗等与赵尔丰商订密约三十条,于成都宣布独立,成立"大汉四川军政府",蒲为都督,清新军统制朱庆澜为副都督。

12月8日,赵尔丰制造兵变,乱兵大肆焚劫,藩库库银八百万两被洗劫净尽。

12月某日,蜀军政府总司令林绍泉策动清军旧部发动叛乱。由张培爵、夏之时推举吴玉章主持审判,判处叛乱分子舒伯渊等死刑,解除林绍泉职务,押送回籍。

12月20日,蜀军政府发布惩治吴克勤阴谋叛乱公告,略谓川江巡警提调吴克勤及贺建章等,假借蜀军政府统领名义,组织四川治安军招兵下渝,阴谋复辟,处吴克勤死刑,贺建章监禁十年。

12月22日,尹昌衡、罗纶出任大汉军政府正副都督,诛赵尔丰于成都皇城。

12月某日,云南蔡锷通电蜀军政府都督张培爵、副都督

夏之时，推张培爵为北伐军总兵站官，夏之时为北伐军总司令官。正式承认重庆蜀军政府为四川军政府。对以尹昌衡、罗纶为首的大汉四川军政府不予承认。主张派兵西上，进攻成都，并谘请鄂军都督以树声援。张培爵、夏之时与同盟会党人以成、渝之间，自赵尔丰伏诛后，信使往来，有无相通，诸事协商，并无敌视。当即电复蔡锷婉谢。滇军派韩建铎为援川总司令，率谢汝翼，李鸿祥两梯团，先后由昭通入川，直抵叙府。蜀军政府派员至叙与滇军订约：蜀军政府承认滇军为"援川军"，按月付给兵饷，但滇军不得干涉四川民财政务。签约后，蜀军政府照约履行义务，但滇军首先破约，委彭汝鼎为宜宾知事，杀害富顺司令范华斋及川南总司令黄方，自流井同志军统领革命党人周鸿勋竟被大辟。

清吏胡景伊由广西回渝，蜀军政府委胡以全权同滇军将领会谈于自流井界牌。胡景伊欲借滇军以自重，私允滇军北伐军费三十万元。胡得尹昌衡电邀后，径由自流井去成都，拒不返渝复命。胡至省后，尹昌衡任以为军团长，位在各师之上。

12月29日，各省代表开会于上海，选举孙中山为中华民国临时大总统。

12月31日，清防军统领田征葵，易服逃窜过渝，军政府决之阶下，宣布罪状："九月七日之变，论事实则祸之首，论法律罪之魁也。"标木牌大书"民贼田征葵之首级"，枭示万众。

37岁 1912年 壬子 中华民国元年

1月1日，孙中山先生在南京就临时大总统职，宣布中华民国成立。

2月2日，成渝两军政府达成合并协议。

2月12日,清帝下诏退位,统制中国二千多年的封建专制帝制从此结束。

张培爵启程去成都,途中过家门五十里而不入,行经隆昌时,召开行营会议,张培爵电达尹昌衡,请尹任合并后之军政府正都督,自任副都督。

3月31日,孙中山先生以临时大总统名义公布具有宪法性质的《中华民国临时约法》。

4月27日,成渝两军政府合并,成立四川军政府,原蜀军政府改组为重庆镇抚府。镇抚府成立后,夏之时坚持辞职,出洋深造,四川军政府赠留学费三万元,由军团长胡景伊出任镇抚府总长。

7月,尹昌衡自请略边,袁世凯以胡景伊代理四川都督,张培爵改任民政长。

11月,袁世凯以谘询川政为名,电召张培爵入京,培爵慨然解职,道经上海,得孙中山先生召见,密谈数日,共商坚持民主共和,反对专制独裁之大计。

38岁　1913年　癸丑　中华民国二年

3月,袁世凯暗杀宋教仁于上海。

7月,"二次革命"爆发,张培爵潜赴上海,以巨款支持黄兴作为革命军费讨袁。

8月,重庆革命党人推熊克武为四川讨袁军总司令兼军政部长,杨庶堪为民政部长,兴师讨袁。

张培爵于13日在上海谢持寓所,与夏之时、黄复生等决定,赶回四川,参加熊、杨讨袁军。但因川江航运因战火纷飞而阻绝,未果行。不久,熊、杨战败,被迫流亡。张培爵不听

友人劝阻,仍然返回北京,旋即移居天津英租界福善里十号,辞去总统府高等顾问,拒领每月六百元之高薪。

11月,袁世凯强迫国会选其为正式大总统。

39岁　1914年　甲寅　中华民国三年

1月23日,袁世凯授意国务会议任命张培爵为四川巡按使,张培爵拒不接受。张培爵的天津寓所,已成为海内外同志暗通声息、密谋反袁之中枢。为了维持生活,张培爵与在四川讨袁失败后来津之原蜀军政府标统酉阳邹杰一道以织袜为生,并以掩护反袁机关工作。

3月28日,袁世凯下令解散各省议会。

5月1日,袁世凯公布新约法,废除1911年孙中山先生手订公布之《中华民国临时约法》。

7月28日,第一次世界大战爆发。

12月23日,袁世凯公布修正大总统选举法,大总统任期十年,连选得连任,并得推荐候选人。

40岁　1915年　乙卯　中华民国四年

2月7日,袁世凯亟谋称帝,加紧迫害革命党人,派特务李捷三诱培爵出天津租界加以逮捕,旋解送北京军法执行处,该处提调系原重庆知府钮传善,钮在重庆独立时,被迫剪辫交印投降,对革命极端仇视,必欲置培爵于死地而后快。同时被捕者,酉阳邹杰。

4月17日,张培爵、邹杰同日在北京被难,他们为了坚持民主革命的理想,贡献出宝贵了的生命。

四、纪念诗文

(一)挽诗

张培爵列五

杨庶堪

纷纷党狱痛捐縻①, 驱虏从君建义旗②。

九死艰难唯一笑, 世间无此好男儿③。

(选自《天隐阁集》,重庆出版社1991年)

---

① "纷纷"句:对纷乱的时局、官僚腐败表示痛恨。党狱:结党营私,罗织罪名,制造冤案。捐:失去。縻(mí):此指牵制、束缚。是说结党营私、构人以罪的纷乱局面失去了控制。
② 义旗:起义之师的旗帜。此指组织起义的军事力量。张培爵曾联络会党,策动新军,聚集武器,发动起义。
③ 男儿:男子汉。

博浪行一首为张列五烈士作也

郭君穆[1]

张良世相韩，　韩亡仗臣节[2]。

图期秦一椎，　智勇诚决绝[3]。

天祸秦不中，　仇雠亦已雪。

壮士蠲[4]苦心，　问冠发为裂。

殉国义勿反，　人我并成血。

咸阳销金据，　胡于遗劲铁。

无乃勤淬历，　藏幽□土穴。

娉募得庆卿[5]，　密谋更庸泄。

惜哉剑术竦，　奇勋泡影灭。

---

[1] 郭君穆:(1915—1994)出生在成都的一个书香门第中,1936年毕业于国立四川大学,新中国成立后供职于成都无线电机械学校,1976年退休。郭老是一位兼有中西文化,融合古今文史的学者,是具有温良恭俭让德行的贤达和爱国者。

[2] 韩亡仗臣节:张良祖先五代相韩。秦灭韩后,他图谋恢复韩国,狙击秦始皇未遂,逃亡至下邳。秦末,率部投奔刘邦,不久游说项梁立韩贵族成为韩王,为韩申徒。以韩申徒之职率军协助平定关中。

[3] 一椎:张良结交刺客,在古博浪沙(在河南原阳东南)狙击秦始皇未遂逃亡。

[4] 蠲(juān):除去,免除。

[5] 庆卿:即荆轲,卫人称为庆卿。《史记·刺客列传》:"荆轲者,卫人也。其先乃齐人,徙于卫,卫人谓之庆卿,而之燕,燕人谓之荆卿。"

巽①怯鲁句践， 奚匹参优劣。
晚李怵君权， 议论崇诡谲。
云何辱圯桥， 能使刚气折。
独送天下尊， 托力兴庶孽。
讵同流俗辈， 侧媚趋炎热。
啖躯娱口给②，伏首乞容悦。
逐物□□驱， 耆③功夷鼠窃。
倏焉岁月迁， 逝水沦鱼鳖。
挥车涉易辽， 两道□森埒。
峨峨博浪沙， 岌岌建隆碣。
玄风蚀千载， 变化沧桑阅。
衡胆怀近轨④，英灵望来哲⑤。

（选自《蜀中先烈备征录》）

吊张列五都督诗一首

郭君穆

嗟君辛苦运奇谋， 白骨黄泉志未酬。

---

① 巽：同"逊"，谦让恭顺。
② 啖：吃或给人吃，拿利益引诱人。口给：口才敏捷，能言善辩。
③ 耆：同"嗜"，爱好。
④ 衡：同"横"，纵横。轨：一定的路线，应遵循的规则。
⑤ 来哲：后世智慧卓越的人。

万里魂归华表鹤[1]，千年明月照东鸥[2]。
文山血骨藏燕市[3]，翟义功名尽围州[4]。
寄语西陵唐谢客，来滩风雪莫当楼。

（此去年闻列五死耗后作也，故末二句语意如是，今则海外遁客相率言归，而幽燕壮士冥然不返，追念昔日惘怆奚如。）

（选自《蜀中先烈备征录》）

挽张列五周际平两烈士

李鼎禧[5]

帝孽幻风云，密布刊章，不少冤沈三字狱。
人情非木石，还征舆论，应容公建两贤祠。

《选自《蜀中先烈备征录》》

---

① 华表鹤：指久别之人。晋陶潜《搜神后记》卷一："丁令威，本辽东人，学道于灵虚山，后化鹤归辽，集城门华表柱。时有少年，举弓欲射之，鹤乃飞，徘徊空中而言曰：'有鸟有鸟丁令威，去家千年今始归。城郭如故人民非，何不学仙冢累累。'遂高上冲天。"
② 鸥：水鸟名。
③ 文山：指文天祥。燕市：指元大都，文天祥就义之地。
④ 翟义（？－7），西汉上蔡人，字文仲，翟方进子，为翟公之孙。20岁时即任南阳都尉，后升任弘农河内东郡太守。平帝死后，王莽摄政，称"摄皇帝"，翟义起兵讨伐王莽，立刘信为帝，自号大司马柱天大将军。移檄郡国，国人达10余万。后被王莽击败，被杀，夷灭三族。此二句喻张培爵从容赴义。
⑤ 李鼎禧：重庆人，曾辑《长寿县志·艺文部》四卷。

挽张列五

蒋云凤

矢志在椎秦,谁知博浪功虚,黄石未逢身已死。

昔年曾制蜀,聊拟益州画像,青山无恙我招魂。

(《选自《蜀中先烈备征录》》)

挽张烈士列五

刘永年

排满清为胜广合成渝,为平勃殉京畿,为黄花七十二贤,隔岁赋招魂,回思煮酒纵谈,早断定当涂高原同枯骨。

论交情则管鲍共事业,则程周振党纲,则果汉三君八硕,横流悲沧海,可恨无人继起,屡欲将铁如意击碎唾壶。

选自《巴蜀英烈备征录》

挽张列五先生

冯弼

其生也荣,其死也哀,大丈夫惟能立名若不朽。

或拔以起,或挤以止,门弟子相向而哭皆失声。

(选自《巴蜀英烈备征录》)

(二)纪念文章

重庆中学建国起义纪念碑记

朱之洪[①]

中华建国,四川以路事首难,而重庆独立,创置政府先于两川,是曰蜀军。诸同盟会员秘谋密议,群集于重庆府中学堂,而散处各校,以待时图义举。尽杨君庶堪主府中学,张君培爵为监学,杨君霖主川东师范,余任监学兼主巴县女子师范,谢君持至自西安,亦教习女子师范。余弟必谦,则主巴县中学,并隶[②]党籍。当时教职半党人,学生加盟亦数十人,伏械于体育学堂,召合徒众,周君国琛主之。同力协规,于是有辛亥十月二日之事,张君以劳勋举任都督。自成渝合并后,议立碑纪念,群请荣县赵先生熙大书刻石:一于府中学,曰蜀军起义纪念碑;一于朝天观,曰蜀军光复纪念碑;一于都督府,曰蜀军成立纪念碑。蜀军开府在今商业廛,清时行台;朝天观者,城议事会,清吏缴印投诚于此;府中学旧校,即城北东川书院,移建近郊。今二十五年,丧乱既更,朝市变迁,往

---

① 朱之洪(1871—1951):字叔痴,重庆巴县人。光绪二十九年(1903年)与杨庶堪等组织反清组织"公强会",同盟会重庆支部成立后负责宣传、联络工作,宣统三年(1911年),重庆成立保路同志协会,朱任会长,曾参与密谋重庆起义,1913年,参与"二次革命"兴军讨袁,1925年,任中国国民党四川临时执行委员会委员。

② 隶:附属,属于。

事遗迹,知者仅也。去年冬,余归自五台,重庆中学今校长龙文治君,籍民党,共和初又肄业斯校,深恐校史光荣,历久而湮,拟勒石①题名,传之方来,以余与斯役,不可无纪。余老病,屏谢世事,重龙君之请,追维二十五年之间,利钝成败,故旧死生,俯仰今昔,感慨而不能去于怀!以蜀军光复,功在首义,其和众安民、阜财弭乱,事至委曲,难以晰书。若当时教学诸君,以同盟而与建国者,惟龙君诹稽②而审载之,以著邦闻、备党史。

(选自《巴县志》,1939 年)

---

① 勒石:刻字于石,亦指立碑。
② 诹:在一起商量事情,询问。稽:考核。

张培爵烈士纪念碑碑文

赖 肃[①]

辛亥革命,蜀军由学校发难,先全川独立于重庆,光复川东南北五十七州县,荣昌张君实以劳勋为都督,建蜀军政府,与举义十三省一意北伐,无复西顾之忧,而共和功成。君讳培爵,字列五,隆昌县学籍[②],明算,补诸生,年二十七游学成都,毕业高等学堂理科师范。入党,锐身奔走国事,起教育会、书报社,设置叙府中学,铸造舆论为风气。丁未成都之役,六人被捕,党徒纷散,君独留营护,愈愤励,期结纳畸士改图川南,党人更屡挫败,每左右之,出奇计脱免。其友杨庶堪尝为语曰:"'朕即国家',谓蜀中部党,秉要、通声息,惟君一人耳。"性和易,终年劳剧无惰容,交友无不尽,故人乐为用。辛亥庶堪主重庆中学,以监学属君,君至,即欲假以有为。铁道债起,蜀鄂湘粤哗拒,蜀人尤抵死保路,清总督赵尔丰纵防军屠杀,尸骸蔽野,则大恸深悲,日夜密与诸同志盟谋,召致四方义故,潜输军械,制炸弹,规度大举。发踪指使,决疑定议,君与庶堪、谢持、朱之洪等尸[③]之。武昌奋动,环省回应。

[①] 赖 肃(?—1966)字以庄,号树严,四川巴县人。早孤,自励苦学成才。后执教于重庆大学、中国公学大学部、四川女子师范、四川教育学院等校近30年。
[②] 参见张映书《回忆我的父亲张列五》。
[③] 尸:主持。

重庆官吏戒严,尤侧目中学堂,党人多为学堂教师,学生加盟亦数十人,义师枢机所在也。于是益急备,十月二日,君躬率革命军会于朝天观,要诸官吏至,皆惶惧,缴伪印请降,君挟之游市,人民欢呼,遍悬白汉旗,兵不血刃而大事定,同盟诸贤遂推君为蜀军都督,川东南北咸举籍听命。分兵西上,尔丰震怖,始归政谘议局,告反正。而又有十月十八日之变。君辑众阜财,更新庶政,安定反侧,誓师北征。滇都督蔡锷文书抵蜀府,罪状成都,愿助攘乱,君持不可。时议合并成渝,或有异论,君曰:"今日之事,宁等割据世局、计权位利害?!"遂定会议。约成,讹言复作,滇黔政府并推君为川滇黔北伐总司令,君坦然就道,至成都,群情钦豫①。西南大和。初议正副都督设券决之,乃退处其副,而以正都督让尹昌衡,军民分治任命长四川民政。昌衡自请略边,胡景伊以军团长护理都督,军民渐乖暌不调,君有所设施,綦②者务以为沮格③,谋必去君。袁世凯因以调君入京备谘询,君立辞职。行,过家门,留三日,语不及私,以华盛顿归田躬耕自矢④。癸丑讨袁军败,党人死亡奔命,君已抱病隐天津,贫乏至课织为食,远虑深观,操心也危。今所存遗札一卷,当时书致家人知好者,可以见君德量也。袁世凯将窃帝号,固自诛锄豪俊,阴遣宵人构诬君以谋乱,捕至宛平军政执法处,下狱,在狱五十五日,民国四年三月四日死于市。年三十九。黄雾四塞,天昼

---

① 豫:欢喜,快乐。
② 綦:毒害,憎恨。
③ 沮格:阻止,阻挠。
④ 矢:誓。

晦,大风,风声惨厉呼号,行刑者嗟骇,君从容四顾,至死颜色如平常,血喷丈余,尸坚立不踣①,友人殓之,载柩至沪,骨乃归蜀。二十三年国民政府明令褒扬,公葬荣昌县县城北外之原。君创义重庆,系人追思。十五年秋,为衣冠墓于鹅项岭先烈墓园。倭寇内侵,国府西迁,建陪京,三十年三月中国国民党中央执行委员会第八次全体会议,维君光复之绩,更定立碑纪念,生平行实,具君同义诸故人所为传记表志。开国元功,遭遘暴戾,而精诚则永光故土。民族兴起,弘此名都,撰文镵石②,宜崇报于无极。

(选自《重庆地方史资料丛刊·重庆蜀军政府资料选编》,重庆市地方史资料组编印,1981年)

---

① 踣:跌倒。
② 镵石:刻石碑。

重庆联合县立中学校学生等祭张列五、周际平两烈士文

当辛亥蜀军光复时,重庆本校实为秘密主动机关,监学列五先生,体操教习际平先生分董①其役,皆同盟会中人也。路事起,总督赵尔丰残杀无辜,川人大哗。端方督师入蜀,列五先生遣刺客要于道,不谐。武昌首义,清吏秘之。两师与杨监督庶堪,暨向君楚、谢君持、朱君之洪等组织光复军,阴以兵法部勒学生。荐际平先生总教城防团练而握其兵符。巡防炮队胥迎款焉。并资遣同党分道发难,川东南州县大绅贾人早输财助义师,一时新入党籍者不可屈指数。乃以十月初二日起义于朝天观城议事会,市廛不惊,欢呼雷动,公推列五先生都督蜀军,夏之时副之;任际平先生充守卫军标统。复说鄂军诛端方于资州,部署既定,将整旅西上讨贼,而泸州、成都已先后响应矣。于是改道北伐,终无所试。当蜀军政府之初立也,端赵巍然,蜀军人杂械窳②,士心未固,列五先生主持于内,际平先生奔趋于外,虽有阴谋破坏者,两次得预为制止。客军饷索,措之裕如,慎于出纳,未苛敛一钱,未发一军用纸币。重庆得以宴然者,皆两先生之力也。及成渝合并,际平先生改任五师团长,列五先生入成都,推尹昌衡为都督,而自居于副,旋由中央任命为四川民政长,宜若可以施展

---

① 董:监督,管理。
② 窳(yǔ):恶劣,粗劣。

矣,乃扼于武人,而不得竟其志,卒排之以去。先生流寓天津,闭户读书,学织以自食。尝以书规同学:"勿躁作,宜沉几观变",先生之志昭然矣。仇家赂侦人,竟陷先生于罪。有省先生狱中讽诗作字自若也。临刑,先生微笑曰:"天雨亦刑人乎!"趺坐饮丸如生。乡人曾道泣收其尸,移殡海上。际平先生躬与癸丑之役,失败走忠州,被执遇害。先张师之死仅一年耳,盖两师志同、事业同、遭难亦复相同,何其惨酷也!今列五先生之枢掩覆薄土汙洼中,虫蚁风雨剥蚀,无力归葬。其哲嗣留学异邦,同人时助之,终忧无以为继。其夫人锄土行躬执贱役,家有薄田十数亩,饔餐不给,今其家已三遇盗窃矣。际平先生一妻一妾,均誓字靡他①。其长女忽以忧卒,妻又继之。其弟尚羁江津狱中,不能自解脱;护法军兴,出任营长,英雄末路,大率如此,深可慨也!学生等昨赴蜀军光复重庆五周纪念会,两先生固蜀军昔日主要之人也,而今竟何如耶?!学生等虽先后来学,不无葭兼秋水之思。而念首难死义之遗烈出讲一校,皆有怆然不能已于怀者,爰于光复重庆五周纪念会之次日,为位校中,招魂默祷,其来归乎!?岂特本校同学之私恸而已哉!呜乎尚飨。

(选自《蜀中先烈备征录》,1923年)

---

① 誓字靡他:至死誓爱一人,不爱别人,形容忠贞不贰。字:爱。

（三）回忆文章

回忆我的父亲张列五

张映书

家史简介

我家祖籍是四川省荣昌县荣隆场，曾祖父、祖父到二叔三代行医。由于父亲幼年天资聪慧，勤敏好学，祖父照清公打算让他读书中举，将来可以光宗耀祖、显赫门庭。父亲14岁时从师王申甫老师，常彻夜攻读，非常勤奋。清朝时期读书人必须参加科举才有前途。但要参加科举考试，必须有田契证明才能报名。而我家世代行医，除自住街房门面的药铺哪有什么田地呢？大约是壬寅年，父亲到隆昌八石粮张家借了一张30担租的田契，才得以参加本省的乡试，考上隆昌县的诸生，但父亲对这种科举制度非常反感。

不久，父亲知道成都高等理科优级师范学校招生，便决心前去应试。由于家庭经济拮据，他一面读书，一面在成都市中学教书，半工半读，以减轻家庭负担。我家9口则由祖父、二叔行医为生。后来祖父母相继去世，家庭重担就落在二叔一人肩上，母亲和姐姐就搓麻线以补贴家用。

1906年，父亲参加了孙中山先生领导的同盟会，走上了民主革命的道路。辛亥年（1911年）11月22日在重庆起义成功，被推为重庆蜀军政府都督。这时除了每月将他的薪资寄回一部分供家人生活和子女教育费外，从没有多寄金钱回

家。父亲后来牺牲，成为辛亥革命烈士，国民政府于 1934 年发布褒奖令，明令褒扬。1935 年规定：发给一次性抚恤金 5000 元，一等年度抚恤金 600 元。

革新思想的萌芽

一、组织反封建的"女子放足会"

父亲最反对我国的封建遗毒，把幼女的天然足用布条缠成小足，他认为这是对妇女的侮辱与身体的摧残。1903 年祖母逝世，父亲奔丧回家。曾约集荣昌、隆昌两县亲友如李均初、潘式斋、李咸友、张乾久、杨贡臣、吕其锋等，组织反封建的"女子放足会"。并在春节家宴上，抱着五岁的三姑培卓，牵着九岁的大姐钟兰向亲友们宣传说："因为封建社会给女子带上三从四德的枷锁，把妇女当成男人的私有财产，有意把足缠小，不能参加劳动，又不让识字，经济不独立，一切只能依靠丈夫为生，成为丈夫的奴隶，身心都受到极大的摧残，这是最不合理的。我们作父兄的应该提倡和支持女子放足，使她们和男子一样参加生产，不再过寄生生活，这也是强身富国之道，请看我家妹妹和女儿，就没有缠足，你们认为如何？"在父亲的宣传下，亲友们都很感动，认识到缠足的危害性。表示决心回家组织"女子放足会"，大力宣扬妇女天足的好处。从那时起，女子放足在荣隆两县普遍风行，到现在两县妇女在八十岁以下的都没有缠过足，而且农村妇女多年来就在田间搞劳动。这就是父亲未加入同盟会之前就进行的一项社会革新的实践活动。

二、解放妇女,创办"女子学校"

封建社会的旧中国,宣扬"女子无才便是德",妇女没有读书的机会。对此,父亲极感愤慨,他常说:"国家要强盛,必须解放妇女,使她们也能入学校读书,有知识才能与男子同样参加工作。"那时荣隆两县都没有"女子学校"。1906年暑假,父亲回家筹募叙府同乡会和叙府旅省联中学校基金时,便积极宣扬女子读书对于富国强民的好处,并劝导隆昌县八石粮张家族长带头捐款开办私立女子小学。从此,隆昌县的小孩都可以免费入学。我家住在荣隆场,离隆昌县五十里,上学不便,父亲便让乾九叔给我们姐妹及三姑教中文、算术。辛亥革命后,为了使我们学业进步,又聘请杨贡臣先生在家教书,凡是亲友的子女都来附读,如喻从之的女儿喻德权、喻忠权、喻孝权、杨玉笙的女儿杨玉琴等。虽非正式学校,却开启了女子读书的风气。1913年,父亲去北京时途经荣昌,曾捐助修建荣隆场小学经费三百两。从此荣隆场就正式开办了女子小学,使妇女读书识字的新风尚得到进一步的发扬。

三、反满族贵族压迫,成立"剪辫队"

父亲勤读史书,知道了满族人入关、明朝亡国的历史,以及亲身体会到汉人在清专制统治下所受的屈辱与压迫,常感愤慨。家中老人总说只有参加科举,做官有了权势,才能出人头地,实现自己的抱负。可是父亲到隆昌参加科举考试之后,亲身感受到官场的腐败黑暗。从此,他渴望学习新学,寻求革新的道路。当他得悉成都高等理科优级师范学校招生时,便对祖父说:"我是汉人,决不作清朝的官,我要去学新学。"祖父同意他赴成都考上了该校,结识了同学廖绪初、李

宗吾、雷民新等一些有识之士。他们常在一起学习新书报，纵谈天下大事，民主革命的思想日益增长。他对李宗吾说："我们要干革命，首先要革自己的命。我反对蓄发辫的清规，决心第一个剪去头上的发辫"。接着廖绪初、李宗吾、雷民新等也相继剪去发辫。父亲对那些一时不愿剪辫的人，进行宣传说服，告诉他们："我们汉族自古就不留发辫，是清政府入关以后，才强迫我们蓄起这条发辫的，它表示了我们的奴隶相，是我们的耻辱，有什么理由留着不剪呢？"那些被说服的人，便给他们剪个平头，对少数顽固不化的，发动学生组成"剪辫队"，剪掉他们的长发，留下一撮短发。从此，叙府联中的师生，几乎全部将发辫剪去。后来许多人还参加了辛亥革命，其中一些人为辛亥革命献出了宝贵的生命。

以上几事，都是父亲青年时代自发的革新行为。后来，他不断地寻求民主革命的真理，认识到中国人民要想摆脱清朝封建统治的压迫，要在世界上取得独立富强的地位，就必须起来革命。就在这时，父亲参加了孙中山先生领导的同盟会。

参加同盟会前后

1894年甲午战争时，父亲18岁，日本人侵略中国，由于清政府腐败无能，战争失败。清政府于1895年派遣李鸿章与日本签订了丧权辱国的《马关条约》，割让我国神圣领土台湾。父亲目睹了这一切，他深感民族危机日益深重，忧心如焚，急于寻求救亡图存的真理。1898年父亲初见康、梁变法维新的主张，认为中国之所以遭受列强欺侮，主要是清政府专制独裁、国弱民贫，如能仿照西方，实行变法维新，或可挽救危亡。但康、梁变法的失败，证明了改良主义的道路是根本走不通的。当时父亲虽然怀着满腔爱国忧民的热忱，但究应从何着手，走什么样的救国道路，仍然感到茫然。

1904年父亲和郭书池、廖泽宽等一批进步知识分子，组织了"叙属各县旅省同乡会"。办书报社，宣传革命思想；兴教育会，反对科举制度。并筹集资金创办了"叙府公立中学堂"（辛亥革命后改为"叙属联中"，1944年正式更名为"四川省立列五中学"，解放后改为成都五中）。接纳从川南各县来省未考入省立中学的学生。这时，父亲结识了孙中山先生派回四川发展同盟会组织的谢持。谢持给父亲介绍了同盟会的情况以及孙中山先生提出的"驱除鞑虏，恢复中华，建立民国，平均地权"的政治纲领。父亲非常赞同这个推翻清朝政府，建立资产阶级共和国的纲领，便由谢持介绍加入了同盟会。同时参加的有李宗吾、廖泽宽、雷民新等人。由于这些人都是川南同乡，这些事业都需要筹措经费，经同乡会研究，推选父亲和廖泽宽负责筹备。这年暑假，父亲与廖泽宽分赴川南各县，以筹措同乡会及叙府联中基金为名，暗中宣传革命，发展组织。从此川南各县的同乡会便相继建立，会员急增。由于父亲的宣传游说，川南各县议定每年供给叙府联中经费三千元。

1907年，同盟会员黄复生从日本返川（他留日学习制造炸弹技术），黄金鳌（又作"鰲"）从菲律宾回川被委派到叙府公立中学堂任"监学"（校长），谢持从泸州来，都聚于叙府公

立中学堂。一时间,这个学校成为"党人集中及交通会聚之所"。各地党人,逐渐集中成都准备起义。1907年6月,四川省同盟会负责人黄复生、谢持、熊克武等在成都草堂寺约集代表30余人召开会议,部署各地起义行动。父亲也参加了这一会议,并负责一些起义的具体工作。那时清政府的新军中多革命党人,如联防营、陆军等曾先后策划武装起义。最后由谢持、黄复生、黄金鳌等人策划,决定乘赵尔丰(四川总督)参加少城公园举行的春季学生运动会时发动起义。只因事前准备不周密,指挥又不统一,所制炸弹过少。当革命党人在运动会开幕式进行时,向主席台扔炸弹,即被军警围捕。结果,炸弹掷出而援军不至,敌众我寡,致使杨维、黄方、张治祥、黎庆瀛、江永成、王树槐六人被捕入狱,即当时所谓"丁未六人"之狱事件。事后,赵尔丰通缉谢持,谢持被迫出走西安,临行前对父亲说:"同盟会成都方面的组织与活动,今后即由你全权负责。"父亲不辱使命,置生死于度外,为六君子往来奔走,总结起义失败的经验教训,联络各地党人,积蓄力量,作再战之准备。从此父亲对同盟会的工作更加积极,广结四方志士。川南叙府、泸州一带有党人活动,就靠父亲通信息。李宗吾、廖泽宽、雷民新等和父亲夜以继日策划革命,父亲常向他们说:"要革命就不怕杀头,我早已锻炼过临危被砍头的本事。"于是父亲盘足而坐,要李宗吾持木刀来砍。他说:"当钢刀架在脖子上时,你把后颈一挺,人头就落地了。"然后,还让李宗吾、廖泽宽、雷民新等依次坐下一试。后来李宗吾感慨地对我说:"此事虽小,可见列五献身革命的坚强决心,我至今深为敬佩。"杨庶堪见父亲赤胆忠心地为革命奔走,曾戏赠以"朕即国家"的绰号,意思是成都同盟会没有机关,张列五就是机关。由于父亲对人谦逊朴实,平易近人,故同学们都乐与交往。四川妇女如周梅君等参加辛亥革命活动,也从此时伊始。

在革命斗争的发展过程中,父亲少年时代自发的革新思想逐渐发展成为自觉的革命行动。在同盟会的领导下,他从一个书生气十足的斗士锻炼成为一个坚强的革命者,踏上了民主革命的道路。当革命几经挫折处于危难时期,父亲表现了坚贞不屈、临危不惧的气节,这就是他后来英勇就义的原因。

成都同盟会的活动,是父亲革命生涯中极为关键的时期。

辛亥革命在重庆

1908 年父亲 32 岁。由于清政府加紧对革命党人的监视和搜捕,同盟会的活动处于极端困难之中。成都方面赵尔丰特别注意叙府公立中学堂,认为这是四川同盟会的机关。于是父亲以赴川南各县筹备学校经费为名,离开成都去外地活动。至各县后,四出演讲,鼓动同盟会员加快革命工作,准备起义。犍为、广安各县曾先后揭竿而起,终因组织仓促,指挥不力而失败。有几次父亲几乎被捕,幸他机智勇敢,最后得以脱离虎口,转危为安。

1909—1910 年间,杨庶堪在重庆府中学堂任监督,且是同盟会重庆支部负责人,邀父亲至重庆任教。他说重庆是四川水陆交通枢纽,操纵着全川经济的命脉,而新兴资产阶级

和知识分子也较多,对革命影响颇大。加以交通方便,消息灵通,十分有利于革命活动,建议以重庆为中心开展革命活动。父亲抵渝不久,即参加了由杨庶堪、朱之洪、朱蕴章、李肇甫(伯申)、黄金鳌、黄复生、曾省斋、张颐、方琢章、向楚、谢持、曹叔实、王勃山、徐可亭、熊克武等组织的"乙辛学社"。入会时必须宣誓:"我们精诚团结在孙中山先生的领导下,坚决执行同盟会的纲领,推翻满清,建立民国。同志中有为革命牺牲者,在生的同志有担负其家属生活教育的义务。因为我们是革命的同志,应该正义无私地互助。"从此以后,他们胜似亲生兄弟,患难与共。1911年在成都爆发了轰轰烈烈的"保路运动"。朱之洪作为重庆股东分会的代表上成都参加斗争。7月15日,在四川总督赵尔丰用武力血腥镇压成都市民而造成"成都惨案"之后,四川人民被激怒了,同盟会员龙鸣剑、王天杰等人联合"哥老会"组成保路同志军,占据了一些州县,围攻成都。保路运动很快发展成为声势浩大的武装起义。同盟会积极地展开了革命活动,利用保路风潮,宣传革命思想,扩大斗争势力。同盟会员吴玉章也在荣县组织起义,而且一度宣布独立,建立革命政权。重庆市内到处有学生演说。父亲激于义愤,日夜与诸党人密谋强调:"非立即革命不足以拯民于水火之中。"当时,广州起义时革命党人曾密电给父亲和杨庶堪,望汇款以济其成。父亲也常派张颐去湖北与革命党人联系。

"保路运动"不仅沉重地打击了帝国主义及清政府的统治,而且为武昌起义的胜利创造了条件,也为全国革命形势的发展开辟了道路。因而它有着重大的历史意义。

父亲到重庆府中学堂后,名义上是任教育职务,实际是把同盟会机关移至重庆。这里同盟会员既多,发展组织又快,加以省内外消息灵通,策谋起义有许多有利条件。同时谢持也从西安潜来,更名隐居于重庆女子师范学校教书。

革命形势日益紧张,父亲他们的工作更加繁忙。为了更有效地开展工作,以"乙辛学社"成员为核心研究了分工,决定由杨庶堪负责决疑定议、谋财政、操运筹、周旋官吏、吸纳党员等任务,负主盟之责;父亲则事交通、任联络、筹谋运输武器、规划起义纲要、指挥各地同志配合行动等;朱之洪以交往客军、通内外信息为主;文字方面的工作则由向楚等国文教员负责;谢持则居幕后助杨庶堪统筹全局。

省内外的形势愈来愈好,父亲与杨庶堪、谢持等的心情更为振奋,工作也日益繁重,常深夜策划。朱之洪回忆当年情景时曾说:"那时候我们真不知道度过了多少不眠之夜啊!"尽管当时的革命活动紧张繁忙,但父亲对他担负的教学工作仍毫不懈怠,因为他教的是数理课。这种课程单调而枯燥,但由于父亲讲课生动、条理清楚、循循善诱,深受学生欢迎,更有意义的是父亲常借讲课之时宣传革命。刘泗英曾说过:"张老师常常从学理方面作革命鼓动的宣传,所以我们许多学生后来都自动请求参加了敢死队。并由黄复生教授制造炸弹,起义时又名'炸弹队'。"

重庆府中学堂并不大,后面操场的侧墙有一扇独门,通往后面小街。那里有几间小屋子是属于学校的,被用来作为同盟会的会议室,也是父亲的办公室,又是存放枪支弹药的储藏室。白天这扇独门紧闭着,一到夜晚这里可热闹非常,

操场成了练兵场坝,各种会议在小屋里召开,讨论极为热烈。一次杨庶堪深夜开会回家,发现有人尾随身后,次日他因事晋谒清朝重庆知府钮传善时便问他:"我昨日公毕返家,发现有数人尾随在后跟踪,是否是你们指派的?"在杨庶堪严正的质问下,钮传善只得承认是风闻学堂里有复杂分子出入。杨庶堪坦然说道:"什么复杂分子?可以说就是革命党人吧,既然你们这样怀疑,就请将我收入狱中,因为这个学校除了我是在成都运动会后为学生辩护去见过赵尔丰总督,已把我列为革命党人外,其他师生多系书生,并没有什么革命党人。"钮传善听后瞠目,杨庶堪一笑而出。

父亲对此事极为警惕,表面上他仍像以往一样沉静,实际上更注意暗中布置一切。他深知军权在革命起义时的重要性,因此极为重视在军队中发展革命力量。例如,当时重庆驻军主力新巡防军及城防营、炮兵营、水道巡警等,他都通过党人关系分别把同志介绍进去。有些比较接近革命的学生也派去报名。这些有文化知识的学生在军队中晋升很快,有的当到中队长或上士,所以清军中尤其是新军中,同盟会的力量渗透到许多部门,甚至和端方率领入川的鄂军中的革命党人,也取得了密切联系,形成以后革命起义的重要因素,而这些工作大多是秘密进行的。

正当父亲与杨庶堪、谢持、朱之洪等日夜密谋起义时,传来武昌起义和九江、安庆、贵阳先后独立的消息。于是重庆同盟会决定发动起义。正考虑清军各部虽曾表示反正决心,但是否都听指挥时,适逢安岳王孟兰同志派人送来密信,称有一位同盟会员夏之时,原系清新军十七镇中的排长,已于

11月5日在简阳龙泉驿率部200余人武装起义。该部队经简阳、乐至、安岳一带东下,已发展为近千人之大军,现正向重庆开来,希望及时与之联系。父亲与杨庶堪极为高兴,认为有这样一支强大的革命武装,重庆起义的成功是有绝对把握了。于是立即召集同盟会员研究起义的各项准备工作,如国旗形式就采取上海总部秘密送来的式样;革命政府的名称则仿武昌革命军政府,称"蜀军政府";又分派同志赴清军各部、商勇民团及学堂组织安排游行队伍次序;草拟军政府的组织方案以及有关政策条文等;议定在朝天观府城会议厅宣布重庆独立。另一方面,派朱之洪、张颐到城外浮图关与夏之时联系,商定入城日期,并由父亲亲笔函告,决定由夏之时任重庆蜀军政府副都督一职。

重庆清朝官吏见大势已去,专制统治政权已土崩瓦解,便惶惶不可终日。川东道台朱有基把官印留下率眷潜逃,重庆知府钮传善则龟缩衙内。朱之洪、杨庶堪等去晓以大义,斥令其剪去发辫,并严正声告,交印投降者免死,钮传善眼见大势已去,只好俯首听命,缴印告降。

辛亥年11月22日,夏之时率革命大军举行了庄严肃穆的入城仪式。张列五、夏之时于同日通电全国并报孙中山大总统,"重庆蜀军政府"正式宣告成立。公推张列五为都督。

重庆蜀军政府成立了,在短时间内要把一个新的军政府组织健全起来,确实困难重重。尽管事前曾规划了一个蓝图,但在实践中仍然不很适用。每遇重大的问题,这个来请示,那个来报告,父亲深感对军政府工作经验不足,但在十分繁忙紧张的事务中,仍能及时处理关键大事,甚至三天三夜

废寝忘食。朱之洪见到父亲为国事如此操劳,面容消瘦,他心疼地对父亲嚷着说:"列五,革命成功了,你究竟还要不要活命啊?事情固然忙,可是饭总得吃,觉总得睡呀!像你这样夜以继日地工作还行吗?"又谴责侍卫人员不经心管事,要他们马上准备一份饭菜,他把门关上,亲自守着要父亲放下工作吃饭,饭后又要父亲躺下休息,不许开门会客。父亲对朱之洪这种真挚热情的革命友谊和亲切的关怀非常感动。

重庆蜀军政府成立的次日,即召开全体会议,由杨庶堪宣布重庆革命党人支委会决议:公推张培爵任都督,夏之时任副都督,杨庶堪、朱之洪为高等顾问,向楚为秘书院长,方朝珍为军政部长,谢持为总务处长,并设各部、局、处,改大清银行为大汉银行,所有军政府各级人员从任命之日起到职视事。

重庆独立前后,川东、川南、川北数十个州县相继独立。赵尔丰困处成都,深感覆没迫在眉睫,遂暂作隐退,将政权交谘议局议长蒲殿俊。经过官绅往返磋商,除绅方所提十一条外,赵尔丰又加了十九条优待满族的内容,达成了官绅协议。不久就成立了所谓"四川大汉军政府"。赵尔丰让蒲殿俊出任正都督,而以其心腹爪牙陆军统制朱庆澜任副都督。重庆蜀军政府对成都官绅协议极感愤怒。父亲等曾逐条加以驳斥,决定派副都督夏之时率兵西征。同年12月初,蒲殿俊、朱庆澜在东较场阅兵时,赵尔丰又指使巡防军有意骚乱,城内乱兵趁机抢劫。此时,原陆军学校总监尹昌衡兴兵戡平内乱,并协迫陆军投降,改组了"大汉军政府",推尹昌衡、罗纶出任正副都督。成都人民强烈要求杀赵屠户(赵尔丰杀川人最多故得此名)。辛亥年十二月初三,"大汉军政府"派兵将赵尔丰逮至皇城明远楼下数其罪而杀之,并以首级示众,民愤稍平。夏之时所率西征部队,闻此信息,即暂停前进。

成渝两地军政府的合并

重庆蜀军政府成立之后,广安县曾省斋、永宁县刘朝望两军政府都自愿合并于重庆。同时,父亲派遣川东师范学堂学生,持湖北鄂军田智亮给东川鄂军的信专程到资中与随端方入川的鄂军中的革命党人取得联系。他们知武昌已起义,决于当年11月底正式反正,以陈正藩为首的革命党人将端方、端锦弟兄诛杀于资中天上宫,宣布资中独立。鄂军置端方兄弟二人的首级于铁匣中随军开赴重庆,父亲代表重庆蜀军政府设宴欢迎。由于武昌起义已告成功,鄂军官兵思乡心切,重庆蜀军政府为此筹赠旅费,并派"蜀通"轮送鄂军官兵回湖北。

至此,四川的清政府政权已彻底消灭。而当时新成立的"重庆蜀军政府"和成都的"四川大汉军政府"就形成相互对峙的局面,前者由同盟会员主持,代表新兴的革命力量,后者则主要由"哥老会"成员组成(尹昌衡以"哥老会"为基层力量),代表着落后的封建势力。因此,以蔡锷为首的滇、黔、鄂三省均分别来电承认"重庆蜀军政府",而诋成都"四川大汉军政府"为"哥老会政府",愿派兵声援"重庆蜀军政府"西征进军成都。当时黔军已由叶占标率军一部到重庆,由于"重庆蜀军政府"待之以礼,不久即行返黔。而滇军则由韩建铎

任"援川总司令"率两个团入川,进驻川南,因其部属不明大义,竟有将革命党人(如富顺司令范华斋,川南总司令黄方,自流井军统领周鸣勋等)处死者,并设官任职,形同割据,川民对此极为愤慨。父亲此时深感问题严重,立即召集军政府成员会议。席间议论纷纭,有的主张西征戡乱,有的欢迎客军援川。父亲严肃地说:"四川应以大局为重,吾人岂为权利而革命乎?如此必大乱。"并强调成渝两军政府应以协商解决为宜,不同意让客军入川,并复电蔡锷婉谢之。父亲这种光明磊落,为国为民,以大局为重的作法,得到一致支持,会议决定派朱之洪为全权代表与成都代表张治祥共商成渝两军政府合并事宜。

双方代表晤谈于荣昌的安福镇,后又同赴重庆。最后议定11条,达成合并协议。当时重庆曾传言四起,说张列五为两军政府合并事宜西上成都,必招致生命危险,但父亲不顾个人安危,毅然就道。朱之洪曾感叹地说:"列五一生都从国家和人民的利益出发,不计个人安危得失,真令人感佩!"路经荣昌距家门(荣隆场)仅50里竟因公事繁忙而过门不入。至隆昌时得滇、黔二督来电推父亲为川、滇、黔三军北伐总司令。此时,谢持自富顺至,党人张习由成都来,又召集行营参谋长陈先岐及卢师谛、向楚、但懋辛、董鸿诗、方朝珍、张颐等开会,认为南北既已统一,无须再行北伐。复电滇、黔两督谢之。同时,父亲电告成都,推尹昌衡为正都督而己副之。谢持及但懋辛随父亲赴成都,向楚、张习返回重庆组织镇抚府(辛亥革命党人均在职)。1912年3月9日,父亲抵成都,12日就任四川军政府副都督,并通电全国,宣告四川统一。

四、纪念诗文

同年 7 月,尹昌衡受命入藏西征,胡景伊以军团长护理都督,遂创军民分治,父亲改任民政长。自从革命以来,父亲处理问题精细果断,虚心听取各方面的意见,关心川民生计,对满族官民亦作适当安排。地方秩序井然,工商繁荣,农民各自耕耘,学生照常上课。川民都热情拥护革命蜀军政府。自成渝合并之后,立宪派保守势力日益猖獗,继以军民分治,双方矛盾日甚,父亲处境困难,遂生去意。第二年 3 月,果由胡景伊转袁世凯电,调父亲入京谘询川政。父亲即率随员及副官数 10 人东下,过荣昌回家扫墓仅住 3 日,语不及私。抵重庆时,曾赴重庆府中学堂与故人叙旧,教师梅际郇问父亲:"君今入都,果将欲何为者?"父亲不答,唯唏嘘而已。

辛亥革命推翻了 260 多年的清朝反动统治,结束了中国两千多年的封建君主专制制度,建立了资产阶级共和国,但是中华民国并不是在彻底打碎旧的国家机器的基础上建立起来的。辛亥革命并没有触动旧的半封建半殖民地的经济和政治制度,在帝国主义和封建势力的反击之下,很快就只剩下一个空名,而中国实际上仍为大地主、大买办阶级所统治的国家。辛亥革命虽然失败了,但却具有重大的历史意义。

重庆蜀军政府正副都督及主要军政负责人都是同盟会员,他们经历了艰苦的斗争,才取得革命的胜利。有人说为了彻底实现全川的真正统一,应该是率兵西征,戡平成都的"四川大汉军政府"才是。可当时父亲一再婉谢外省的军事声援,而采取协商的办法,与成都"四川大汉军政府"达成协议,结果是革命的政权被封建旧官僚和立宪派分子所窃据,很多同盟会员包括父亲自己相继被残杀迫害。这一惨痛的

历史教训不能忘记。

在回忆这一段历史时,对父亲当时的作法,在征询许多人的看法后,经过客观分析,我想从以下三个方面去理解:

一、滇黔诸军以"援川"为名欲进窥成都,如招之入川,则成渝两军政府定以兵戎相见,将导致四川重新陷入战争,引起川军自相残杀。另外,外籍军队入川,难免沿途骚扰,使川民受苦,而主客军稍有矛盾,还可形成割据之患。父亲在蜀军政府研究西征的一次会议上曾说过:"今日之事应以国计民生为重,不应为个人争权力。况且革命以来,蜀人苦,负担重,今吾两军政府加之以客军,老百姓能受得了吗?"体现了父亲顾全大局,处处为百姓利益着想的高尚情操。

二、父亲青年时代加入同盟会后,即在斗争中学习和成长,决心为民族自立而奋斗终生。辛亥革命成功,重庆蜀军政府成立后,他夜以继日辛勤工作。他那种为革命公而忘私的精神以及最后在北京英勇就义的表现,说明他在革命过程中对自己个人地位的高低和前途出路的考虑是很少的。这也是他宁愿在成渝两军政府合并后,退居副都督的主要原因。

三、蜀军政府的主要军力,是夏之时由龙泉驿起义后带来的千余人,除了参加同盟会的同志是比较中坚的力量外,大部分是沿途因各种原因而参加进来的人员。这些人对革命缺乏真正的认识,加以未及整训,军心尚未巩固、统一。而重庆方面的军队,只有学生军中"敢死队"的200人斗志较坚,但训练无素,缺乏战斗经验。其余城防军、水道巡警、警察总队、商勇等多是接受革命宣传为形势所迫而起来反正的。其中军官大多是清政府委派的,往往临危生变,如夏之时起义时,被挟之东下的原清军教练官林绍泉叛变未遂一事充分说明了这一点。因此如果轻率决定西征,实无十分把握,故父亲认为和平解决,不动干戈是为上策。

对四川民、财、教、建、法院的建议和实施

父亲虽然乘坐袁世凯派来接他的"蜀通轮"离川东去,但对川民的利益仍然时刻挂念。在他给乾叔的信中曾谈到"此行虽乐,而一念及吾川父老子弟之疾苦,终觉耿耿于怀,不能示思所以振救之。船抵宜昌,驻宜川人在商会欢迎,情意真挚,望我能设法使川盐畅销长江沿岸。至武昌见川盐果滞于楚岸,即连日与黎(元洪)督、夏民政长商议川楚销盐之方,盐事小有头绪"。到京见到袁世凯后又提出四件事,来信曰:"(一)财政之补救,请中央发行兑换券,收四川之军票,中央允以500万元来收。(二)大学之设置,请中央提交议案,盖四川学子贫者居多,现在学制除去高等一级,中学毕业非入专门即入大学,而望四川中学生远地求学,恐大学人才终寥寥也,学部已允交议院矣。(三)设立大理分院为审判终了之地。川中无此院,凡高等厅不能了结之案,均必亲赴北京起诉。如高等厅不为转呈,欲上诉即无门,民间冤苦不知几何?即为转呈,而由蜀至燕其劳与费又如何?设此院则凡案均在本省可结……现已决定设立,本礼拜内司法部充简员来川矣。(四)改巡防为巡缉队,归地方各长官节制,既可免知事与军方之冲突,又可为将来巡警之预备。现在知事有管辖之权,治匪即有实力,闻月来抢劫之案不已,亦地方官无兵治匪

之失也。此件可行则无虑也。以上四点,皆吾川之要,其它则得人可治,故极为吾川请也。吾意数事规定,即请总统责成胡督另简贤员接任民政,注意选吏治匪,则吾川治矣,兄之责亦可少卸。兄尔来尝以无学自咎,果学稍长,则治川年余,现象必不止此。倘得游历各国,参考各省,再出而应世,或不如今日之碌碌也……"从这些话中可以感到父亲对川民利益的深切关怀。

父亲抵京(与滇督蔡锷同时调京),袁世凯谘询川政后,即聘为总统府高级顾问,并不让父亲辞去四川民政长之职。因为父亲早已明了袁世凯电召入京谘询川政并聘为顾问之目的,不过是把他们羁留京师,以防川滇黔三省联合讨袁,揭露他复辟帝制的阴谋而已。到民国三年父亲即先后辞去二职,退隐天津。

退隐天津,密谋讨袁

1913年3月20日,袁世凯指使特务暗杀了热衷于议会民主的国民党领袖宋教仁,全国舆论哗然。孙中山先生从日本回到上海,他看清了袁世凯的反动面目,认识到"非去袁不可",极力主张出兵讨袁,发动"二次革命"。但政权掌握在袁世凯手里,当谋杀宋教仁的真相败露以后,袁世凯已经决心进一步用武力来彻底消灭国民党的反抗。袁世凯一面向帝国主义借钱求援,一面秘密地调兵遣将,积极准备发动反革命内战。1913年4月英、德、日、俄、法五国联合借给了袁世凯2500万英镑(这就是所谓的"善后大借款"),1913年5月美国首先承认了袁世凯政权。这样孙中山先生号召的"二次革命"在不到两个月的短时间内就被袁世凯勾结帝国主义用武力镇压了。"二次革命"中黄兴在南京讨袁时,父亲曾潜至上海资助其成,不久义军失败。四川熊克武、杨庶堪皆父亲旧友,在重庆起义也失败。父亲见"二次革命"失败,孙中山先生被迫又一次逃亡日本,心情异常沉重。这时廖泽宽旧友去信责其不应退隐津门,他在回信中方将隐居真情告之。父亲在信中说:"奉手书往复低回,若有未解于不肖之域居者,谨概略言之。今之世可游之地在内曰沪、曰津,在外则日、英、法、美,而尤以日为宜,盖资便而语易通也。不肖非不可游沪游日,徒以谗间满则,足偶移则微之者至,而祸亦将有不测耳。就居津,言新近议政之书,都未敢置。唯检阅旧本……并绝泛泛之往来。时若故雨重逢,或尺书反答,乃稍放怀。藉谈时势,君谓无羁。果无羁者,胡若是?尤有难者,事变以还,所谓国中豪杰,率多各自为谋,而私爱故人,又复进退不轨。渐亦时闻内讧至,它鸂者更不为远计,睚眦必报,轻贼其群。综论沪日之间,几无人无诲望,无日无危险者。顾影茫茫,且不知税驾之所,它复何言?君谓我不当如是终身,我亦忧君之不能忘情者。顾时有未可,力有未能,亦唯谨身敕行,不蹈有过之地,重为亲厚所痛而已……"

不久,京报登载边省将设巡按使,据称,国务会议通过巡按使人员为四川张培爵、陕西杨开甲、贵州杨荩诚等六人。乡人李寒友去信劝进,父亲答之曰:"足下劝我不妨屈就,语云:天未厌乱,显不如隐。又近日长吏必小为运动,不肖宁隐以求志,断不愿俯同群碎,争腥啄腐,以自贬其操也。"我读了

父亲这段书信,深深体会到他不为袁氏的禄位所诱,隐迹天津,是为了继续反袁,决不容许封建帝制再现于中国。

父亲在津两年,曾多次望家人迁出。而母亲不能理解,迟迟不愿成行。对此父亲一再强调:"安土重迁,昔人所叹,特果否安土?应否重迁?两弟与汝嫂辈当详审之。"最后更明显地告诉家人:"从政既不愿,东渡又不宜,归期更不定,故不得不早日准备,免徒扰友生耳……"对于这些话的含义,我朴实本分的母亲怎能体会到它深刻的政治意义呢?当我反复阅读父亲手札后,联系到他刚由四川赴京,曾绕道上海赴孙中山先生之约。他信中说过:"路过上海,适孙先生由苏返,约谈一切。还款待黄克强到上海,将再与中山先生共商大局"。那么父亲之退隐津门,其实就是作为国内策划讨袁之机关也。而父亲当时多次致书家人,要求举家迁津,实则借此以避袁世凯猜疑。

辛亥革命后,同盟会员纷纷去日、法、英留学,国内革命工作之部署及与孙中山先生的联系都需要有可靠的党人负责。甚至有些热血青年从日本回国欲谋刺袁世凯,也多经由天津商计。尽管父亲并不同意他们这种做法,但也不愿挫伤他们的革命热情。

英勇就义,大节昭然

1914年2月,父亲辞去总统府顾问及四川民政长二职后退隐天津,开设了织袜厂,教副官等织袜,不事应酬。间与海外同志通消息,以待时机成熟,起义讨袁。他给李寒友信中曾说:"元恶未除,姑沉几忍辱以稍待之已。"李寒友先生告诉我父亲深谋远虑,不轻示人以崖客的风度,当时袁世凯疑之而无据以谋陷害。

其时,在天津与父亲过往较密的有酉阳邹杰、筠连陈乔郴,一日陈介绍特务李捷三来见,会见时,李捷三足荣且敬。见父亲开办的织袜厂,便说织袜也是实业之一,应扩大经营,要求合资入股,父亲便答应了。以后李捷三多次邀请父亲吃饭,父亲总是婉言谢绝。1915年7月7日,李捷三再次邀请父亲、邹杰、潘式斋(袜业经纪人)入餐馆商量合股之事。父亲认为过去多次谢绝了,这次便答应去。父亲住在英租界,李捷三约在华界四川馆吃饭(因英租界内不能捕人),故同乘汽车去华界。途中李捷三以一纸卷递与父亲说:"所议袜业事虽小,但不可无合约,这是我拟的初稿,望斟酌改定。"父亲将纸卷转交邹杰,邹杰置于怀中。汽车刚抵站,车停客下,忽见军警四起,立捕父亲、邹杰、潘式斋等4人。搜之得邹杰怀中之纸卷,则赫然"血光团"章程,并非袜业合同。此时李捷三已躲避,军警将父亲等四人专车送至北京。初审后将潘式斋放回,其余三人均下军政执法狱。该狱中所押犯人,多是反袁的革命党人。隆昌黄肃方早已押拘狱中,后来他深情地向我叙述当时的情景:"狱中习惯,凡有重要政治犯入狱前夕,必严查各监,针线铁器均不允留。1月6日晚又宣布检查,我猜想必将有同志入狱也。次日凌晨,我故意去花坛前散步,以便看看究竟来人是谁?不久,闻狱外警卫喧哗,见你父亲神色自若,昂首大步而入。我故意咳嗽数声以示意,你父亲掉头见我仅颔首微笑而过"。父亲入狱后被提审多次,

只承认所有问题均系自己一人所为,并未涉及他人。一次审讯者指桌上小册子以示父亲说:"团员之名册系陈乔邺所供,如何?"故父亲知自己为叛徒所出卖,便愤而斥之曰:"袁世凯妄图复辟帝制,早为国人所不容,血光团之宗旨,就是为民除害。"父亲住狱中约两月,未曾料到袁氏果将加害于己,曾捎信索要英文书欲在狱中学习。殊不知3月14日凌晨,狱卒忽高声呼张培爵、邹杰、魏荣权、陈乔邺之名,叛徒陈乔邺以为出卖同志可获高官厚禄,闻声跃起而愤曰:"亦死我耶?"父亲鄙而笑之。当天,黄雾四塞,天昏地暗,大风狂卷。父亲泰然步出狱门,从容回顾曰:"天意如此,尚行刑乎?"至死颜色不变,血溅出丈许,尸不扑。时年父亲39岁。肃方老伯语毕凄然,我早已悲愤交织,声泪俱下。

1915年12月袁世凯迫不及待地宣布称帝,将民国五年改为"洪宪"元年。就在袁世凯洋洋得意准备登上皇帝宝座的时候,反袁的烽火已经燃烧起来了,以孙中山先生为代表的革命派是反袁最坚决的力量,讨袁义军,如惊雷行空,江河泻地,席卷全国,兵临京师。迫令袁世凯取消帝制,还政于民。四面楚歌中,袁世凯只好在1916年3月22日被迫宣布撤销帝制。6月6日,这个窃国大盗在全国人民的唾骂声中可耻地死去了!古人曰:"多行不义必自毙。"袁世凯正应了这句话。

孙中山就任中华民国大总统后,向国民党中央党部建议:"张培爵早年从事革命,艰苦擘画,辛亥兴复四川。厥功甚伟,其后晦迹京津,密谋讨袁。中途殉国,大节昭然。特追赠烈士,并将生平事迹交付党史。"

1925年国民党中央派员率亲属到沪,将暂厝上海的灵柩运返四川荣昌。途经重庆时,父亲的革命旧友及重庆人民留葬衣棺墓于重庆浮图关,并修建张培爵烈士纪念碑。1935年中华民国政府在荣昌举行公葬典礼。

缅怀父亲的一生,他在辛亥革命时期对民主革命的赤胆忠心,对敌人的英勇斗争,是十分可歌可泣的。重庆蜀军政府成立后,他日夜操劳、光明磊落、无私无畏、不屈不挠的高尚品德,是极为可贵的。尽管岁月流逝,我们回顾辛亥革命的历程,父亲的革命事迹是值得怀念的。

(选自四川省政协编:《四川文史资料选辑》第49辑)

巴蜀忠魂,化碧苌弘
——纪念外公张列五130周年诞辰
夏先扬

1936年,我出生于成都张夏世家,外公张列五(培爵),辛亥革命时任重庆蜀军政府都督,祖父夏之时(亮工)任副都督,母亲张映书是外公最钟爱的三女,而祖母董竹君,是上海锦江饭店的创办人、董事长。前几年,她的回忆录《我的一个世纪》和31集电视连续剧《世纪人生》,曾在国内外广为发行。

这些先辈可以说都是中国近代史上的名人,他们的一生,在中国民主主义革命时期,都留下了可歌可泣的历史,历经岁月磨砺而不灭。

遗憾的是,在他们当中,只有外公我没有见过,其余几位先辈,我和他们都长期共同生活过,有过亲密的接触。外公1915年3月4日被窃国大盗袁世凯谋害于北京,享年仅39岁。那时,我尚未出生。因此,本文所述诸事,均源自母亲的回忆和我所收集到的史料文献,以祭奠怀念之情,谨献于外公灵前。

荏苒岁月如白驹之过隙,曾经像惊涛骇浪般激励过青年一代的辛亥革命已经过去了95个春秋,但外公和孙中山先生所领导的那一批同盟会员们,为推翻压在中国人民头上两千多年的帝王封建统治制度而抛头颅、洒热血、前赴后继、谋利勿先、赴义恐后的英勇形象,至今仍鲜活地留在我们心中,鼓舞着我们一生为祖国建设而努力奋斗。

外公作为一位彪炳青史的辛亥革命先烈,他短暂的一生,在修身、齐家、治国等方面,皆可为我们后辈的楷模。

外公出身于农村三代从医世家,童年饱受清贫之苦。那时,正值帝国主义列强频繁入侵中国,而满清政府一味屈膝投降,城乡经济濒临破产。中华民族灾难深重,人民流离失所,处于水深火热之中。外公幼时即参加农村劳作,养成终身勤奋勤俭之美德。外公在《与受叔公书》中谓:居家应以恕道以待亲友,俭非啬之谓也。当用而用谓之俭,当用而不用谓之啬。俭则使人敬,啬则令人怨。故持家之道俭可也,啬不可也。

外公一生从事革命,勤俭勤劳而清贫,从不以私利为重。任蜀军政府都督时,因革命伊始,财政困难,其月俸仅100元大洋(当时稻谷价为3元/石,约为30石稻谷)。祖父夏之时任副都督,杨庶堪、朱之洪等为高等顾问,向楚为秘书院长,谢持为总务处长,他们的月俸亦仅60—80元大洋。

1912年(壬子)成渝两军政府合并,外公从重庆赴成都就任四川军政府副都督职,便中返荣昌省亲扫墓,居留三日,对家人语不及私。答谢亲友时,仅人赠银质椭圆形辛亥革命纪念章一枚,未给家人留下任何钱产。直至1915年外公被袁世凯谋害于北京时,家中生活仍仅靠叔公行医卖药及外婆大姑绩麻所得勉为糊口,连母亲姐妹入学的学费都无着落。还是外公"乙辛学社"的朋友朱叔痴三爷,代表他们那批同盟会的患难盟友,及时送来募集款1000元大洋,才解决了家中妻儿

老小的生活及求学之急。

　　1924年国民党中央执行委员会及国民政府,鉴于外公早岁从事革命,艰苦策划光复西蜀,厥功甚伟。其后晦隐津门,未渝初志,密谋讨袁,中途殉国。大节昭然,追念忠勋,良深轸惜。特决定一次发给一等抚恤金5000元,一等年恤金600元,并明令褒扬,以彰遗烈,而示来兹。1935年又决定援例予以公葬,以慰忠魂。此后,先后在重庆浮图关烈士墓园建衣冠墓,在荣昌南郊卧佛寺侧建"张列五烈士墓",外公遗骸最终安息于故乡巴山蜀水的大地上。墓前石碑"张列五烈士墓"系于右任手书,墓的两侧刊有谢无量手笔墓联"蜀国吊忠魂,化碧苌弘原不死;神州忧寇乱,问天屈子但增哀",碑额题"浩气长存"四字,墓前左侧有碑亭,内刊国民政府褒扬令、抚恤令、公葬令,墓表由巴县向楚手撰。

　　在重庆临江门原政协门前大道中央,至今仍屹立着"革命先烈张培爵纪念碑",在荣昌烈士陵园内,外公墓茔已修葺一新。我们海内外的子孙后代曾多次前往祭奠,以慰外公为中国近代民主革命献身的在天之灵。

　　外公在京津沪从事反袁革命期间,定期与家人频繁通信,对子女谆谆教导,尤其在学习、处世、为人方面,对后辈尤为关切,其训导之中肯,今日观之,尤感深切。

　　时舅舅正在法国攻读航空学,外公在信中教导:"汝性浮动,求学不深思,汝不戒,学无长进也。汝务外,见异则思迁,汝不戒,识何能定?汝始勤终惰,不能一致,汝不戒,任汝有大志亦难成。"

　　又说:汝此次来禀,讹字太多,本国文字,犹不免错讹,如此,则汝于外国语文与其它科学讹处正不知凡几?汝所以蹈此病者,盖由于舍近求远,视事太易,易则心粗气浮,匪独于字然也。任何科学得其表必不详其里,识其粗绝不味其精。除犹太语外,各科均应学习,含法史、法地,均系国体、国势上不可不研究者,试验尤为重要。

外公在训女书中对求学处世之法,一再强调:"求学之法,首在敦德行,其次博学,其次作文。观古之贤媛,其德行敦笃之由来者,皆不外'敬恕'二字。而贤媛不多见于史乘者,以'敬恕'二字非有学问,实难做到恰好处,如事亲、相夫、教子,非敬不可。而敬之中又富有和悦、柔顺、慈祥诸字,相因为用。否则,事亲必至色难,相夫不克无违,教子亦不能宽严得中,使之既整于威,复化于德也。恕字不善用,亦有病,盖人有过可恕,己有过则万不可恕。而'己所不欲,勿施于人'一语,尤为恕字真谛。此字能行得恰好,不独可以齐家,治国亦不难。"

"迩来,读书之暇,即试读书者又于文字外,当精悟古人之嘉言懿行,揣摩而实践之,若书还书,我还我,虽读破万卷书,直与未读书者等。"

秉承外公家训家风,母亲张映书从小对我们兄妹的要求即极为严格。吾已古稀,犹忆幼时寒暑假之际,母亲均延聘名师来家执教,从百家姓、三字经、声律启蒙、增广贤文、古文观止、唐诗、宋词、元曲,循序而进。英文则请在金陵女大读书的表姐来讲授。迄今,童年所学之名诗词曲,尚能触景生情,脱口而出,著文讲演,深感得益匪浅。我曾先后就读列五、石室两中学,在大学里,亦曾先后学习过土木工程、工程

机械,最后毕业于汽车运用工程专业。工作以后,由于工作需要,又在英语之外,学习了俄语、日语,均不觉费力。在长期任交通部部属汽车机械工厂总工程师期间,作为中国汽车检测技术专家,7次出国考察、谈判和学术交流,受到外国朋友的尊重,并完成多项国家下达的重大项目计划,获交通部优秀科技工作者称号。兄妹七人,一人为医生,二人为高级教师,三人为高级工程师,一人为建筑师、教授。在不同的工作岗位上,为祖国社会主义经济建设作出了一定的贡献,没有辜负外公、母亲和老师们对我们的教导和期望。

人生苦短,值此夕阳无限好之际,我想到少时读到的《钢铁是怎样炼成的》一书中,保尔·柯察金说的一段话:"生命于人只有一次而已,但人的一生应当这样度过,当他回首往事时,应不因虚度年华而悔恨,也不因碌碌无为一生而感到羞耻。"外公短暂光辉的一生是如此,我们漫长平凡的一生也是如此。

2006年10月10日于成都

张培爵秘密刊刻都督大印

郭礼淮

　　清末宣统三年辛亥(1911年),四川各地的保路运动已逐渐发展成为反对清政府的武装起义。由杨庶堪任监督、张培爵任学监的重庆府中学堂,就是当时重庆反清革命的中心。为了加速重庆武装起义的筹备工作,在一次秘密会议上,决定了起义的各项措施,张培爵也接受了军事联络和指挥武装的重任。唯独刊刻"蜀军都督"、"蜀军总司令"两颗大印的任务一直未能落实。承担此事的人既要绝对可靠,又要绝对保密,还需有一定的刊刻技术,一般人是无法完成的。正当会议一筹莫展时,张培爵向杨庶堪请命,自愿承担这一重任。杨无奈,只得同意。张培爵刻制印章并不在行,会后,他立即找到他的好友——同盟会员周晞颜,商量合作完成。

　　在重庆府中学堂后操场一侧的墙上,开有一扇后门通往墙外小院,里面有几间小屋,就是同盟会重庆支部的秘密会议室、办公室和储藏枪支弹药的秘密库房。白天,此门紧闭;入夜,这里灯火通明。张刊刻大印事亦在此进行。终于渐渐引起重庆知府钮传善的怀疑,常派人在附近暗中监视。一天,张培爵正紧张刻印时,忽听叩门声与暗号不同,经迅速收拾后,果然是军警前来"查访",但结果一无所获,悻悻而去。张培爵终于把"蜀军都督"和"蜀军总司令"两颗大印刻制完毕,又急忙叫周晞颜把它挟在腋下,乘坐轿子把它转移到陕

西街一个安全处所存放。

1911年11月23日,蜀军政府发出了第一号布告,上面就盖上了由张培爵秘密刊刻的两颗鲜红的都督大印,正式宣告四川第一个省级政权——蜀军政府的建立。

(选自《新编文史笔记丛书》之《巴渝故实录》,上海书店,1994年。)

张培爵被害始末

郭礼淮[1]

1912年9月,袁世凯为瓦解四川革命势力,假借"川省距京遥远,中央亟欲考核目前实际情形"为由,电令时任四川民政长的张培爵"赴京用备谘询"。张到北京后,袁初欲收买,任命他为四川巡按使。无奈张早已洞察其奸,拒不上钩,只权充总统府的高等顾问。"二次革命"后,张迁居天津英租界福善里10号,以开设袜厂为掩护,开展秘密的反袁运动。袁得报后,遂秘密指使特务李捷三设计陷害。李先借故结识,通过张的好友陈乔邨介绍,以参与投资共同经营袜厂为幌子,与张过从。张正缺乏资金,亟需经营伙伴,意未置疑。1915年2月20日,李与叛徒陈乔邨联名邀请张到租界外的登瀛楼饭店小酌。张以盛情难却,遂破例赴宴。孰知行车途中,李按预谋,把一叠稿纸交与张培爵,说是合资经营袜厂的草约,请他酌定。张未及翻看,就顺手收在怀中,当轿车开到华界时忽然停下,只见军警涌来,上车搜查,从他怀中取出那叠稿纸,原来竟是栽赃的所谓"血光团"[2]反对袁政府的文章,遂不容申辩,立即将张逮捕送往杨村监狱囚禁。

---

[1] 郭礼淮:1931年生,荣昌人,荣昌县县志办副总编辑。
[2] 血光团:所谓的"血光团",系袁世凯派人在直隶制造出来以陷害黄兴、陈其美这些"反党"的骗局,实际并无此组织。

不久,张被移解北京军政执法处进行审讯。审讯中,他正气凛然地斥责袁世凯的罪行。4月17日清晨,张培爵等六人被分别押上六辆骡车,出宣武门直抵土地庙街刑场被处死,就义时才39岁。张被害以后,执法处不准收尸,被拖出丢进乱葬沟中。风声平静后,才由他的同乡部属潘式斋和他的早期勤务员熊少川等人从乱葬沟中寻出烈士已溃烂的遗体,装殓后辗转运回荣昌。

(选自《新编文史笔记丛书》之《巴渝故实录》,上海书店,1994年。)

（四）评价

国民政府褒奖令

先烈张培爵早岁纠合同志，参加革命，热忱锐志，不避艰危。辛亥之役，首义重庆，全蜀风从。其后养晦津门，未渝初志。从容就义，大节昭然。追念忠勋，良深轸惜。特予明令褒扬，用彰遗烈，而示来兹。
此令

国民政府
中华民国二十三年十月三日

中国国民党中央执行委员会公函

书字第一六一零五号

查先烈张培爵早岁从事革命，艰苦擘划。辛亥光复西蜀，厥功至伟。其后晦迹京津，密谋讨袁，中途殉国，大节昭然。业经本会给一次抚恤金五千元，一等年恤五佰元，并将生平事迹交付党史在案。兹为表彰先烈起见，特检同居委员正等原提案，函达政府，希予明令褒扬，以彰遗烈。
此致

国民政府
中华民国二十四年二月八日

胡耀邦同志在首都各界纪念辛亥革命
七十周年大会上的讲话

  在辛亥革命时期，许多爱国志士加入孙中山领导的革命行列，进行了艰苦的卓绝的斗争，有的甚至献出了自己的生命。当时著名的风云人物有陆皓东、郑士良、黄兴、章太炎、邹容、陈天华、宋教仁、朱执信、廖仲恺、蔡元培、胡汉民、陶成章、秋瑾、徐锡麟、熊成基、刘静庵、詹大悲、张培爵、吴玉章、陈去病、柳亚子、居正、于右任、李烈钧、蔡锷、朱德、焦达峰、董必武、林伯渠、冯玉祥、续范亭、张奚若、司徒美堂以及其他许多人。在他们中，除了当时牺牲的先烈以外，有些人继续追随孙中山进行民主革命，有些人进一步成了共产主义者，也有些人后来离开了革命。

  所有为辛亥革命建树了功绩的人们，永远受到人民的称颂，他们为革命牺牲奋斗的高尚精神，永远值得后人尊敬和学习。

  （摘自《胡耀邦同志在首都各界纪念辛亥革命七十周年大会上的讲话》）

张培爵对民主革命的贡献
——纪念辛亥革命七十周年
黄天朋[①]

列宁指出:中国"有四分五裂和民族解体的危险。只有革命人民群众的英雄主义才能'复兴'中国,才能在政治方面建立中华民国"。张培爵正是从四川的革命人民群众响应武昌起义宣布独立的高潮中,涌现出来的具有革命英雄主义的代表人物之一。他于资产阶级革命政党同盟会成立的次年参加革命,奋斗五年,领导重庆人民建立了响应武昌起义的蜀军政府。这个军政府的建立,虽不可归功于他一人,但他是四川具有英雄主义的革命群众的代表人物之一,则没有疑义。正是由于中国各地有这类革命英雄主义者宣传民主主义,组织革命群众,发动群众进行各式各样的反封建反侵略斗争,在各省市宣布脱离清政府而独立,才推翻了君主专制的清朝,从而"建立民国"。

民国临时政府在南京成立后,虽然由于帝国主义列强勾结国内各种反动势力,施展骗术和压力,抢夺了革命果实,民主革命的任务未能完成,但在五四运动以后,马列主义的传播与工人运动相结合,产生了中国共产党。从此以后,进入

---

① 黄天朋:西南师范大学教授,本文见《西南师范学院学报》1981年第2期。

了新民主主义革命时期,在无产阶级先锋队——中国共产党领导下,艰苦奋斗,打败了日本帝国主义侵略军,打垮了蒋介石的法西斯专政,建立了中华人民共和国,终于完成了民主革命的任务。所以辛亥革命的经验教训,值得我们研究和记取。

一、张培爵言行纪要

张培爵,字列五(1876—1915年),清光绪二年,生于四川荣昌县安富镇医生张照清家。幼入塾学,受封建经典的教育,23岁中秀才第,随即与叙府同乡组成叙府旅蓉同乡会。会众举他担任同乡会会长。他后来进了成都高等学堂,勤奋地学习。

1906年,张培爵加入以孙中山为首的中国同盟会,以三民主义为指导,参加了革命工作。1907年,熊克武由泸州到成都,联系大中城市同盟会组织,计划发动群众起义,互相声援。张培爵从熊学习《革命军》等书刊,思想觉悟大为提高。张培爵与熊克武、谢持、黄复生、杨维、黄方等计划在成都举行武装起义。因事泄,杨维、黄方、张治祥、黎靖流等六人被捕;其他骨干分子多转移他处;而张培爵仍留成都,继续学习。同时,他与川北、川西、川南、川东各地同盟会会员经常联系,互通消息。

张培爵于1907年在成都高等学堂毕业后,即到叙府中学任学监,通过训育工作对青年学生灌输民主革命思想,同时,参加了教育会、书报社的活动,暗地进行革命工作,发展了同盟会的组织。此校便成了同盟会的据点。

1909年,杨庶堪(字沧白)任重庆府中学堂监督(相当于校长),约张培爵、向楚等共事,共谋改进校务。1910年,张培爵到了重庆府中学就职。杨、张、向又是同盟会重庆支部的骨干,他们都用革命与教学相结合的方法,使重庆府中学堂不但校务有所改进,而且成了川东、川南等地同盟会活动和联络的枢纽。

张培爵任重庆府中学堂的学监。他学识宏通,胸襟阔大,"学生咸敬爱之"。他干同盟会工作积极,但"外人无知之者"。他既富于教育经验,又热心革命工作,暗中将三民主义和《革命军》的精神教育学生,从而引导学生们痛恨清朝反动统治而倾向革命,有的学生在辛亥革命中成了重庆起义的骨干,例如石青阳成了敢死队的领导人。

1911年5月,清朝政府收民办的川汉、粤汉铁路为"国有",川、鄂、湘、粤等省人民群起保路。6月,四川成立了"保路同志会",在成都及各府县开展保路运动。其后,又召集各府县代表组成"股东会",以力争路权。重庆府推朱之洪(同盟会骨干、重庆教育会会长)为代表,去成都参加股东会议。同时,他又列席成都同盟会负责人和新军同盟会负责人的秘密会议。这个会议决定介入保路运动,"激扬民气,导以革命",又主张派人到各府县发展民主革命运动。朱之洪回重庆传达这次会议的精神后,张培爵热烈表示赞成,并落实到社会实践中去。

同年9月,四川总督赵尔丰诱捕了保路运动代表人物罗纶、颜楷、张澜、蒲殿俊等,并屠杀了请求释放罗纶等的几十

人,激怒了广大群众。由同盟会、哥老会组织的同志军在各处展开武装斗争,民主革命的形势日益高涨。张培爵等也积极准备起义,加强了对重庆防军、团练、商团及哥老会等的联系,做了大量的艰苦的组织工作和准备工作。

10月10日,武昌起义,各省响应。四川各地纷纷起义,重庆同盟会支部派人到各处联系,丰都、忠州、彭水、涪陵、长寿、垫江、大竹、广安、岳池等地先后起义,或为起义军所占据,筹备成立蜀北军政府。就全国形势说,响应武昌起义宣布独立的已有九江、长沙、安庆、昆明、贵阳等地,重庆起义,实不容缓。

11月5日,夏之时等新军中革命官兵在龙泉驿"誓师起义,杀东路卫戍司令"。起义的士兵众推夏之时为"革命军总指挥"。夏总指挥即率军数百人经简阳、安岳、潼南到重庆。重庆同盟会支部派代表对夏军表示欢迎,并协商重庆独立计划,达成了协议。夏之时依协议率军进驻浮图关(今复兴关),待通知进城。

当时,重庆同盟会支部骨干张培爵等经过长期的紧张准备,宣布独立的安排基本就绪,夏之时的到来,声势更壮。张培爵等依协议的计划,迅速联系"皆已密约待命"的会党、防军。

11月22日,重庆独立正式发动。"中营城防游击队先出",商勇三队、川东巡防营、水道巡警及炮队都袖缠白号章响应。张培爵"躬率义师赴朝天观城会",另有法团学校代表,与会的代表有几百人。众推朱之洪、李湛阳率兵几个督促重庆知府钮传善及巴县知事段荣嘉到会。夏江秋等"手持炸弹在传善左右"。传善"慑于民气,语吃气阻,与荣嘉皆剪发缴印降"。由杨庶堪主席"宣示革命主义和蜀军政府"成立。随即整队,"挟钮传善等游行"。市街群众雀跃欢呼,庆贺重庆独立。夏之时率队入城,参加欢庆。

次日,组织蜀军政府:张培爵任都督,夏之时任副都督,杨庶堪、朱之洪为高等顾问,向楚为秘书长,各部员司初步安排就绪。这就有利于革命工作的进行和革命事业的发展。蜀军政府正副都督张培爵、夏之时于是通电全国,宣布独立,还发表了对内宣言、对外宣言及各项条告。

在蜀军政府的支援和影响下,万县、夔府、云阳等地纷纷响应,泸州也宣布独立了,随着就是成都宣布成立"大汉四川军政府"。

由于川督赵尔丰和咨议局协商订了《三十条协议》,是以保存赵尔丰实力为前提的。"大汉四川军政府"以蒲殿俊(咨议局议长)为都督,朱庆澜(新军17镇镇统)为副都督,其他员司多为清政府官吏。蜀军政府都督张培爵和革命群众认为成都的《三十条协议》有些违反革命独立宗旨之条件,"卑鄙无状,人人愤慈"。张都督顺群众之请求,派夏之时负责,出师"申罪致讨"。但蒲、朱因成都发生兵变而逃,革命新军推尹昌衡为都督,罗纶为副都督,另组成"四川军政府",其各部门负责人,同盟会员占过半数。四川军政府公布了赵尔丰的罪状,处以死刑。蜀军遂中止进攻。

"四川军政府"成立后,它与蜀军政府东西并峙,两三个月间成为四川的两大政治中心。"大致东南各地暂隶重庆(蜀)军政府"(川东道36县及下川南、川北两道一些州县,共

五十七个州县表示接受蜀军政府的领导指挥)。张都督的责任更重大了。西北各地隶属四川军政府。然而两个"军政府皆亟欲联络,以靖内乱而谋北伐"。蜀军政府拟合滇、黔援川军队,"不日逾汉(水)出秦(岭),与我北伐南军会师中原,以扫穴犁庭,驱除鞑虏"。

云南都督蔡锷认为尹昌衡、罗纶为首的"四川军政府实为哥老会政府",不表示承认,认定蜀军政府是四川省政府。云南、贵州军政府倡议组织川滇黔北伐军,推张培爵、夏之时为总兵官和总司令。张培爵欣然同意,并表示就职,任邹杰为第四标统,准备北伐。

1912年1月1日,孙中山在南京就任中华民国大总统职。由于南北议和达成协议,清帝退位;袁世凯表示拥护民国;孙中山辞职,愿从事实业建设;袁世凯继任"民国临时大总统",川滇黔北伐之事当然不再进行了。

在全国政局变化的影响下,四川的成都、重庆两个军政府协议合并,张治祥代表成都的军政府,朱之洪代表重庆的军政府,议定合同11条。双方同意"成立统一的(省)政府",省会设于成都,原来的都督分任正副都督,原来的副都督另行安排。其后,张培爵率警卫队赴成都。行至隆昌,开行营会议,有谢持、向楚、陈先源、张颐、张习等参加。他们估计成都的军政府工作者人数较多,双方会议选举,张培爵不可能当选为正都督,遂议定:由张培爵电请尹昌衡任正都督,自任副都督。3月12日,张培爵就副都督职,通电宣告"四川统一"。

袁世凯骗得"临时大总统"后,阴谋独揽大权,排斥革命派。袁的爪牙在各省谋求独霸,排挤同盟会政治、军事力量。同年6月,袁政府调尹昌衡为川边经略使,以胡景伊护理四川都督,调张培爵为民政长。张培爵为民政长仅八九个月,袁世凯又电谕都督胡景伊:"欲调培爵咨询边防民事"。张培爵不得不入北京。他虽为总统府顾问,却无事可做!

1913年孙中山发动"二次革命",袁世凯疑忌革命派,多遣密探监视。李烈钧在湖口举兵讨袁,黄兴谋占南京作为讨袁据点。张培爵曾秘密到上海,"资助其事"。不久黄兴失败,张培爵乃到天津租界,潜伏于他与邹杰等合资经营的机器织袜作坊内。

当讨袁军兴起时,杨庶堪、熊克武在重庆宣布独立,约邹杰回四川召集旧部起义。邹在回四川途中闻重庆独立事已失败,便绕道上海回天津日租界,与张同潜伏于机器织袜作坊。此事已为袁世凯所派密探知悉,并有密报。

讨袁军失败后,张培爵计划:多集股增加资本办工厂。袁政府的军政执法处派密探李捷三伪装愿投资入股,诱张培爵、邹杰等出租界而逮捕了他们,押送宛平军政执法处。而在蜀军政府成立时投降的钮传善任这个执法处的提调,深恶张、邹。他据密探们所报张、邹等为"志诚团"、"血光团"成员之说,酷刑苦打,逼邹杰等"成招",而李捷三又捏词作证,反动的"军政执法处"竟不查明真相,即于1915年屠杀了张培爵、邹杰等。张培爵临刑神色不变,终年39岁。织袜作坊的同事熊少川等买木棺,收殓张的遗体,运回四川,葬于他的故乡。

张列五每于公余乘暇学习,在狱中犹索书研读,孜孜不

倦,遗著有《张列五先生手札》。

1926年,张培爵的同志和亲友为了纪念他对民主革命的贡献,又为衣冠冢于重庆浮图关"先烈墓园"。1934年,他的同志和亲友又在荣昌北门外举行了公葬。40年代和60年代初,重庆人民两次为纪念他而竖立了"张培爵纪念碑"。

二、张培爵的政治、经济思想及其实践

张培爵的政治、经济思想,主要的是从他的社会实践中反映出来。因为他在高等学堂学习的科别是优级师范理科班,他重视的是从西方国家传来的技术和资本主义工矿业知识。他在加入同盟会以后,对于旧民主主义革命工作虽很积极,却少有政治、经济方面的著述。所以我们只有从他在1906—1915十年间的社会实践中看出其梗概。

(一)政治思想及其社会实践

1. 宣传旧民主主义和同盟会的纲领和政策

以张培爵为首的蜀军政府布告安民,有"少数服从多数,世界公理所存;人民不分满汉,剪发即许投诚"等内容,这就表明:他们宣传了民主主义,克服了狭隘的排满思想。以张培爵为首的蜀军政府的《对内宣言》体现了同盟会纲领和政策。其主要内容可分为四个部分:

第一,表明蜀军政府成立的意义——首先,表明蜀军政府奉"中华民国"军政府的命令:"以军政府之宗旨布告国民:军政府的职责在于洗涤满清政府二百六十余年的流毒,谋四万万人之福祉"。今后,虽百端待理,总之,其一贯之精神"则

为自由、平等、博爱"。军政府决定贯彻"国民革命"之宗旨:"国民之责任即军政府之责任,军政府之功即国民之功。军政府与国民同心努力以尽责任"。

第二,公告"将来治国之大本"——"一、驱除鞑虏":就是排除那反动的"苛虐残杀",压制各族人民的清朝统治者,即排除"有权力之首要",不是要绝灭满人。一般满人,"只要剪辫投诚,即行宽待",决不杀戮。"二、恢复中华":中国的政治,由中华的人自主。"敢有为石敬瑭、吴三桂之所为者",全国人民群起打倒他。"三、建立民国":"凡为国民皆平等,皆有参政权"。大总统由国民公举,议会由国民公举之议员构成之。制定中华民国宪法,人人共守。敢有帝制自为者,全国人民合力打倒他。"四、平均地权":核定全国地价,"其现有之地价,仍属原主所有。革命后社会改良进步之增价,则归于国家,为国民共享。""敢有垄断以制国民之生命者,与众弃之。"这贯彻了同盟会纲领,在当时是进步的。但也传播了同盟会纲领的一些落后思想,如大汉族主义、以中国为"天下"等,是不正确的。

第三,革命的过程分为三期——"第一期为军法之治":对仇敌专政。"内辑民族,外御寇仇……军队为人民努力破敌,人民供军队之需要。"要依次扫除积弊:"政府之压制、官吏之贪婪、差役之勒索、刑罚之残酷、抽捐之横暴、辫发之屈辱与满清势力同时斩绝。风俗之害:奴隶之蓄养、缠足之残忍、鸦片之流毒、风水之阻害、社会之迷信,亦一切禁止"。军法之治为期三年。"第二期为约法之治":"军政府以地方自治权归之其地之人民。地方议会议员及地方行政官,皆由人

民选举……人民之权利义务悉规定于约法,军政府与地方议会及人民各循守之。""约法之治",以国内平定六年为限。"第三期为宪法之治":军政府解兵权、行政权。国民公举大总统和公举议员。以议员组织国会,一国的政事,"依宪法以行之"。

第四,表期望——"军政府为国努力,矢信矢忠,始终不渝"。我国民一律平等,"无有贵贱贫富之别。休戚相共,患难相救,同心同德,以卫国护种自任。战士不爱其命,闾阎不惜其力,则革命可成,民政可立,愿我四万万人共勉之"。

以上诸端,体现了张培爵等在政治思想上,与孙中山等同盟会首领人物一样,具有民主革命的理想和善良愿望。惜乎革命胜利果实为袁世凯所篡夺,这些宣言未能实现!

此外,还有《蜀军政府之对外宣言》。这个宣言表明:为了与各国"益敦睦谊,以期维持世界之和平",发表这对外宣言。其主要内容可分为两类:

首先,对世界各国已从清朝取得的特权和不平等条约都表示承认,企图以此取得各国的支援,但这是违反中国革命的反帝任务的。以后事实证明帝国主义者贪求无厌,是不支持中国革命的。

其次,对帝国主义者表明,反对其支援清朝政府。清政府所订卖国条约,订于武昌起义鄂军政府"第一次宣言之后者,军政府概不承认","外国人如有加助于满清政府以妨害国民军政府者,概以敌视",外国人"如有接济满清政府战时禁品者,一概搜获没收"。这是正义的规定,但也表现了民族资产阶级的软弱性。

2. 对地方存在的问题及时解决

以张培爵为首的蜀军政府发布了一系列的公告。其中以"减厘办法"和告川东各府厅州县的"条告"较为重要。

蜀军政府对川东各府厅州县的"条告"表明：由于"各属府厅州县，难保无借事招摇，扰乱地方情事，甚非本军政府保我人民之至意。各属各界同系国民，不乏声望素著之人，务希速图公安，维持桑梓里"条文中列举了九项维持地方秩序的规定。这些可以分为四类：一是保护外国教堂、教士；二是对待满清官吏，"果系真心反正，即将伪印呈缴本政府"，本地绅民亦应弹压匪类，不宜与投诚的官吏为难；三是维持地方秩序：各"地方酌添团勇，以资防护"，各学堂"照常上课"。"各州县地方积谷应照常认真存储"，各地公文、册簿"竭力保存勿失"，满清官吏，如有私自逃匿，即由地方自治公所公举正绅，督办收解，仍须察明本军政府核夺；四是维护财政经济：各府厅州县应解地丁钱粮及税收等项，照旧上纳，统一解到蜀军政府，各地方商务"均应维持市面，照常公平交易"。这对于四川东南部地区维持社会秩序，是很至关重要的。

蜀军政府的各项措施及其公告，虽一面遵照同盟会的规定和方针政策，一面集中反映了革命群众及军政府人员的意见和要求。但在革命的军政府中负主要责任的是都督，他有权决定或增或减或缓或急执行群众意见及同盟会的规定，我们不可以认为蜀军政府的所作所为非张培爵之言行，也要认清其不同于一人独断独行。

张培爵善于团结同事，所以蜀军政府工作人员"皆能同心同德，共维大局"。据身历其境的郭孝成所著《四川光复

记》说:张培爵都督对内"性极平和,虚心善纳,处事亦颇灵敏"。如"独立之初,所派各州县之联合代表,未能尽属得人……嗣复各处派有妥人任安抚使,办理周详,民情欢洽"。又如各州县有的小宗派头目"求军政府委以重任。彼既任重职,遂得为所欲为"。其后加以改进,"各州县皆已派有公正明达之代表一二人,来渝组织参事会,会议要政。并由军政府另派调查员往各处探查实情,以除弊端。"这些都是善政。

(二)军事思想及其实践

张培爵事先没有学过军事学,到预备在重庆起义时,才从斗争中学习战争。他的战略思想有些好的,如充分准备而后发动起义、革命队伍互相支援、对各州县任意扩军加以限制等思想,都是有利于民主革命的。

1. 充分准备而后发动起义

张培爵对于重庆举行起义,作了充分的准备工作。当1911年秋天,革命形势迅速发展的时候,张培爵等日夜与党人谋,各路党人亦稍稍集重庆,"共商起事"。除重庆同盟会支部骨干各有分工外,"培爵等复命张颐等走夔府、万县,说党人同时起义;以肖参返荣、威、自贡,与诸党人谋,投身同志军;以陈育堂赴大竹"活动。同时,"与各省联合,图谋大举……屡戒党人勿轻举,以潜养势力。川东一路表面虽极静冷而筹备实力"。张培爵等着重加强了对重庆城及郊区防军、哥老会、学生、工人等群众的联系。特别是通过联系哥老会说服并发动了制鞋工人况春发等参加革命,具有联系劳动群众的意义。况春发组织群众,"编成三百人的义勇队,自任队长";他又劝说炮队教练长邓昆"支持起义"。他们都参加了重庆独立的运动,并带动了下层群众对独立运动的支持。张培爵在中学利用"快枪二百支供学生练习军事操",制造炸弹、组织敢死队者加紧准备;又通过书报社以加强对各地革命派的联系。这些都属于同盟会分配给张培爵的任务:即"司交通、任联络、征器械,发纵指使"。张培爵承担这些工作,既隐秘,又积极,既革命又稳妥,到条件成熟,如水到渠成。所以11月22日重庆起义得以顺利地组成蜀军政府,而且稳定扎实。"较之川南,收功尤速者,以其有统系之计划,且名正言顺,易于号召也"。可见重庆起义之能顺利地建立蜀军政府,不是偶然的,这和张培爵等的"勿轻举"、秘密"谋大举","表面虽极静冷而筹备实力"、充分准备的战略思想是分不开的,由于军事思想的正确,所以在社会实践中表现为"收功尤速"。

2. 革命队伍互相支援

张培爵胸怀开阔,积极支援鄂军的同盟会。当鄂军过重庆时,张培爵即与其军中同盟会骨干田智亮等协议互助誓约;并立即拨予田等以"兵士三百人,炸弹八十枚,并资给五千金,作运用经费;嘱其兼程赴资州,起义杀端方"。田智亮等到资州即发动起义,杀了端方、端锦,"宣布全军反正"。他们东下,过重庆,出示端方首级。"培爵以鄂军有殊勋,开会表扬……奖其勇决。"田智亮亦将余款和械弹列册缴还。这是革命队伍互相支援战略思想的胜利,也是同盟会战胜端方的伟大胜利。

3. 对州县任意扩军加以限制

在武昌起义后各地纷纷响应的形势下,各州县纷纷组训

义军,并任意扩充:"多者千余,少亦数百,购械给饷,耗费殊多",如自流井秩序混乱,"得重庆派去之'中军'平定"。以张培爵为首的蜀军政府谋统一军政,规定"练兵加以限制,购械亦须认可"。

(三)经济思想及其在社会实践中的表现

张培爵重视经济和财政,在他的社会实践中表现较著的有下列诸端。

1. 为了革命急需而接管银行

蜀军政府成立之初,急需巨款,张、杨乃派向楚去接管大清银行重庆分行和浚川棘银行。向楚完成任务,得银"三百七十万元"。张培爵以军政府都督名义令大清银行改组为大汉银行,属于蜀军政府。于是革命事业和行军所需,都不再感到经费困乏。

2. 减免厘税以利商贾

蜀军政府成立后,都督张培爵鉴于清政府苛捐杂税颇为繁多,商贾抱怨。乃约集绅商学界代表,进行减免厘税的协商,讨论具体的办法。议定厘金、捐、税分为三类,分别以减、免、照旧处理之。宣布如下:

"一、豁免类——五项旧厘、水道巡警补助经费捐、糖捐、栈房捐、茶桌捐,完全免征。"

"二、减成类——肉厘、牛羊捐、酒捐、油捐,以上四项,减二成上纳。"

"三、其余照旧纳税。"

这是善政,但不彻底。

3. 对于各州县财政经济的整顿

蜀军政府成立后的短时期内,各州县的"地方财政,各欲自专。公款多者,且欲据以自豪"。有的地方"商务滞塞,盐政梗阻"。张培爵在蜀军政府"屡次商补救之法",以统一财政。"划分地方财政、中央财政。复于重庆专立盐政一科,整顿盐厂,以振商务而浚财源","并于各处清理银行",其余有关诸事,亦次第举办,"大局日臻安定矣"。

蜀军政府由于张培爵都督注意了财政经济工作,所以在需用巨款时,能运用自如,没有经济拮据的忧虑,具体地说:如支付夏之时军及其他起义来投诸军的粮饷银二十余万元;支援入川滇军北伐筹备费银三十万元;支持成都方面出兵援陕,协助饷银十万元;成立蜀军政府和建立蜀军部队,出师讨伐赵尔丰和组织川滇黔北伐军准备北伐等等,需银很多,若非理财有方,怎能应付裕如?

4. 集资筹办资本主义企业,受骗被害

张培爵早年在成都高等学堂学习时,对科学技术和资本主义工矿业已有兴趣。后来,1912年他被袁世凯调往北京,名为顾问,实被软禁,即有意集资办工厂,苦于资本不足,暂在天津办一机器织袜作坊。到1915年初,张培爵由于政治上失意,便与邹杰等计划扩大集资,办规模较大的资本主义企业。在多方约集投资股东时,为密探李捷三所骗。李通过陈乔邺介绍,参加筹办企业的活动,他甜言蜜语,极尽引诱之能事。正草拟章程,商讨计划中,张培爵与邹、陈等被骗出租界,为反动军警所捕杀。张、邹等筹办企业的计划落空了!事实表明:在阶级斗争的剧烈战局下,政治上失败要想在经济上谋发展,也是反动派所不允许的!

总观张培爵在旧民主主义革命中,对于政治、军事、经济都有所贡献。其言行是积极的,其思想是进步的。我们纪念辛亥革命七十周年,就不应该对于他的史迹健忘。但是,张培爵是民族资产阶级代表人物之一,存在着两面性和软弱性,我们也要具体分析:他反对清朝的反动统治,是革命的,却没有提出彻底反封建的纲领和办法,则又有与封建地主阶级妥协的一面。他反对帝国主义者支持清政府,是爱国的,却没有提出废除一切不平等条约,则又有与帝国主义者妥协的一面。他联系一些城市劳动人民,是进步的,却没有认识到反封建的主力军是农民,不敢发动农民。他对于政治骗子缺乏认识,没有及早准备军事力量,到袁贼独裁专制暴露时,仓猝参加"二次革命",以致迅速失败!这又是软弱性的表现。

后记

重庆辛亥革命,首先要提到四川保路运动和同盟会重庆支部,提到重庆"蜀军政府"。重庆蜀军政府的正式成立,标志着清朝政府在重庆统治的覆灭。由张培爵、夏之时分任正副都督,杨庶堪、朱之洪任顾问的重庆蜀军政府,是一个同盟会员占绝对优势,力图贯彻同盟会政治纲领的革命政府,是领有川东、川南57州县的全省性的革命政权。在纪念辛亥革命100周年之际,出版《张培爵集》,具有特殊的意义。

《张培爵集》一书,由《纪念辛亥革命100周年·重庆丛书》编委会主任周勇教授策划。周勇教授在规划全书的大纲和章节的同时,具体参与了各个章节的讨论,尤其是提供了张培爵1913年撰写的《蜀军政府始末》,这是首次发现的重庆辛亥革命主要领导人当年的历史记录,十分珍贵。张鹰同志负责基础资料的整理,唐伯友同志协助;王志昆、曾妍同志负责图片资料的提供和整理,全书各章节

的编排，以及全文的注释。北京师范大学文学院博士研究生张欣对本书资料的校正给予了帮助。周勇、王志昆同志共同完成全书的审阅修改。

  本书得以面世，首先要感谢中共重庆市委宣传部、重庆出版集团、中国教育报刊社、重庆图书馆等单位相关领导的指导和帮助；感谢重庆中国三峡博物馆研究部张荣祥主任、重庆出版集团重点图书编辑室曾海龙副主任、重庆图书馆特藏中心袁佳红主任的无私帮助。

  重庆出版集团陈兴芜总编为本出的出版发挥了重要作用，尤使我们感动，谨致衷心谢意！

  由于水平所限，错误在所难免，恳盼读者斧正。

编者
2011 年 8 月 8 日

跋

《张培爵集》,作为《纪念辛亥革命 100 周年·重庆丛书》之一部,与丛书其他 4 部在辛亥革命 100 周年之际与读者见面了。这是一件值得欣慰和让人产生新的思考的事情。

100 年前的 10 月 10 日,推翻腐朽昏庸独裁专制的清朝政府的起义,自武昌起,迅速席卷全国。

1911 年 11 月 22 日,在同盟会重庆支部以杨庶堪、朱叔痴、张培爵为代表的一群具有民主主义思想的优秀知识分子的组织下,在由龙泉驿方面辗转来渝、以同盟会员夏之时为统领的一队革命新军的支持下,重庆蜀军政府成立了。

未几,重庆蜀军政府这一新生的革命政权,以其同盟会重庆支部党人团结的精神,良好的声誉,武装力量与政府富于成效的组织配合,对人民群众的广泛发动,深得周边先后独立的州府县军政府的支持与拥戴,而领有川东、川南 57 州县,在当时的四川全境,产生了巨大影响。

1912年4月27日，重庆蜀军政府与四川大汉军政府合并，成立四川军政府。至其时，重庆蜀军政府的存世时间，不过半年。

100年来，人们对于重庆蜀军政府的纪念与研究，始终不绝。

当100度春秋逝去，当今天的人们几乎只能依凭于文字史料来追寻过往的岁月风烟时，有一个问题需要首先正视，研究历史或者纪念历史事件的目的是什么？

从本书编者角度而言，编辑《张培爵集》，是希冀读者对一段过去的历史，有新的发现、廓清和认识。

发现历史，只要肯下功夫，在故纸堆里沙里淘金，总会发现令人兴奋的宝藏。比如本集中收录的《蜀军政府始末》，是迄今发现的最早全面记录重庆蜀军政府成立全过程的珍贵史料。

历史事件的发生发展有其内在逻辑性。时间、环境、人物，是穿结历史的针线，把这个搞清楚了，历史的脉络自然也就显明了。《张培爵集》中收录的29封信札，过去曾有出版，系按类编排，似感混乱，不成整体，此次依时间顺序排列，一个跨越渝京两地的历史环境、人文风情，就在读者眼前展开了。

那么，在那场风云掠过100年后的今天，应该如何认识辛亥革命与重庆蜀军政府？《张培爵集》的策划与编辑出版，为人们从新的角度认识那曾经的革命岁月搭建了一个崭新的平台。其目的之一，是希望读者在全面读史（如

《重庆辛亥革命史》）的同时，深入读人。当你了解了历史事件的参与者，对历史事件发生与消殒的轨道的把握，自然就会更加清楚。《张培爵集》为有兴趣研究那段历史的读者提供了一个穿越时光的索引。

参与重庆蜀军政府建立的重要人物有很多。其中，杨庶堪、朱叔痴、谢持等早期同盟会员，是辛亥革命前四川及重庆民主主义革命思想启蒙宣传和革命发动等重要活动中不可或缺的人物。而张培爵，则是受他们的思想影响，在经年的革命实践中身体力行，承担重任，最终被公推在重庆蜀军政府的组织运作中担当首要，成为前述提到的"一群具有民主主义思想的优秀知识分子"的核心。

重庆蜀军政府都督张培爵，他的革命实践活动，贯穿了重庆乃至当时四川旧民主主义革命从酝酿发动，到初步取得成功，及至失败的全过程。作为重庆蜀军政府的主要领导人之一，他虽为革命殚精竭虑，但终因历史的局限而壮志未已。

100年来，张培爵始终因其崇高的品德被重庆人视为骄傲。张培爵一生，心怀天下，忧国忧民。特别是他处险恶而不惊，始终坚持理想信念的情操，长久令后人感动。那么，今天的人们，在理想与现实的搏斗中，如何坚持着理想，在纷繁复杂的社会中持续前行而不败馁？在我们今天社会的建设发展中，张培爵的生平，似还可以为人们提供一些可资借鉴的教训与经验。编辑《张培爵集》，编者在有限的史料与评述资料的整理中，尽可能地为读者客观描画

一个真实的张培爵的形象,以使勤于思考者从中对一个100年前的民主革命者,有能与今天时代合拍的更为理性的认识。

一个人的生平,能够让后人每每念兹,始终对其有深切的感怀,足见其人格魅力的巨大磁性。这样的人,在浩瀚的中国革命史中数不胜数。张培爵,确为沧海之一粟,林莽之一木。然之所以编辑出版《张培爵集》,又恰因他的生平集中反映了一群旧民主主义革命者的思想经历,这就使对他的研究和认识有了新的意义。

重庆,历来有为天下先的经典。辛亥革命百年后,今天的重庆,乘时代的东风,正在做着诸多为天下先的伟业。长河浩荡,舟帆竞驰,谨希望《张培爵集》对重庆这艘航船在未来的驶行中有些微的镜鉴性的助力。

张 鹰
2011 年 10 月 3 日于北京